国家使命

百位中国援外医疗队员画传

翁 毅 著

中国摄影出版传媒有限责任公司
China Photographic Publishing & Media Co., Ltd.
中国摄影出版社

谨以此书献给
中国援外医疗队派遣60周年
（1963—2023）

百位中国援外医疗队员画传

花香飘异国 大爱泽五洲

莲肖毅同志嘱书
辛丑夏月 黄鸿翼

序

肩负国家使命的白衣天使

江 淮

一

白衣出使，海天苍茫；"一带一路"，福泽四方。

浩瀚的印度洋记得，古老的非洲大地记得，自 1964 年 8 月起，江苏医疗队队员踏上东非桑给巴尔岛，成为援助桑给巴尔的第一支援外医疗队，这是我国第一支以省为单位独立派出的援外医疗队。此后，江苏省又相继向南欧马耳他、南美圭亚那派遣医疗队。弹指一挥间，援外医疗队已走过 60 载不平凡的光辉历程。

援外医疗，是一项促进人类和平发展的崇高事业；援外医疗队，是医疗卫生领域贯彻我国整体外交战略的一支重要力量；援外医疗工作成为"救死扶伤当友好使者，大爱无疆促大国外交"的重要国际战略，受到党和国家领导人的高度重视和充分肯定。60 年来，援外医疗队队员不辱使命，以饱满的爱国热情、无私的奉献精神、高尚的医德和精湛的医术，践行着对生命守护的承诺，充分展示了"不畏艰苦、甘于奉献、救死扶伤、大爱无疆"的中国医疗队精神风貌，一代又一代援外医疗队队员全心全意为发展中国家人民服务，成为肩负国家使命的白衣天使、呵护健康、传递友谊的使者，值得生命托付的信赖之神，共筑人间真情的良师益友，赢得了受援国政府和人民的信赖与支持，成为"最受欢迎的人"，极大地提升了中国国际影响力，为和平做出了贡献，为祖国争得了荣誉。在"一带一路"的倡议下，中国援助第三世界国家的力度不断加大，不断创新卫生发展援助模式。为深化双方卫生合作，江苏省人民政府先后在坦桑尼亚桑给巴尔、圭亚那建立了 10 个医疗中心，不仅为援外医疗队队员创造了良好的工作条件，还填补了受援国的医学空白，让患者享有现代化医学诊疗技术服务，受到上至总统、下至民众的交口称赞。

二

中国派遣援外医疗队是国家行为、国家业绩和国家使命，这一段历史必须记录下来，留下历史的回声，记录忠诚的足迹，这样才对得起历史、对得起现在、对得起将来。援外医疗队员的每一段成长历程和坚实脚印都留有可歌可泣的故事。他们成长的历程就是一部书，是一段胸怀远大、忠诚事业、精益求精、百炼成钢的不平凡的历程，他们被誉为国家"荣耀之师"，值得永远讴歌与赞颂。

本画传的作者翁毅同志于1985—1987年作为中国援外医疗队员，在非洲桑给巴尔工作；1989—1990年，在澳大利亚学习卫生管理；1995—1997年，作为中国援外医疗队队长，在马耳他创办了我国在欧洲的中医中心，回国后一直主管全省援外医疗队管理工作。作为中国医疗队的亲历者，他始终怀揣着"大爱为民、大医为国"的浓郁情怀，以强烈的"情感投入、心灵投入"的创作原则，拿起相机，对准援外医疗队员，执着顽强地把拍摄援外医疗队员的工作进行到底。因为每一幅影像背后，都有一个感人至深、饱含深情的故事，都有一段不平凡的经历。他在题材故事的挖掘上，坚持"垂直打井"的虔诚姿态，向下深挖，直到挖出打动心灵的感人故事来。于是，他的镜头呈现出一个个鲜活而真实的医生，一双双捧着希望与使命的手，一颗颗充满人性和关爱的赤胆忠心。他镜头下的援外医疗队员充满睿智、聪颖、理性和善良，每一双明眸都闪烁着机敏与智慧。虽然他们专科不同，但是他们的气质都被镜头精致而细腻地放大了，展现出与众不同的亲切感和人文气息。

这100位中国援外医疗队员的肖像画，就是100位凝注大爱的天使雕像。这是心灵的传说，这是世间的传奇。在充满敬意的光与影间，翁毅为我们营造出一个个具象的白衣天使。他的作品扩大了我们的想象空间与心理描摹，仿佛顾恺之，也像马奈、塞尚，极像西洋水粉交融出的中国山水画。可以想见，用汗水与心血凝练出来的人物之光，定会散发出惊人的光芒和灼热的温度。

三

拍摄援外医疗队员，是一项极其细致与复杂的心灵创作工程。

情感是首要元素。快门的深情闪烁，如同激情瞳孔一次次张开，在曝光的一刹那，让鲜活的生命获得一次创世纪般的闪光，从动到静，即如雕塑般镌刻在心上。

拍摄不是简简单单的照相，艺术的分水岭是品质，品质的极致是高尚，真正的高尚就是战胜自己。翁毅在一次次创作中，于淋漓汗水中，感到自己创作力的微弱，他曾有过怀疑，有过犹豫，但唯一没有退却的，是一颗坚守的心。他在历史与现实的碰撞中找到人性的必然，找到精神的坚守，找到永恒的感动。

他坚守如同生命的创作底线：聚焦感动、震撼心灵、经典讲述、艺术再造。用镜头讲述一代代援外医疗队员通过援外医疗这一段特殊经历对他们的磨炼，讲述他们的世界观与人生观升华；以大爱的心灵仰望阳光，炽热的忠诚坚守方向，用坚定的镜头记录生命的倔强，让援外医疗队员的经典故事，穿越60年风雨历程，成为激励我们前行的强大精神力量。

当今世界，人类面临百年未有之大变局。习近平总书记提出"共同构建人类命运共同体"的理念，已成为中国引领时代潮流和人类文明进步的鲜明旗帜。就像当年白求恩来到中国一样，共同的命运让人们走到一起，成为同甘苦共患难、休戚与共的一体，公平正义的共同发展已经成为人类共识。目前，翁毅正在筹划重返当年的援外之地——桑给巴尔岛，拍摄那里的中国援外医疗队员。因为，那里有他的心血倾注与情感深埋。他说："我用相机拍摄白求恩式的中国援外医疗队员这一特殊的群体，是被他们大爱的心灵与崇高的精神所感动，他们胸前的国旗，是他们坚定不移呵护全人类健康的强大动力和内在力量。把'白求恩精神'传播到异域海外是每一位中国援外医疗队员的初心和使命。在今后的生活中，我的镜头将永远充满激情地对准人民，记录时代。"

国旗在心中飘扬，使命在肩头担当。

这是一个医者兼摄影人的大爱无疆。

2021年3月9日

目　录

序：	肩负国家使命的白衣天使	006
第一章	光明使者：桑给巴尔中国医疗队眼科中心	014
	袁志兰：为了国家使命	016
	计江东：惊险与恒心	018
	耿　宁：与爱相伴	020
	王旭辉：暴雨中的行程	022
	刘庆淮：让桑岛欢欣鼓舞的人	024
	赵　伟：有一种心痛在久久盘桓	026
	姚　勇："加勒比海的骄傲"	028
	秦　勤：黑暗中的手术	030
	张　震：第一次为艾滋病人做手术	032
	林小俊：桑岛梦 三代情	034
	周晓玉：爱在桑岛永不移	036
第二章	雨林天使：圭亚那中国医疗队微创外科中心	038
	胡　寅：精彩的创意 实力的整合	040
	白剑锋：剑锋初试	042
	张拥军：开创圭亚那腔镜手术先河	044
	徐　静：不怕危险的中国援外妇产科医生	046
	陆文熊：在圭亚那治阑尾炎	048
	陆品红：莘莘学子	050
	赵文星：友谊与"较量"	052
	杜文升：爱你爱得深沉	054
	朱新国：抢救枪弹伤患者	056

张跃明：	凝聚信任的聘书	058
孙跃明：	手法娴熟 技惊四座	060
赵　伟：	惊心动魄的夜晚	062
袁冬兰：	坚守在最灰暗的时光里	064
赵　耀：	月圆时刻的义诊	066
束晓明：	万里之外的祖国援手	068
庄　浩：	他的名字叫"阿里"	070
匡　蕾：	黑肤之谜	072
张　标：	到当地医生家做客	074
许　丹：	感动身边有你们	076
杨　军：	永驻心中的"第一次"	078
经　莉：	夸一夸医疗队里的"四朵花"	080

第三章　万里云天：圭亚那中国医疗队眼科中心　　082

石春和：	巧施仁术——部长重见光明	084
朱承华：	"阿格力斯"，我们的朋友	086
陈　琳：	深夜里的亲情如水流淌	088
陆云峰：	一张贺卡	090
华　欣：	我在"世界视觉日"的讲座	092
李晓峰：	与壁虎"同居"的日子	094
王　雪：	为中国外交官保健护航	096
宫俊芳：	血脉亲情暖华侨	098
王　雷：	最快乐的事	100

第四章　声震大洋：桑给巴尔中国医疗队微创外科中心　　102

卢建林：	艰辛一路行 滴滴汗水淌	104
侯顺玉：	为总统的女儿剖腹产	106
陆　皓：	难中求胜心更切	108

叶文凤：	容颜虽老 友情长存	110
程文俊：	丁香花盛开的日子	112
徐卓群：	我的第一例体外碎石病人	114
吴伟燕：	繁忙的妇产科	116
汪　灏：	难忘的第一天上班	118
刘铁石：	男儿有泪不轻弹	120
翁　侨：	留下一支带不走的医疗队	122
仲　永：	温情后盾者说——援非医疗队	124
张俊杰：	为了老人的未来	126
陶　巍：	带伤上手术台	128
杨小冬：	卫生部长的中国医疗队情结	130
陶　俊：	接过接力棒	132
罗成燕：	一个充实而暖心的中国医师节	134

第五章　笑靥如初：桑给巴尔中国医疗队微笑中心　　136

万林忠：	重返桑岛情谊深	138
李　明：	生病的时刻	140
李怀奇：	无尽的思念和牵挂	142
刘华联：	不可磨灭的足迹	144
董　武：	桑给巴尔的"康祖"	146
李　浩：	让孩子尽情欢笑	148
郑　浩：	还你一副漂亮的面容	150
张继生：	"丁香之岛"的丁香	152

第六章　守望相助：桑给巴尔中国医疗队消化内镜中心　　154

孙克文：	身兼数职的内镜医生	156
于　路：	桑岛义诊之贾姆比亚尼村记事	158
贺奇彬：	勇闯新路	160

孙西龙：	奋力救治卫生部长	162
张伟锋：	简单的快乐	164

第七章　生命希望：桑给巴尔中国医疗队奔巴创伤中心　166

郁忠杰：	奔巴岛上的"中国医院"	168
杨　晓：	不可能完成的任务	170
吴晓曙：	与时间赛跑的一次手术	172
李云鹏：	中国医生让非洲小伙子美梦成真	174
袁同洲：	不求微名传史册，但凭微露泽友邦	176

第八章　爱暖苍生：圭亚那中国医疗队林登微创外科中心　178

戴　勇：	林登的初相逢	180
张　玮：	母婴平安的消息	182
左洪生：	救命总动员	184
孙美玲：	少女母亲朱迪	186
余仔军：	载入林登医院史册的一天	188
耿守明：	一语通天下	190
崔恒锋：	培训，是为了更好地前行	192
王　锋：	"哄着它缝"	194
钱　涛：	中秋团圆夜，我在万里之外抢救生命	196
朱　利：	你们的笑脸牵动我们的心	198

第九章　挺立脊梁：圭亚那中国医疗队脊柱外科创伤中心　200

王永祥：	五星红旗，我为你骄傲	202
季　峰：	碧海万里同此心	204
吴　健：	一位特殊的"患者"	206
邹国友：	细节决定成败	208
李　强：	过硬的技术赢得尊重	210

第十章　大国担当：构建人类命运共同体　　212

　　周　涵：党旗飘扬在印度洋畔　　214

　　顾海军：迎击新挑战　　216

　　王　燕：母子平安我心安　　218

　　祁　鸣：我的初心与担当　　220

　　朱伟坚：银针闪烁中国情　　222

　　朱舒舒：沧海映五星　　224

　　张　勇：完美的交接班　　226

　　刘　剑：罕见的怪病　　228

　　张　擎：心血浇出友谊花　　230

　　丁　玲：他乡幸遇中国人　　232

后记：　心灵的致敬　　234

第一章

光 明 使 者

桑给巴尔中国医疗队眼科中心

> 前行如亘古日月,坚韧不拔的毅力,
> 就是一盏光明的圣灯。

1964 年8月，受中国卫生部委托，江苏省向桑给巴尔派出了第一支援外医疗队。60年来，江苏援外医疗前行的脚步从未停歇。2007年11月，桑给巴尔卫生和社会福利部代表团访问江苏，双方就在桑给巴尔纳兹摩加医院建立"中国医疗队眼科中心"等议题进行磋商，达成一致意见。2009年5月，江苏省人民医院眼科专家袁志兰在桑给巴尔开展首例白内障超声乳化手术。2009年8月，江苏省人民政府和桑给巴尔卫生部为"中国医疗队眼科中心"成立揭牌，这标志着中国政府开启了援外医疗工作的新局面。多年来，中国医疗队眼科中心救治眼科患者数万人次，多项技术开创了历史记录，手术脱盲率达90%，填补了受援国的医学空白，为桑给巴尔地区眼病患者带来福音。

▲ 桑给巴尔纳兹摩加医院眼科中心

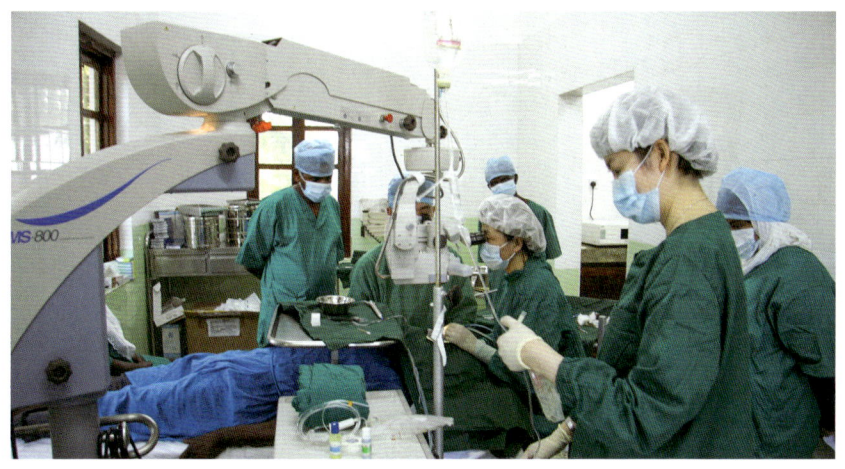

▲ 桑给巴尔首例眼科白内障超声乳化手术

袁志兰
Yuan Zhilan

【人物小传】

袁志兰，1955年6月26日出生，山东乳山人，中共党员，江苏省人民医院眼科主任医师，江苏省第2期援圭亚那医疗队队长、眼科医生。1995年7月—1997年7月在圭亚那中国医疗队工作。2008年，参与筹建桑给巴尔中国医疗队眼科中心。2009年5月16日，袁志兰作为中国医疗队眼科中心支撑专家，在桑给巴尔中国医疗队眼科中心开展首例眼科白内障超声乳化手术，填补了坦桑尼亚桑给巴尔国家医学空白。

为了国家使命

1995年7月，袁志兰作为江苏省第2期援圭亚那医疗队队长，在乔治敦医院眼科工作了两年，她所经手的眼科病人没有一个转到国外去治疗，全部就地治疗，这对于全民免费医疗的国家来说，是一大利好之事。第一次实行人工晶体植入治疗白内障，给许多贫穷病人带来福音，让他们重见光明，这一成果更让中国医疗队站稳脚跟，打开了局面。她精心培养当地医生，在技术上手把手地教。圭亚那政府由衷赞叹："中国人的援助是实实在在的援助。"

2008年，袁志兰参加中国医疗队桑给巴尔眼科中心筹建工作，她根据当年援外医疗队的眼科工作经验，从设备、耗材、药品、人员培训等制定详细的项目计划书，拟出了一套适用、可靠、耐用的设备清单。

此后，国家卫生部按照她拟定的设备清单作为中国医疗队眼科中心的建设标准。

2009年5月16日，袁志兰作为中国医疗队眼科中心支撑专家，在桑给巴尔中国医疗队眼科中心开展了首例眼科白内障超声乳化手术。手术切口小，恢复快，更加安全。当天，她做了13台手术。她是中国援非医疗队第一位做超乳手术的专家，开创了援外微创技术的先河，开拓了双边合作的新形式，填补了东非国家公立医院超乳手术的空白，树立了中国医疗队新的形象。桑给巴尔政府和首脑多次表示："中国医疗队带来的新技术'让我们进入了21世纪'。"

袁志兰深情地说："援外工作是国家使命、国家荣誉。我们克服困难，为祖国争光。拯救就是责任，付出就是收获。她让我的生命更加有意义，因为我们帮助了很多人。如果援外事业还需要我，我义无反顾，再上征途！"

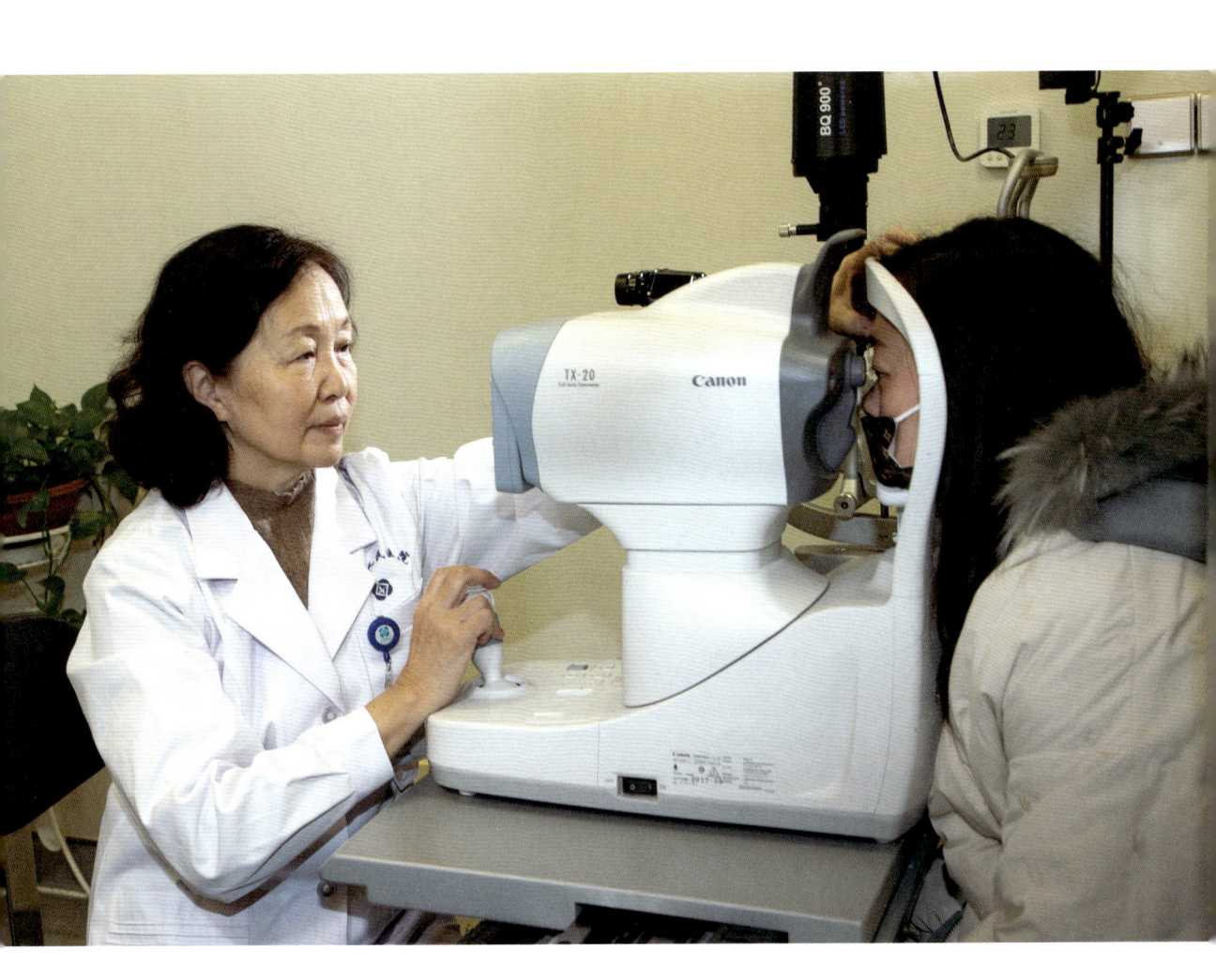

计江东

Ji Jiangdong

【人物小传】

计江东，1972年11月12出生，安徽芜湖人，中共党员，江苏省人民医院眼科主任医师、江苏省第23期援桑给巴尔医疗队眼科医生，于2009年6月—2011年6月，在桑给巴尔中国医疗队眼科中心工作。于2014年、2016年两次作为江苏省眼科专家组成员，赴圭亚那和桑给巴尔中国医疗队眼科中心开展"光明行"活动。

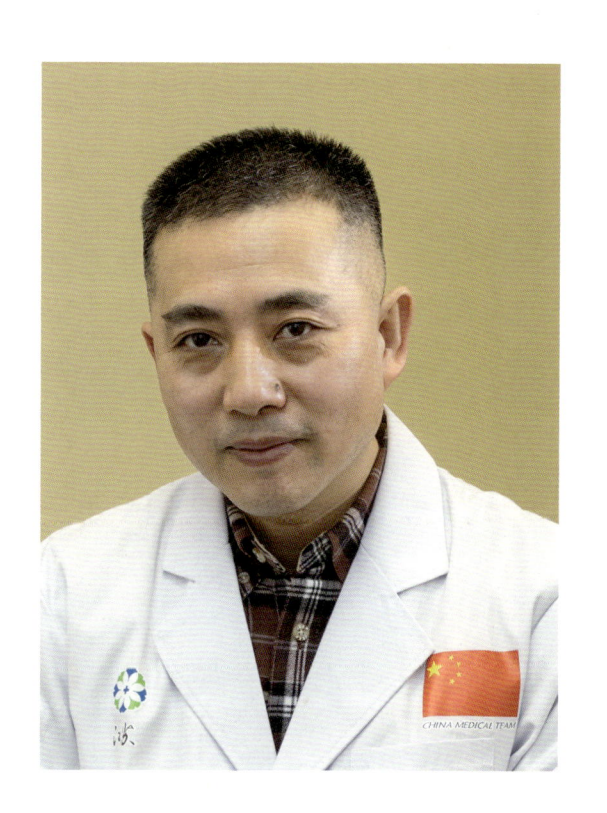

惊险与恒心

2009年5月，计江东完成了桑给巴尔中国医疗队眼科中心的筹备和开业工作，在试运行的3个月里，他就完成了155例白内障手术，接待门诊患者1200余人。在桑给巴尔的两年里，计江东得了三次疟疾，由于长期服用治疟疾的药，损伤了肝脏。最惊险的一次是，计江东去奔巴岛为患者做眼科手术，从早晨开始，一直连续做了10台手术。到第12台手术时，他明知道病人是一位艾滋病人，却因为过于疲劳，没戴防护镜。在手术过程中，患者眼睛里的液体反弹到他的眼睛里。在这种情况下，计江东坚持把手术做完后才迅速去水池冲洗眼睛。之后，他开始连续一个月服用抗艾滋病阻断药。服药过程中，他经历了令人难以忍受的恶心、厌食、疲乏无力等严重副作用折磨，他甚至在心底做了最坏的打算："如果不幸感染了艾滋病，我就不回去了，永远留在这里，为桑给巴尔人民服务到底！"

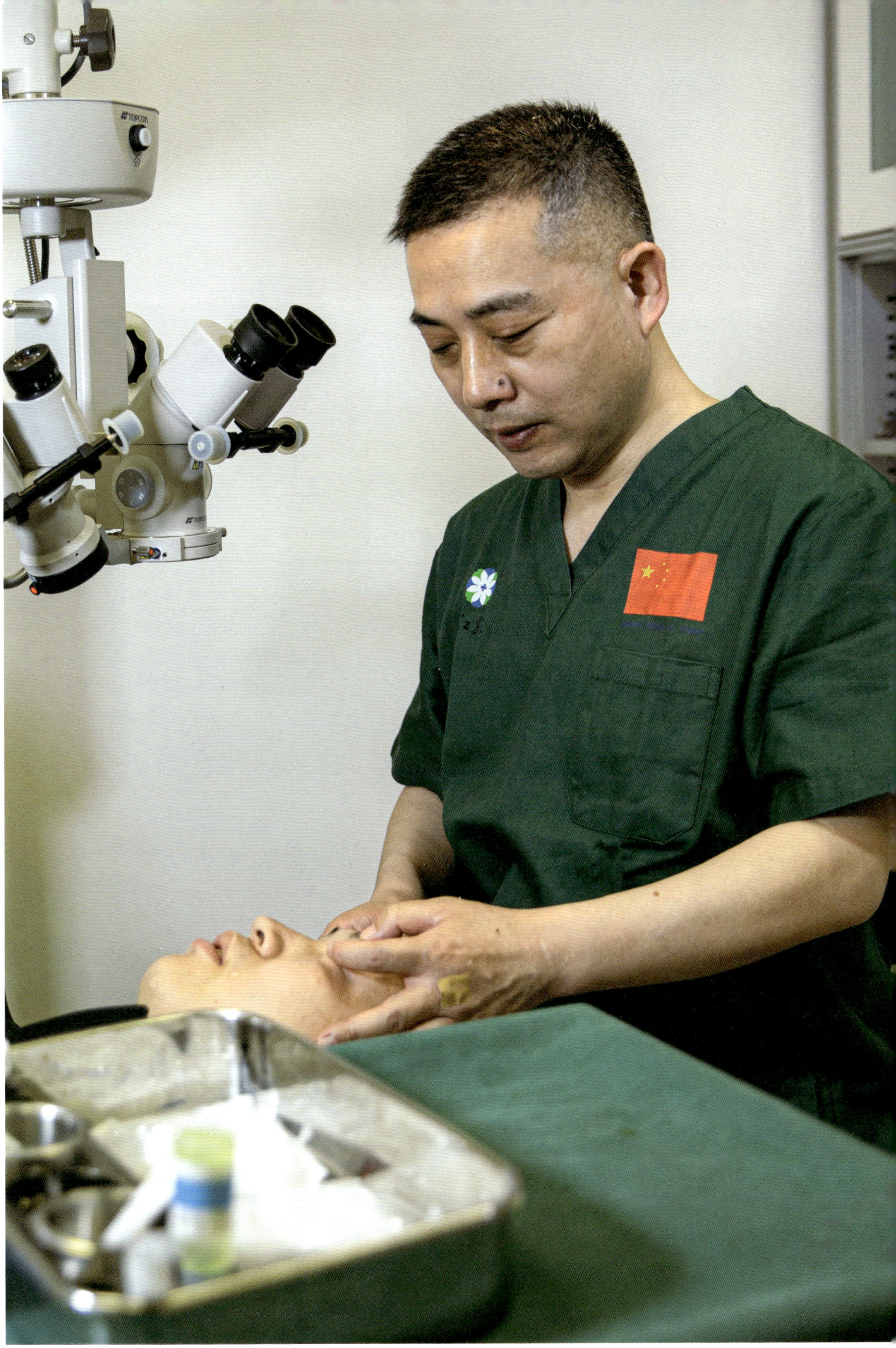
TOPCON

耿　宁
Geng Ning

【人物小传】

耿宁，1965年10月8日出生，内蒙古人，苏州市立医院眼科主任医师、江苏省第24期援桑给巴尔医疗队眼科医生。2011年6月—2013年6月，在桑给巴尔中国医疗队眼科中心工作。

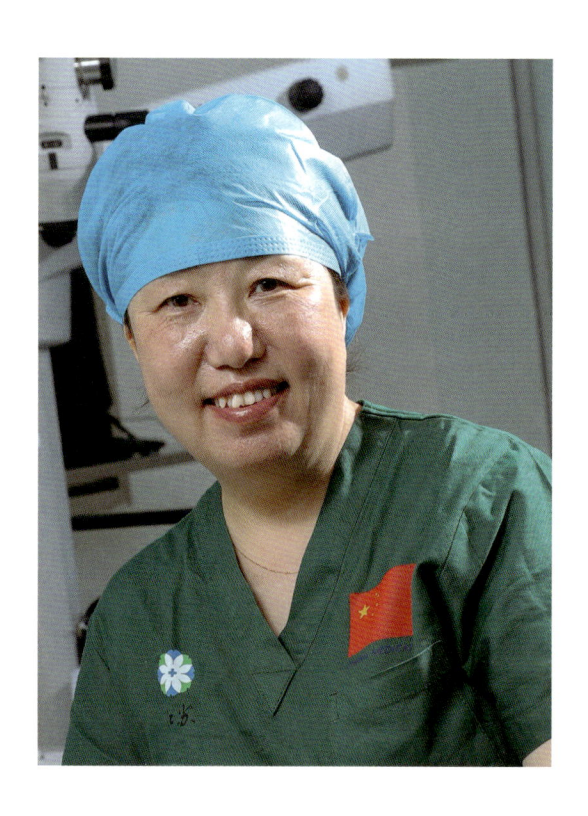

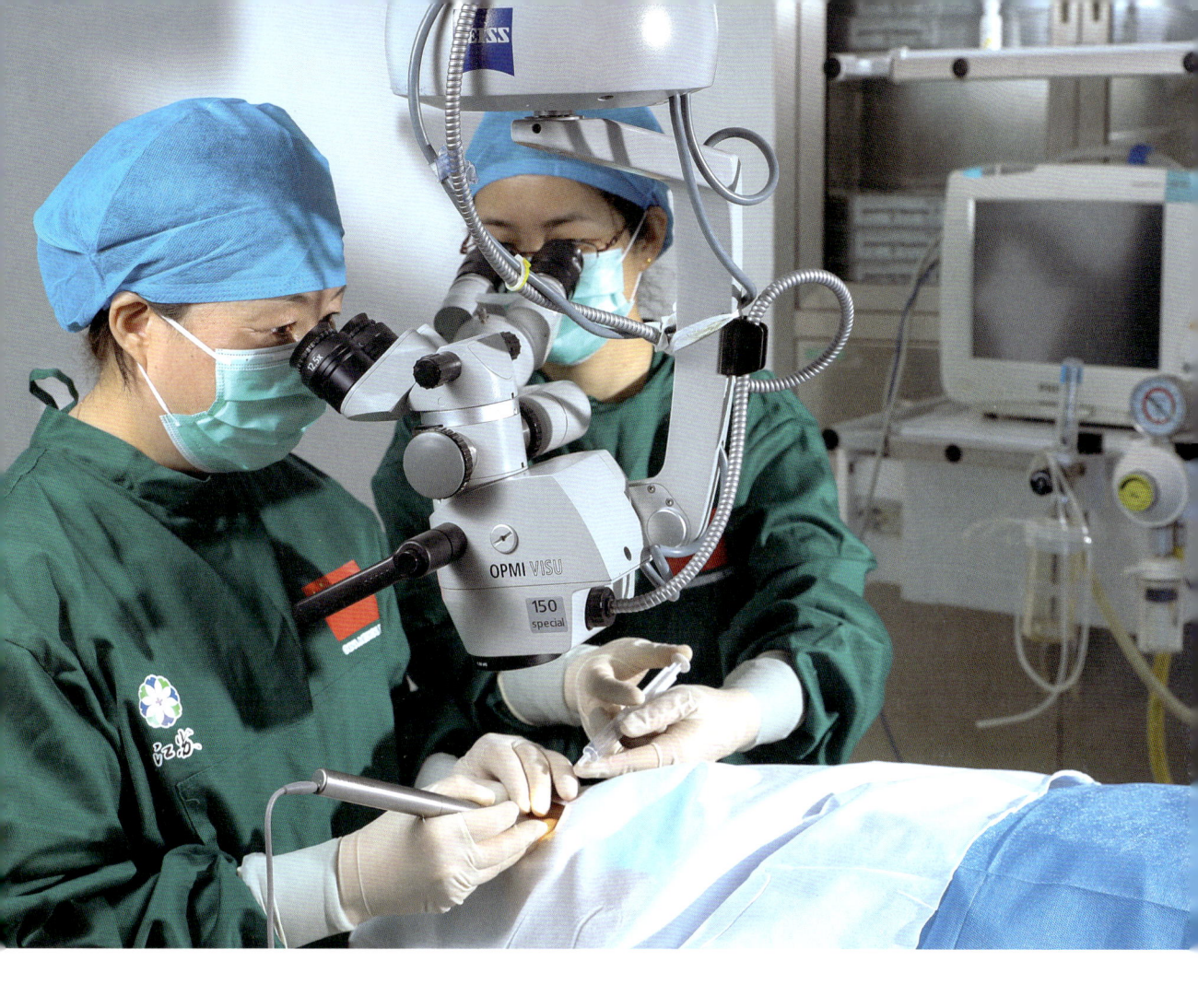

与爱相伴

2011—2013 年，我作为江苏省第 24 期援桑给巴尔医疗队队员，在桑给巴尔中国医疗队眼科中心工作了两年。两年中，我克服了药品短缺、仪器落后、语言不通、传染病多等重重困难，诊治眼科病人超 15000 人次。期间，我还带教了两名来自挪威的志愿者，他们是挪威政府医院白内障专科医生，虽然他们已都是白内障专科医生，但从未开展过小切口白内障手术。经过 3 个月的同台工作和精心辅导，他们不仅能熟练掌握小切口白内障手术、青光眼手术，还对超声乳化手术中的一些技术难点有了新的认识。

两年里，我和丈夫还向纳兹摩加医院捐赠了价值 10 万元人民币的眼科手术器械。看到我们捐助的裂隙灯和眼底镜上贴着"LOVE IS ALWAYS LASTING AND EVERYWHERE"的标签，我的心里总是暖暖的，这是我们两个人的心愿。虽然心爱的丈夫不在身边，但他用行动默默支持我、鼓励我。两年援外的时光里，一直有亲情相伴而前行，再苦再累，我总能得到内心的平静和安宁。

王旭辉

Wang Xuhui

【人物小传】

王旭辉，1976年3月15日出生，江苏常州人，中共党员，常州市第三人民医院院眼科副主任医师、江苏省第25期援桑给巴尔医疗队队员。2013年6月—2015年6月，在桑给巴尔中国医疗队眼科中心工作。

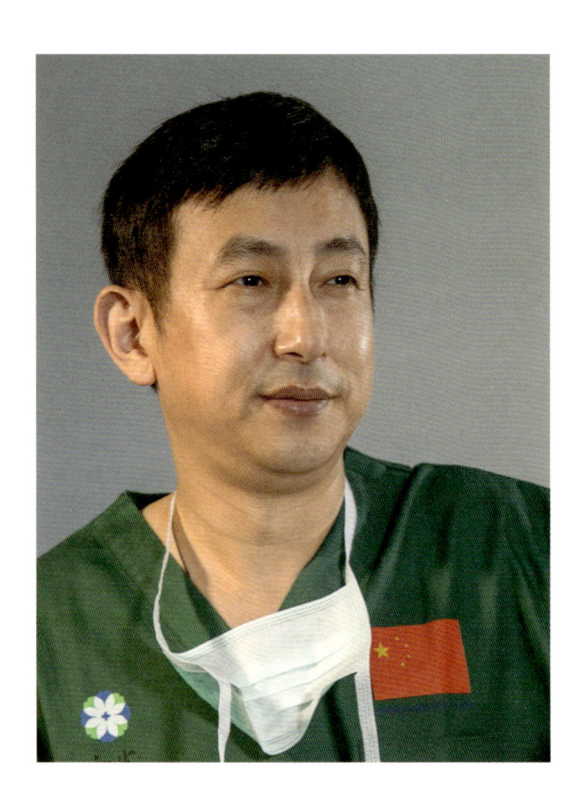

暴雨中的行程

4月的桑岛，正值雨季，每天都要下数场瓢泼大雨。雨季中，眼科中心的工作更繁忙了，门诊人满为患，手术都安排得满满的。除医院里的工作外，我还应邀参加了两次当地公益机构组织的义诊手术，一次在桑岛，另一次在奔巴岛。在桑岛"手术周"中，我每天都有近10台手术，我的手术状态出奇地好，平均每台手术耗时20分钟，4天累计完成白内障手术37台，术后绝大部分患者都取得了良好的视力，病人很满意。

4月下旬的一天，我再次去奔巴岛开展手术，两天总共完成白内障手术14台。因为是最后一次去奔巴，我准备了一些小礼物，送给当地医院的医助，和他们一一告别，心里唏嘘不已，也许今生此世很难有机会再去奔巴岛了！从奔巴岛返回桑岛那天，我遇到了桑岛近10年来罕见的大雨，一整天连续暴雨，每小时雨量超过1000ml，我乘坐的小飞机冒着暴雨飞行，抵达桑岛上空，因雨大而无法降落，在机场上空盘旋了10多分钟，终于在雨量减少间隙才安全降落，这也是我多次乘坐小飞机以来最惊险的一次。

离别之际，我对美丽的桑给巴尔产生了依依不舍之情。这里的大海、蓝天、白云、白沙滩、石头城里的古老气息、热情的市民、浓厚的伊斯兰宗教文化，点点滴滴都融进我的记忆中……

刘庆淮

Liu Qinghuai

【人物小传】

刘庆淮，1963年4月13日出生，江苏淮安人，中共党员，江苏省人民医院眼科主任医师。2016年5月29日作为江苏省援外医疗队支撑专家陪同江苏省政府代表团赴桑给巴尔讲学及手术演示。

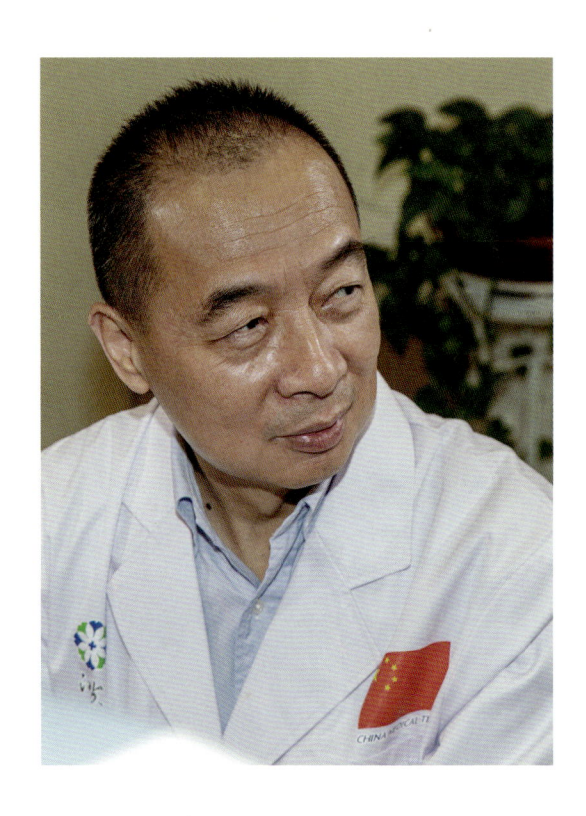

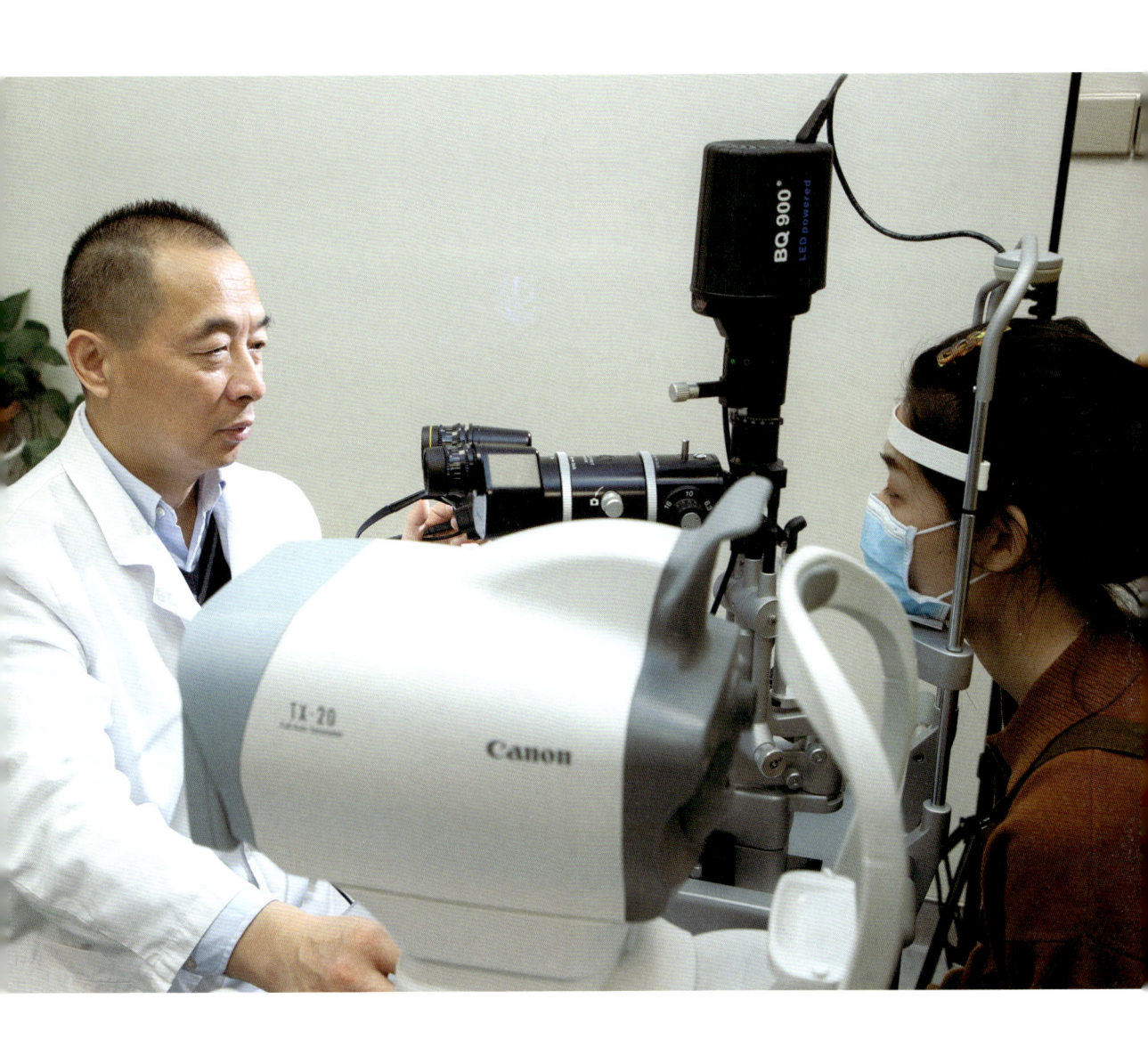

让桑岛欢欣鼓舞的人

2016年5月,明媚的阳光伴随江苏省眼科专家前往非洲桑给巴尔。江苏省人民医院眼科刘庆淮主任率领专家组一行5人飞抵桑给巴尔,进行义诊和手术指导。在桑给巴尔期间,刘庆淮主任率领专家组在门诊完成了100多例疑难眼病会诊,成功完成58例白内障手术,包括多例复杂的小瞳孔白内障、硬核白内障、独眼白内障的手术以及数例青光眼白内障联合手术,使多位本来需要辗转到国外治疗的患者,在当地接受了中国专家的治疗,免除了患者的经济损失和长途跋涉的苦恼,使多位双目失明的患者重见光明,当地媒体纷纷予以报道。

赵 伟

Zhao Wei

【人物小传】

赵伟，1973年3月25日出生，海南人，中共党员，无锡市人民医院眼科主任医师、江苏省第26期援桑给巴尔医疗队眼科医生。2015年6月—2017年6月在桑给巴尔中国医疗队眼科中心工作。

有一种心痛在久久盘桓

　　一位3岁还不到的小女孩，在玩耍时左眼球不慎被利器划伤，在当地医院用了点消炎药，做了简单处理后，就被转出来了。在我见到病人时，已是她伤后第八天。经检查，我发现她的角膜上有一破口，虹膜脱出，前房消失，晶状体白色浑浊，幸运的是其眼内无明显感染表现。于是，我立即为她在全身麻醉的情况下做了眼球破裂修补、外伤性白内障吸除手术。在援外两年中，我碰到了30多例类似病例。患儿大部分来自奔巴岛，受伤后由于种种原因而未能及时到医院就治，错过了最佳手术治疗时间，只能做眼球摘除处理，因此他们小小年纪就已落下了终身残疾，对他们未来的人生是一个巨大的打击。

　　孩子是桑给巴尔的未来。作为一名眼科医生，望着小女孩和母亲远去的身影，面对那些伤残的孩子，心里总有一种说不出的痛在久久盘桓。

姚 勇
Yao Yong

【人物小传】

姚勇，1965年11月7日出生，安徽合肥人，中共党员，无锡市立医院院长、眼科主任医师、江苏省第6期援圭亚那医疗队队长、眼科医生。2004年6月—2006年6月在圭亚那工作，期间率先在圭亚那开展了白内障超声乳化手术。2015年12月，姚勇作为江苏省援桑给巴尔医疗队眼科中心支撑专家，赴桑给巴尔讲学及手术演示。

"加勒比海的骄傲"

2004年6月—2006年6月在圭亚那期间,姚勇在全国援外医疗队中率先开展了白内障超声乳化等6项眼科新技术,并为圭亚那总统、议长和总理等诊治眼科疾患,还受邀作为外国专家参加总统主持的内阁会议,被圭亚那总统称为"加勒比海的骄傲"。

2015年12月16日上午,姚勇作为眼科中心支撑专家,赴桑给巴尔讲学及手术演示,先后完成了10台高难度白内障手术,并与眼科主任Slim就眼科中心未来的发展做了深入的交流。

2017年,姚勇实施指导柬埔寨西哈努克港特区社会卫生服务中心的筹建,把大爱无疆的中国精神,传遍亚、非、拉。

秦 勤
Qi Qin

【人物小传】

秦勤，1981年12月19日出生，安徽马鞍山人，中共党员，南京市鼓楼医院眼科副主任医生、江苏省第27期援桑给巴尔医疗队眼科医生。2017年6月—2018年6月，在桑给巴尔中国医疗队眼科中心工作。

黑暗中的手术

桑给巴尔本岛是个面积仅1651平方公里的小岛，全岛电力供应需要坦桑大陆的达累斯萨拉姆提供。这里时有断电发生。我就遇到了这样的情况：当天安排了8台白内障手术。当做到第二台时，手术显微镜的灯突然熄灭，超声乳化机关机，此时，我的手术刀正在穿过患者角膜，进入眼内。停电了！我赶紧凭着感觉把刀抽出来，这时房水也顺着刀的抽出而流出来了。我摸了摸眼球，有些软，眼压降低了。这样下去可能会出现爆发性脉络膜上腔出血，这将是"灭顶之灾"，患者的视力也许就此难以恢复。显微镜里一片黑暗，只能隐约看到角膜的影子，前房、晶状体完全辨认不清，更别说只有十几微米厚的前囊膜了。我立即决定改用在3mm小切口下行手法碎核白内障摘除术，让护士打开手电筒照着患者的眼睛，我从显微镜里虽然能辨认角膜、前房，但比蝉翼还薄的囊膜还不是很清楚，但我相信放慢节奏，仔细地操作，是可以完成手术的。我小心翼翼地在黑暗中、在手电筒的点点光源下，一步一步顺利地完成了手术。第二天查房，患者视力为0.8，角膜透明，人工晶状体稳居囊袋内。看到他重见光明后淳朴的笑容，我感到只要有责任心，黑暗中的手术同样可以为患者带来光明。

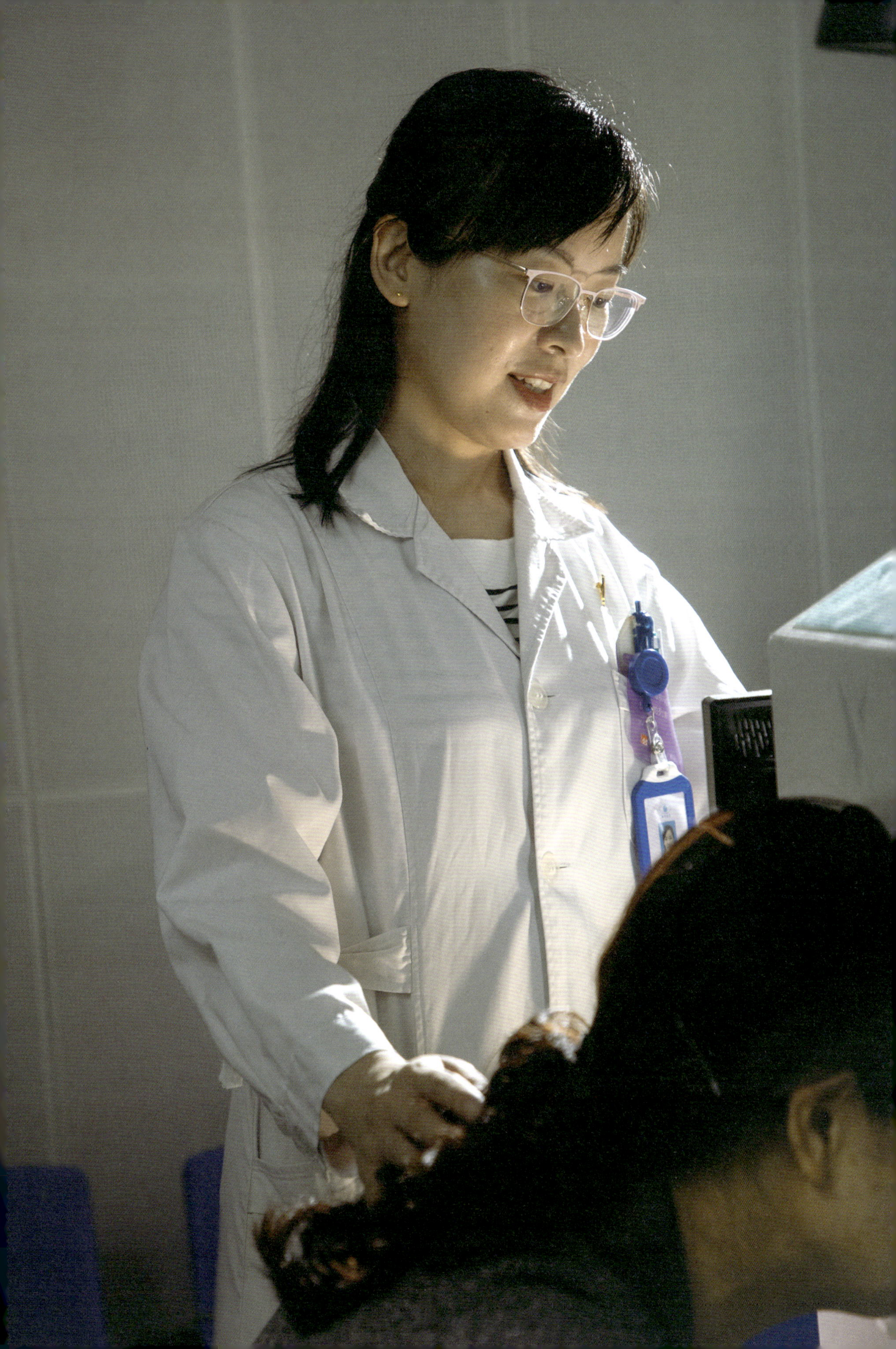

张 震
Zhang Zhen

【人物小传】

张震，1970年1月3日出生，云南昆明人，中共党员，徐州中心医院眼科主任医师、江苏省第28期援桑给巴尔医疗队队长、眼科医师。2018年6月—2019年6月，在桑给巴尔中国医疗队眼科中心工作。

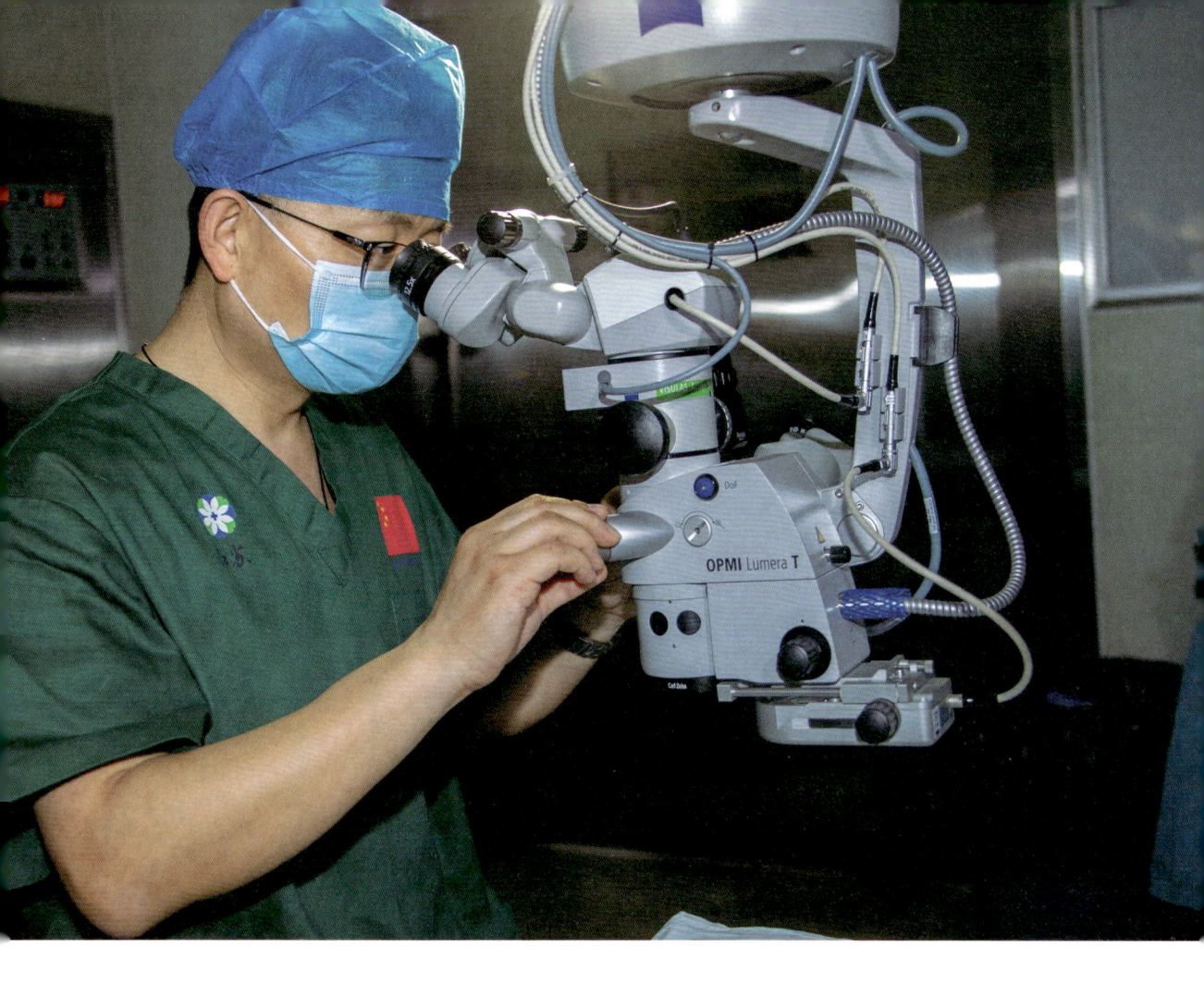

第一次为艾滋病人做手术

那天，我排好了10台手术。眼科助手悄悄对我说，这一个是艾滋病患者！我小心翼翼地做，每一步都很谨慎，但在结束缝合过程中，我感觉脚面一凉——原来护士在收拾这台艾滋病病人的手术器械时，不小心把病人眼里的冲洗液洒在了我的脚上了。我一下呆住了，紧紧盯住护士手上的胶皮管……那一刻，我感觉时间很漫长。护士很快拿来酒精往我脚面上倒，我不知道酒精对艾滋病病毒是否有效。手术要紧，我低头继续为外伤的孩子缝合角膜。手术结束后，我的皮肤没有伤口，应该没事。时间证明，这一次与艾滋病的邂逅并没有让我留下些什么。我在心底说："如果真的中招，我就不回去了，在这里为非洲人民服务到底！"

林小俊

Lin Xiaojun

【人物小传】

林小俊，1981年9月25日出生，江苏如东人，中共党员，江苏省人民医院眼科副主任医师、江苏省第29期援桑给巴尔医疗队眼科医师。2019年6月—2020年9月，在桑给巴尔中国医疗队眼科中心工作。

桑岛梦 三代情

林小俊一家有三代人都是援桑给巴尔医疗队队员。分别是林小俊岳母的叔叔、南京鼓楼医院院长、泌尿外科周志耀主任；林小俊的岳母、南京市儿童医院副院长、儿科主任、第17批援桑给巴尔医疗队队员周晓玉；再加上他，他家三代人为援桑医疗工作贡献了青春和智慧。

周志耀主任两次来到桑给巴尔工作，1964年8月作为第一期中国援桑给巴尔医疗队队员，在桑给巴尔工作两年；1977年1月，作为第六期援桑给巴尔医疗队队长，再次来到桑给巴尔。两次在桑给巴尔工作了4年多中，他组织编写了近30万字的《非洲外科学》专著，成为当地外科医师的首部临床教学教材，深受业内外人士好评。为表彰他的卓越贡献，1967年，桑给巴尔总统亲自授予其奖章一枚。

1979年，坦桑尼亚三军司令兼国防部长赠予周志耀象征中坦友谊的珍贵大型古木雕一座。1979年1月，周志耀被中国对外经济联络部评为"援外先进工作者"。

第一章 光明使者

　　林小俊的岳母周晓玉，1997年—1999年在桑给巴尔工作两年，为当地医治了大量患儿。

　　怀着三代人对桑给巴尔人民的情意，林小俊于2019年来到桑给巴尔。眼科医生在桑岛工作很繁忙，每天要完成8—10台手术。由于只有一张手术床，所以经常要一刻不停地忙到下午2点后。周五更要辗转三个地方，先去米孔古尼医院看前一天的术后病人，再到纳兹摩加医院看门诊病人，最后还要去手术室完成一些外眼或全麻手术。所以一周下来，基本上每个工作日都会错过吃午饭。即便在节假日，也有急诊外伤需要处理。他还为一位眼视网膜脱离、左眼老年性白内障的患者施行左眼白内障摘除联合玻璃体切除术，使患者视网膜全部复位，视力提高了。看到病人术后高兴的样子，林小俊那一刻也开心地笑了。

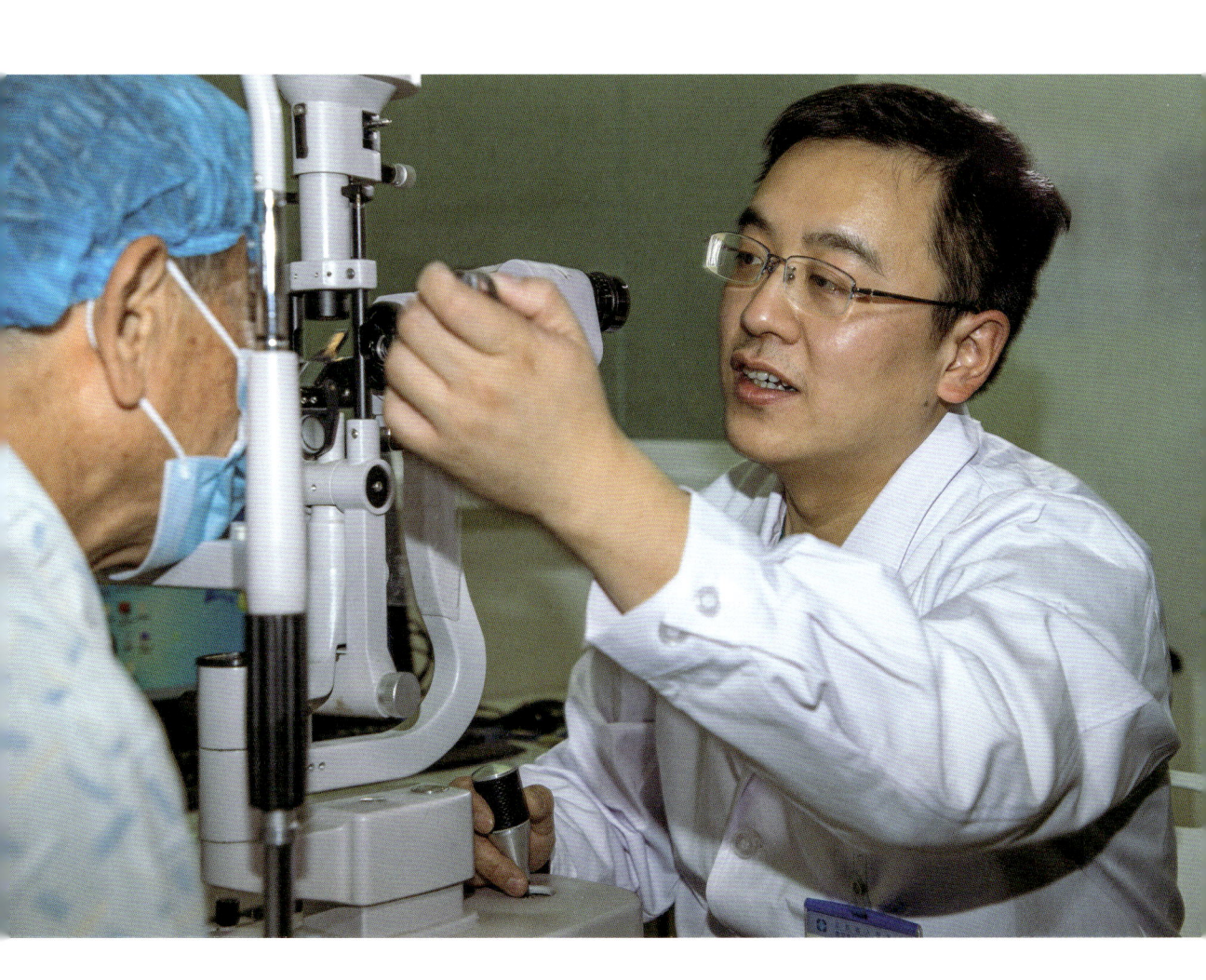

国家使命 | 百位中国援外医疗队员画传

周晓玉

Zhou Xiaoyu

【人物小传】

周晓玉，1956年8月11日出生，浙江湖州人，中共党员，南京市儿童医院副院长、儿科主任医师。江苏省第17期援桑给巴尔医疗队儿科医生。1997年5月—1999年6月，在桑给巴尔中国医疗队工作两年。

爱在桑岛永不移

1997年—1999年间,周晓玉作为第17期援桑医疗队医生在桑给巴尔工作两年,她把满腔的爱、深厚的情,奉献给了桑岛人民。

当年桑岛无论生活条件,还是工作条件都极其简陋,医院里连最基本的氧气都不能正常供应,生化检查就更谈不上了,药品奇缺。但她们总能克服重重困难,因陋就简、想方设法创造条件开展工作。周晓玉曾以口服甘露醇结肠透析成功救治急性肾衰患儿;以输液器改制胸穿针,为结核性胸膜炎伴胸腔积液患儿进行胸腔穿刺治疗……在如此艰苦的工作条件下,她救治了大量病情垂危的患儿。当孩子痊愈出院时,家属通常要求拍下一张合影照片,以作纪念。

2019年,周晓玉在离开桑岛20年后,再次来到桑岛,踏上这块心心念念的土地。她告诉年轻的医疗队员们:"不畏艰苦、甘于奉献、救死扶伤、大爱无疆"的中国医疗队精神,是一代代医疗队员用生命和青春铸成的,是中国人民热爱和平、珍视生命的重要见证,是大国外交的长青之树,我们要用虔诚的初心和忠贞世世代代呵护它。你们现在条件好多了,我们相信你们一定能做得更好。

第二章

雨林天使

圭亚那中国医疗队微创外科中心

> 莽林是乐谱，绿叶是音符。
> 经久不息的吟唱，是家园的梦。

应圭亚那政府邀请，受中国卫生部委托，1993年6月，江苏省向圭亚那派出了第一支援外医疗队。多年来，医疗队勤勉工作，被当地人民誉为"南美雨林里的白衣天使"。

2009年12月6日，中国卫生部与圭亚那卫生部在圭亚那乔治敦医院共同为"中国医疗队微创中心"和"中国医疗队眼科中心"揭牌。中国医疗队先进的微创技术，在加勒比地区开创了先河。乔治敦医院院长萨莫拉说："中国医生将微创技术引进圭亚那，帮助我们培训医生。今天，微创技术已成为我们临床常规治疗方法。"微创外科中心开展普外科和妇产科腹腔镜下各类手术近万例。中国医疗队微创外科中心的工作，有力地推动临床帮教和学术交流，助力在实践中培训当地医生，打造一支"永远不走的医疗队"。"中国天使"在圭亚那的故事还在继续，他们用医术和仁心续写来自遥远东方的无私大爱。

▲ 圭亚那乔治敦公立医院门诊

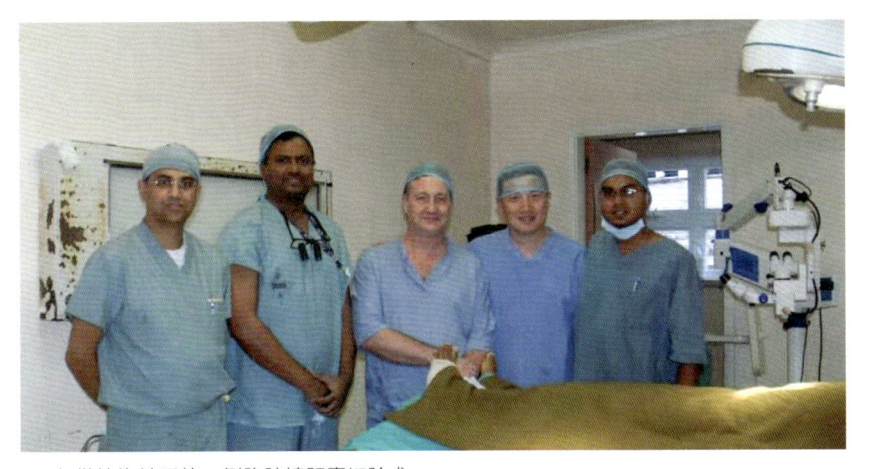

▲ 加勒比海地区第一例腹腔镜胆囊切除术

胡 寅

Hu Yin

【人物小传】

胡寅,1962年3月8日出生,江苏南京人,中共党员,江苏省医学会副会长兼秘书长、江苏省第8期援圭亚那医疗队队长、整形外科医生。2008—2010年,在圭亚那乔治敦医院工作。2013年作为中国优秀援外医疗队队员,胡寅受到习近平总书记亲切接见。

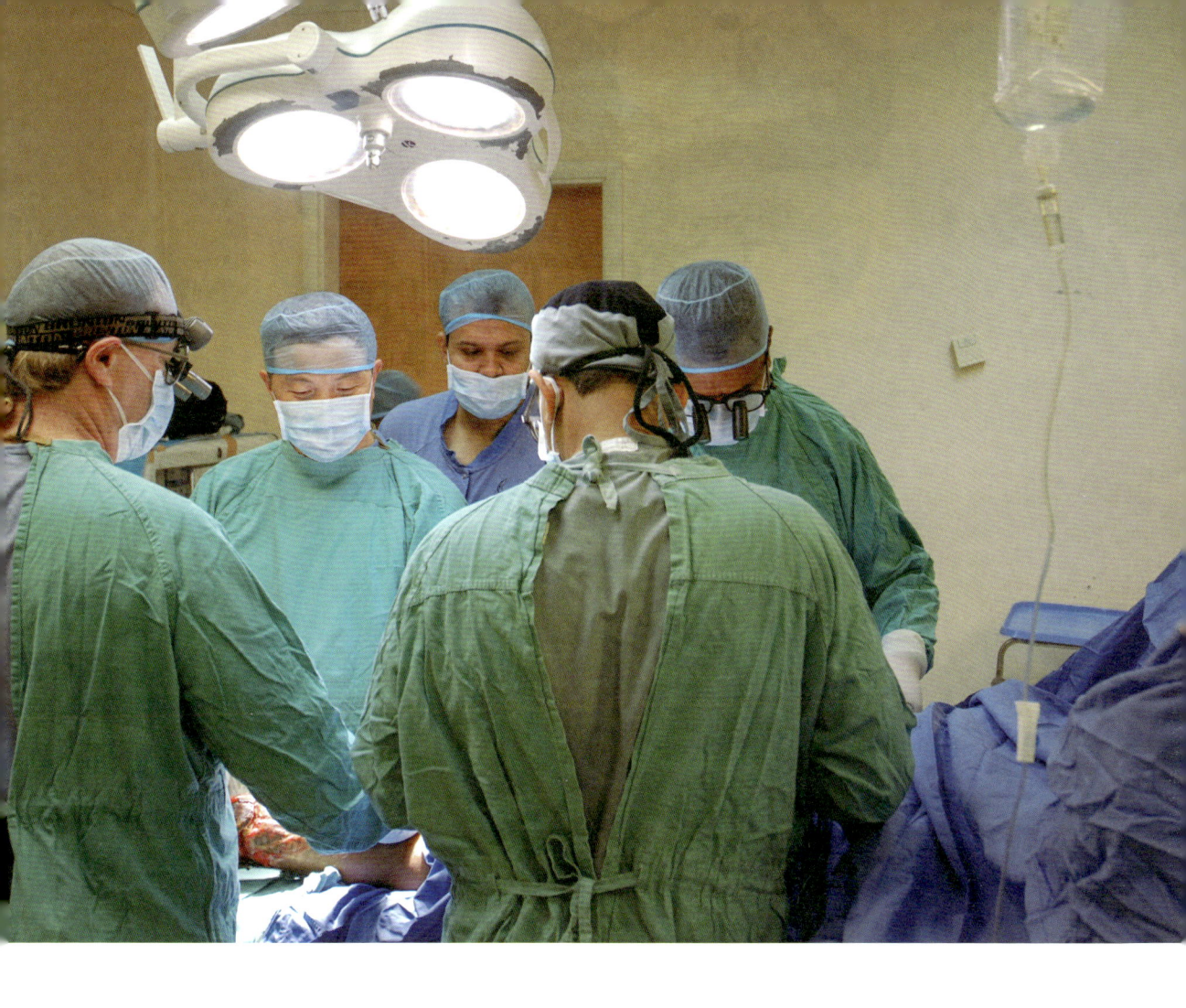

精彩的创意 实力的整合

　　2009年，江苏省第8期援圭亚那医疗队队长胡寅在圭亚那工作期间，通过对当地医疗现状的调查分析和思考，率先提出以医疗队的工作为基础，集中有限财力，在目前医疗队已开展的眼科超声乳化和腹腔镜两项技术的基础上，开展医疗中心建设。2009年12月6日，"中国医疗队眼科中心"和"中国医疗队微创外科中心"在圭亚那乔治敦挂牌。中心的成立，以精准援外、实力整合，拓展了援外医疗新模式，开创了双边合作新形式，加深了与受援国双方的友好合作。

白剑峰

Bai Jianfeng

【人物小传】

白剑峰，1969年4月7日出生，江苏泰兴人，九三学社社员，江苏省人民医院普外科主任医师。2007年5月17日，作为江苏省援圭亚那医疗队微创中心支撑专家，在圭亚那乔治敦医院演示了加勒比地区第一例腹腔镜胆囊切除术。

剑锋初试

2007 年 5 月，江苏省人民医院白剑峰主任作为中国医疗队微创中心支撑专家，在圭亚那乔治敦医院演示了第一例腹腔镜胆囊切除术，这台手术成为圭亚那开天辟地的第一例腹腔镜手术。

白剑峰说："在圭亚那医疗环境差、药品短缺、手术器械奇缺、血源紧张的状态下开展腹腔镜手术，需要担当极大的风险，但这是医生的责任，我责无旁贷，必须担当。能为圭亚那人民解除病痛，就是我最大的心愿。"到达圭亚那的第二天，白剑峰就施行了 3 台手术，完成了圭亚那第一例腹腔镜手术。他的手术演示引来各国医生观摩学习，得到了圭亚那卫生部长和乔治敦医院院长的高度评价。圭方表示："中国医疗队微创外中心的建立不仅填补了我们医学的空白，更让我们的人民享受了最现代的医学技术服务。"

张拥军

Zhang Yongjun

【人物小传】

　　张拥军，1968年12月31日出生，江苏如东人，镇江市第一人民医院普外科主任医师、江苏省第7期援圭亚那医疗队外科医生。2006年6月—2008年6月，在圭亚那中国医疗队微创外科中心工作。在圭亚那创建了中国医疗队微创中心，是中国在南美洲加勒比地区应用腹腔镜微创技术治疗胆囊疾病的第一位中国援外医疗队队员。

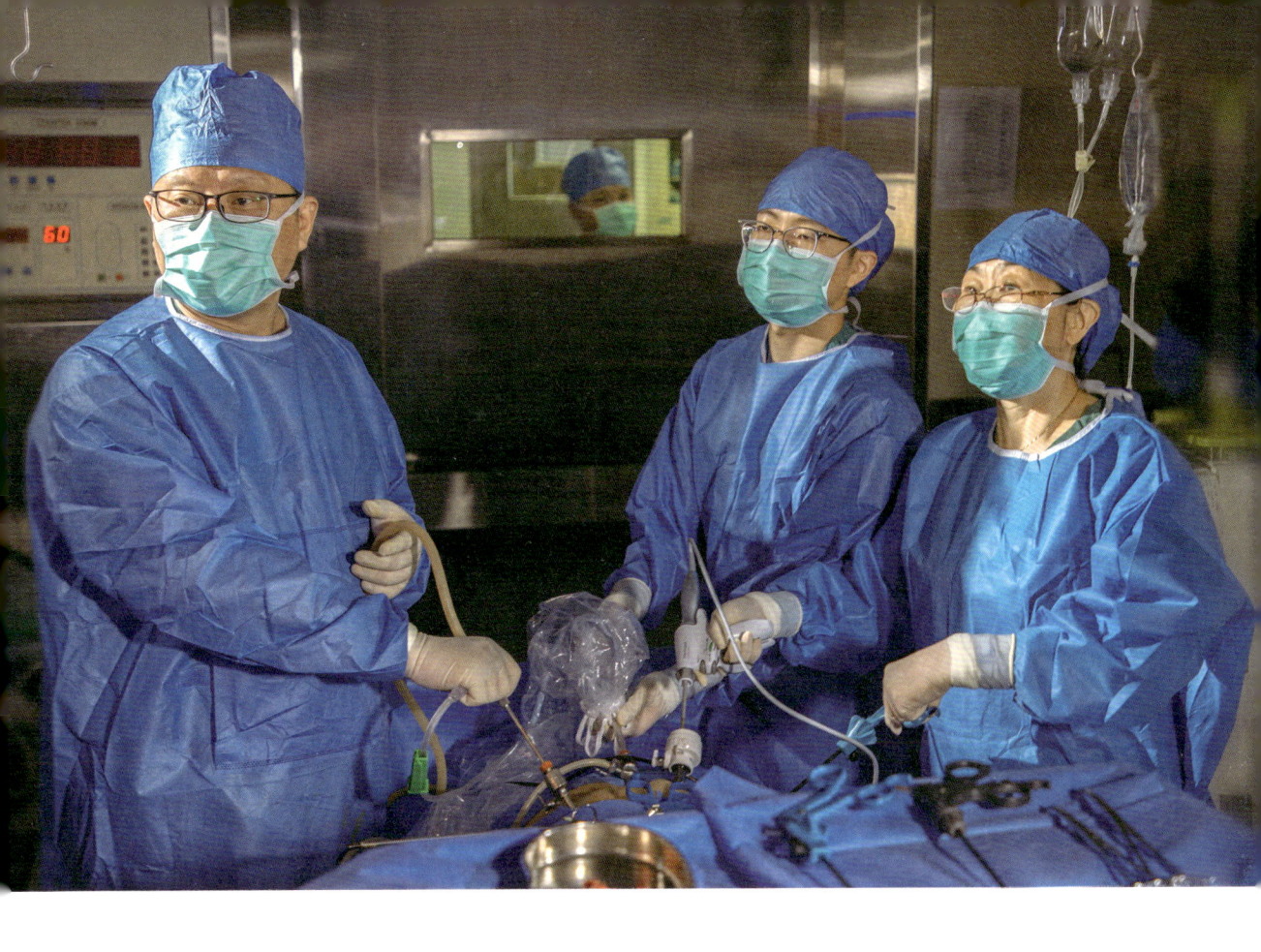

开创圭亚那腔镜手术先河

这是我一生都难以忘怀的时刻。

2007年12月6日，中国医疗队圭亚那外科微创中心揭牌活动结束后，我倍感压力，这第一炮能否打响，至关重要。圭亚那卫生部、医院及社会媒体对此表现出极大关注，在省里支撑专家和设备工程师离开的当天，我就一头扎进了手术室，琢磨起了机器的安装、设备的连接、调试，对手术器械的熟悉。经过3天充分准备，我成功开展了第一列腹腔镜胆囊切除术。从此，在乔治敦医院腹腔镜胆囊切除术逐步取代了传统开腹手术，成为治疗胆囊疾病的主要手段，深受当地同行的青睐和患者的喜爱。乔治敦医院院长朗姆朗是圭亚那最知名的外科医生，也主动来拜我为师，学习腹腔镜手术。圭亚那卫生部对中国医生在乔治敦医院开展腹腔镜手术给予了高度评价，目前圭亚那已将腹腔镜技术培训列为医院外科医生继续再教育课程。

徐 静
Xu Jing

【人物小传】

徐静，1966年9月24日出生，江苏南通人，镇江市第四人民医院妇产科主任医师、江苏省第7期援圭亚那医疗队妇产科医生。2006年6月—2008年6月，在圭亚那乔治敦中国医疗队微创外科中心工作。

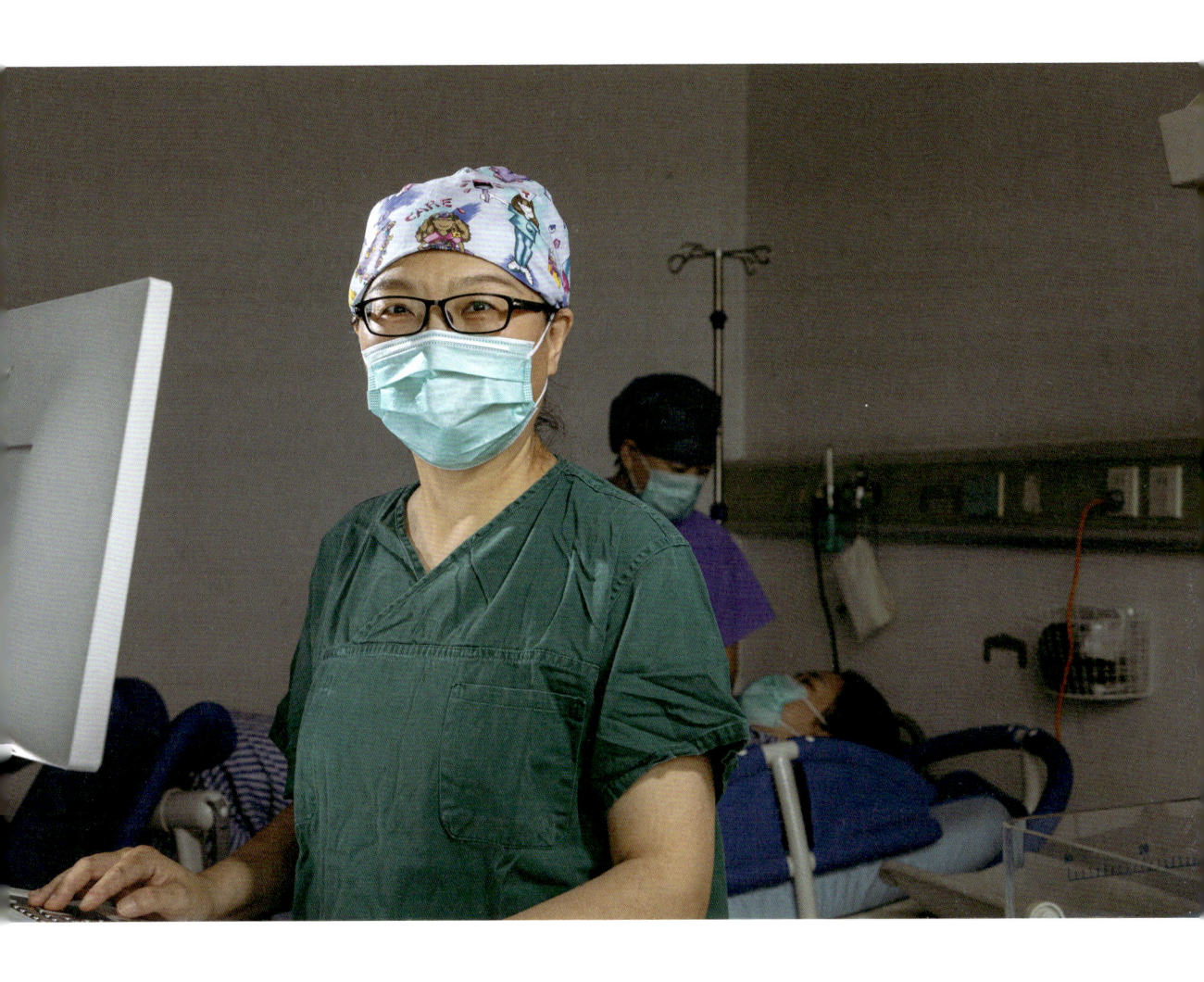

不怕危险的中国援外妇产科医生

初来乍到圭亚那,最让我感到困难的是开展工作难度大。妇产科在乔治敦医院是一个忙碌的大科室,有印度、古巴及其他多国医生在此工作。中国医疗队在过去的10多年里从没有派过妇产科医生。在各种陌生、怀疑目光的注视下,我与科主任——一位70多岁的古巴老医生开始了第一次查房和手术。面对在国内从没见过的巨大子宫肌瘤、卵巢肿瘤,我的内心似乎有些许慌乱。幸运的是,我克服了种种困难,通过辛勤工作和不断努力,很快在当地打开局面。我的病人预约手术安排超过3个月以上。每周两次门诊,一次手术,每隔三天一次值班,所有的一切都是那么忙碌。圭亚那是艾滋病高发地区,妇产科是非常容易接触血液及体液的临床手术科室,且急诊手术多,遇到艾滋病人的机会较多,承担着极大风险,但是我们为许多艾滋病产妇送去温暖,解除病痛,赢得了同行的尊重和当地病人的信任。

陆文熊

Lu Wenxiong

【人物小传】

陆文熊，1964年3月21日出生，江苏无锡人，江苏省人民医院普科副主任医师、江苏省第8期援圭亚那医疗队外科医生。2008年7月—2010年7月，在圭亚那乔治敦中国医疗队微创外科中心工作。

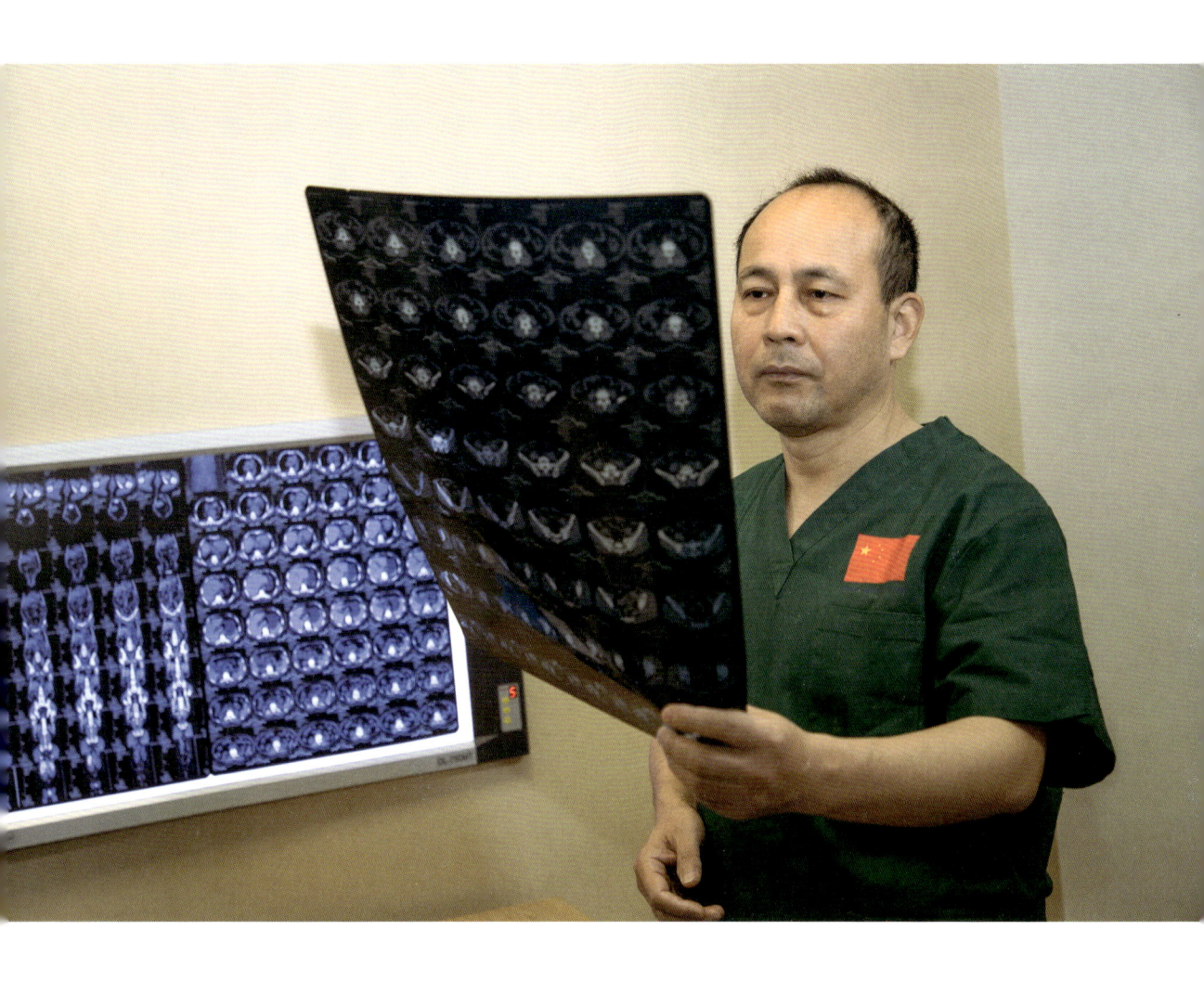

在圭亚那治阑尾炎

阑尾炎对于外科医生是小手术，但我在圭亚那遇上的一个阑尾炎病人，让我记忆犹新。我的助手说门诊接收了一个"急性阑尾炎"患者，让我带他手术。患者的腹腔一被打开，满腹腔全是脓，一下就吸出1400ml脓液，患者大网膜水肿明显，部分坏死，腹腔粘连，分离困难。我一边小心翼翼地分离粘连，一边寻找病变部位，终于看到解剖位置处，但阑尾已经找不到了，只剩下盲肠壁上的一个洞。处理好阑尾，下一步要考虑的就是处理切口了，因为肠壁炎性水肿，关腹非常困难。于是我们缝了3个减张，才勉强合拢。由于担心患者在术后呼吸功能衰竭和切口感染、裂开，我一天之间多次跑去查看，夜里也去看望，3天后，病人的呼吸终于平稳下来，切口也恢复得较好。

陆品红
Lu Pinhong

【人物小传】

陆品红，1970年10月25日出生，江苏常州人，中共党员，江苏省人民医院妇产科主任医师、江苏省第8期援圭亚那医疗队队员。2008年—2010年，在圭亚那乔治敦中国医疗队微创外科中心工作。

莘莘学子

来圭亚那乔治敦医院不久,医院就让我承担医学院临床实习学生的带教工作。圭亚那临床医学专业是五年制,每一届有五六十个学生。乔治敦医院妇产科连我在内只有三个主任,由于临床工作特别忙,妇产科临床课没有安排课堂教学,由学生自学专业书,然后跟着临床查房、看看、听听、问问,所以,临床老师的讲解至关重要。

针对学生没有系统学习妇产科这一特点,我首先要求学生参与临床查房,通过住院病人的病例认知疾病的病因。其次一同上门诊,学习诊断常见病的常规处理。最后布置每周的家庭作业,学生回家看书,上网也行,全面获取信息,下一周查房时进行床边提问和讨论。这样,我和学生教学相长。每批学生在妇产科大约有 3 个月的实习时间,一轮实习结束,基本能把妇产科的所有内容都学一遍。每批学生结束妇产科的实习后,我还要求他们选择一个病种制作 PPT,在全科进行讲解和展示。学生们的自我学习能力很强,表达欲望强烈,积极性很高,做的课件都很不错。我自豪,因为我在圭亚那也有学生啦!

赵文星

Zhao Wenxing

【人物小传】

赵文星，1970年4月24日出生，江苏徐州人，中共党员，徐州医科大学附属医院普外科主任医师、第9期援圭亚那援外医疗队队长、普外科医生。2010年6月—2012年6月，在圭亚那乔治敦中国医疗队微创外科中心工作。2013年作为中国优秀援外医疗队队员，受到习近平总书记亲切接见。

友谊与"较量"

当地医生由于文化背景不同，个个对自己特别有信心，再加上这里的病人比较老实，而且非常信任医生，因此医生在操作时非常大胆。对于一个新来的外国医生，不管资历如何，他们都会和你较量一番，试试你的水平和能力。记得刚到乔治敦医院工作的第一天，病区通知我去门诊手术，开始我以为是我们整个医疗组去，到了才发现，竟然就我一个人和实习同学。这是他们对我的第一次试探。后来，他们逐个把自己会做的手术叫我去做，慢慢地发现我比他们好的时候，他们对我的态度就有了转变。号称"所有手术都会"的马哈蒂尔医生也开始和我谈，希望我能和他开展肝脏手术，他承认自己没有做过肝脏手术，在与他做了"肝外伤后并发肝脓肿"手术后，激动了好几天。

第二章 | 雨林天使

　　阿米尔医生是当地手术做得最好的医生，一向清高自傲。一周前，他在私人医院给一个枪伤导致十二指肠破裂的病人手术，第一次只做了修补，还没有放置引流管。术后第三天，患者出现肠瘘，他竟然又连续两次手术，却还是单纯修补，患者再次出现十二指肠瘘。这是原则性的错误啊！修补很难愈合，必须同时做胃大部切除术才行。看到三次手术失败，他只好在我值班的那天将病人转到了乔治敦医院。我立即手术，术中发现患者腹腔内严重感染，已经没有机会做胃大部切除术手术了，只好放置引流管解决感染问题。术后，阿米尔主动找到我探讨这个病例，从那以后他的态度明显热情多了。为了维护中国医生的荣誉和祖国的尊严，增进中国和圭亚那医生的友谊，"较量"还会持续下去！

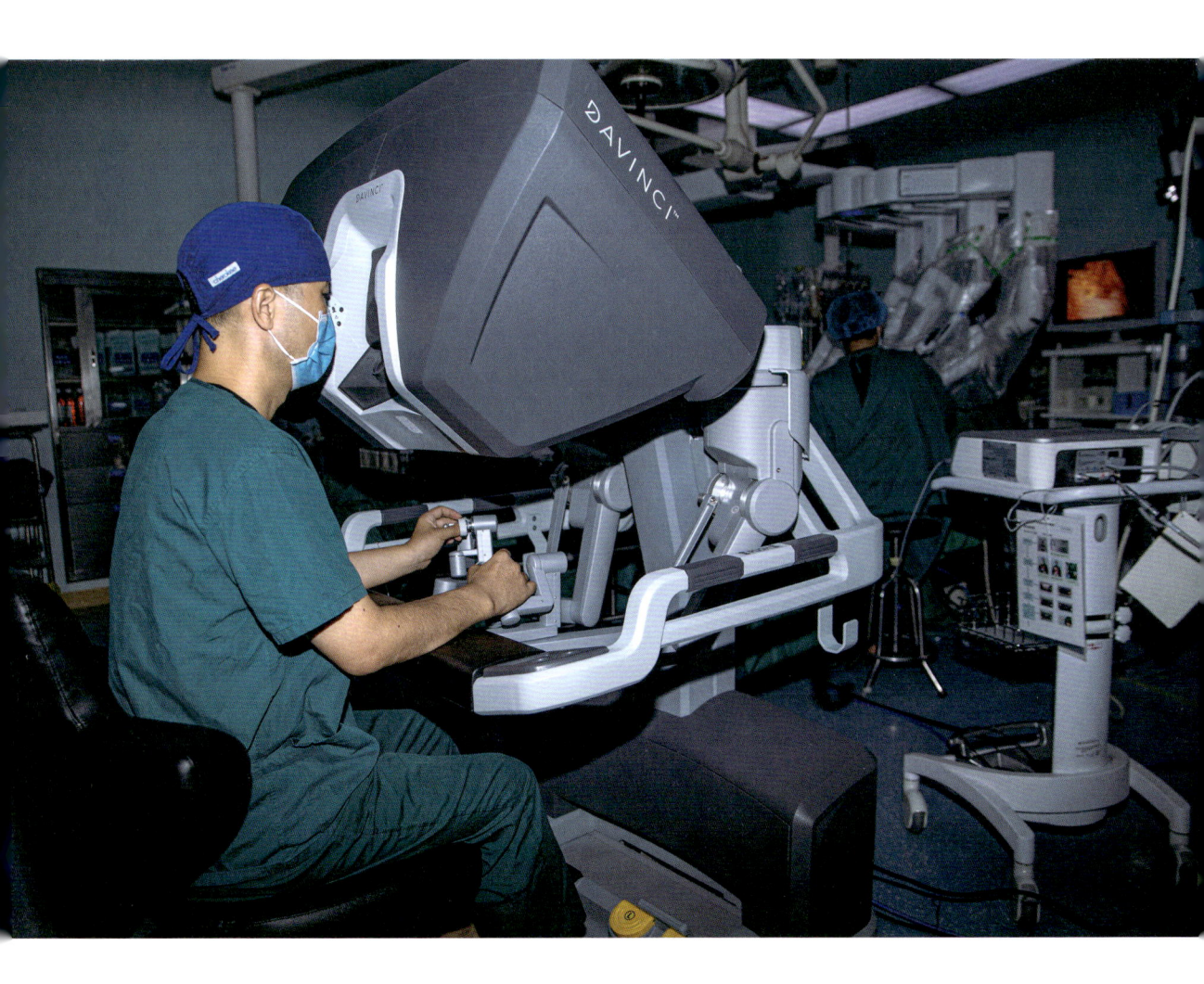

杜文升

Du Wensheng

【人物小传】

杜文升，1975年10月16日出生，江苏徐州人，徐州医科大学附属医院妇产科主任医师、江苏省第9期援圭亚那援外医疗妇产科医生。2010年6月—2012年6月，在圭亚那乔治敦中国医疗队微创外科中心工作。

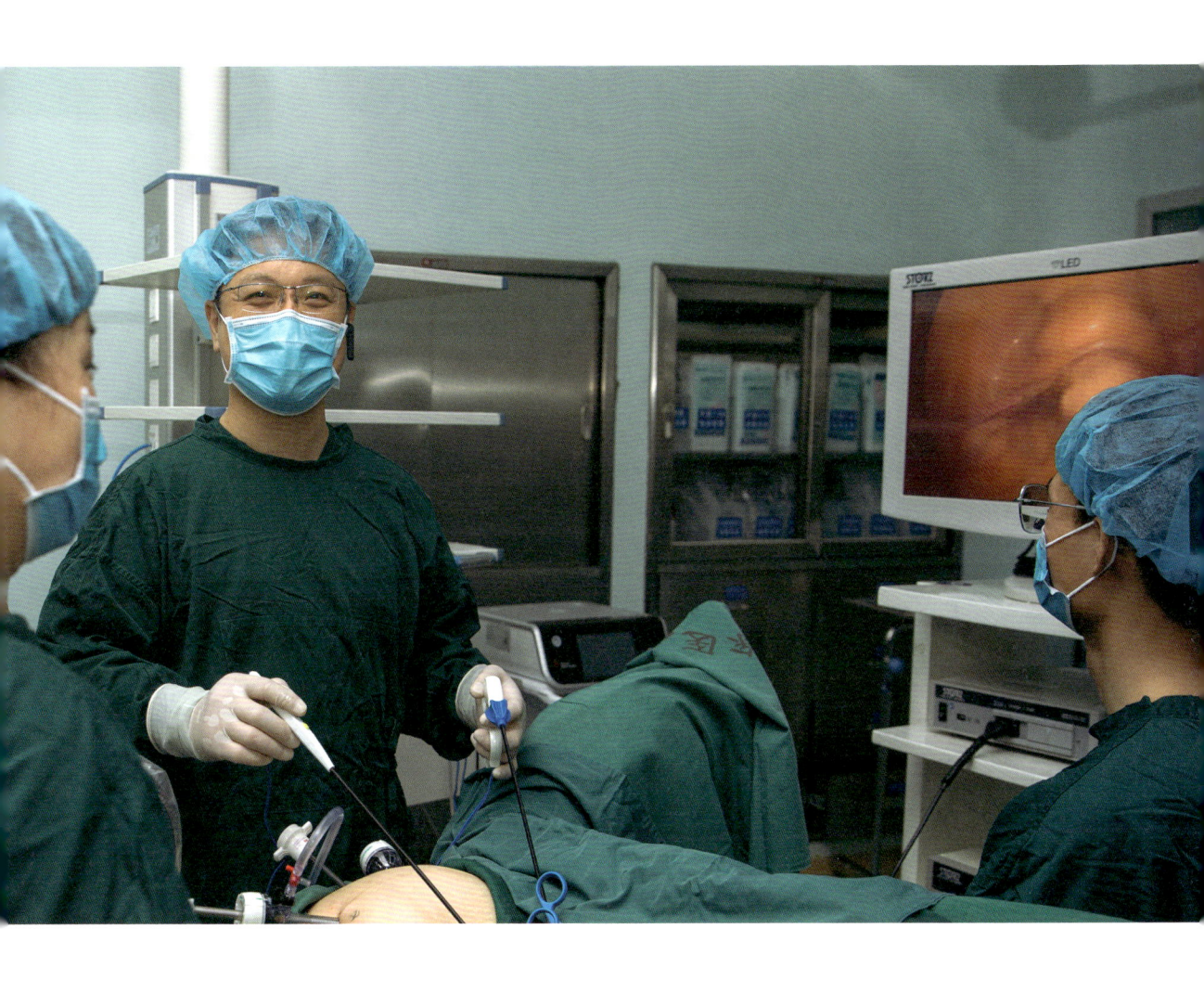

爱你爱得深沉

虽然在国内就知道医疗队中妇产科是最忙的，心里有了充分准备，但经过一周的工作后，才发现是超出想象的忙。医院的妇科和产科各占一层楼，产科病区分产前病区、产房和手术后病区，孕产妇相当多，多为多次分娩的、妊娠合并症及并发症的患者。这里的产妇周转快，生完就走，剖宫产就住3天院，我在每天查房时遇到几乎都是新面孔。我们这个病区分两个医疗组，科主任带一组，我带一组，一周3—4个夜班，值班后没有休息，第二天正常上班，且夜班的患者特别多，多的时候可以收到20—30人，超乎想象。查完房，我还得去看门诊，门诊结束时一般都在下午一点，有时甚至要看到下午3点才能回到驻地吃饭。晚上还得抽出点时间，再把英语熟悉一下，还要重点学习一下第二天可能用到的专业词汇。这些让我不由得感慨："圭亚那，爱你真的很深沉。"每当我疲惫时，都会想起祖国嘱托、朋友热切的话语、同事真诚的关心、家人的翘首期盼……这时，我就会信心满满、精力充沛。相信有付出就有回报，辛勤的努力与付出，定会给圭中两国人民的友谊之桥再添新的光彩！

国家使命 | 百位中国援外医疗队员画传

朱新国

Zhu Xinguo

【人物小传】

朱新国，男，1970年4月26日出生，江苏南通人，中共党员，苏州大学附属第一医院副院长、普外科主任医师、江苏省第10期援圭亚那医疗队队长、普外科医生。2012年6月—2014年6月，在圭亚那乔治敦中国医疗队微创外科中心工作。

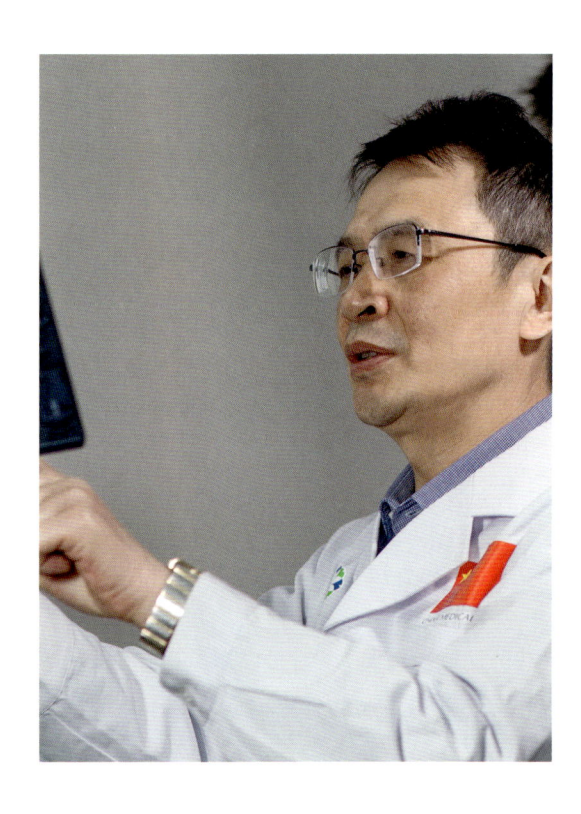

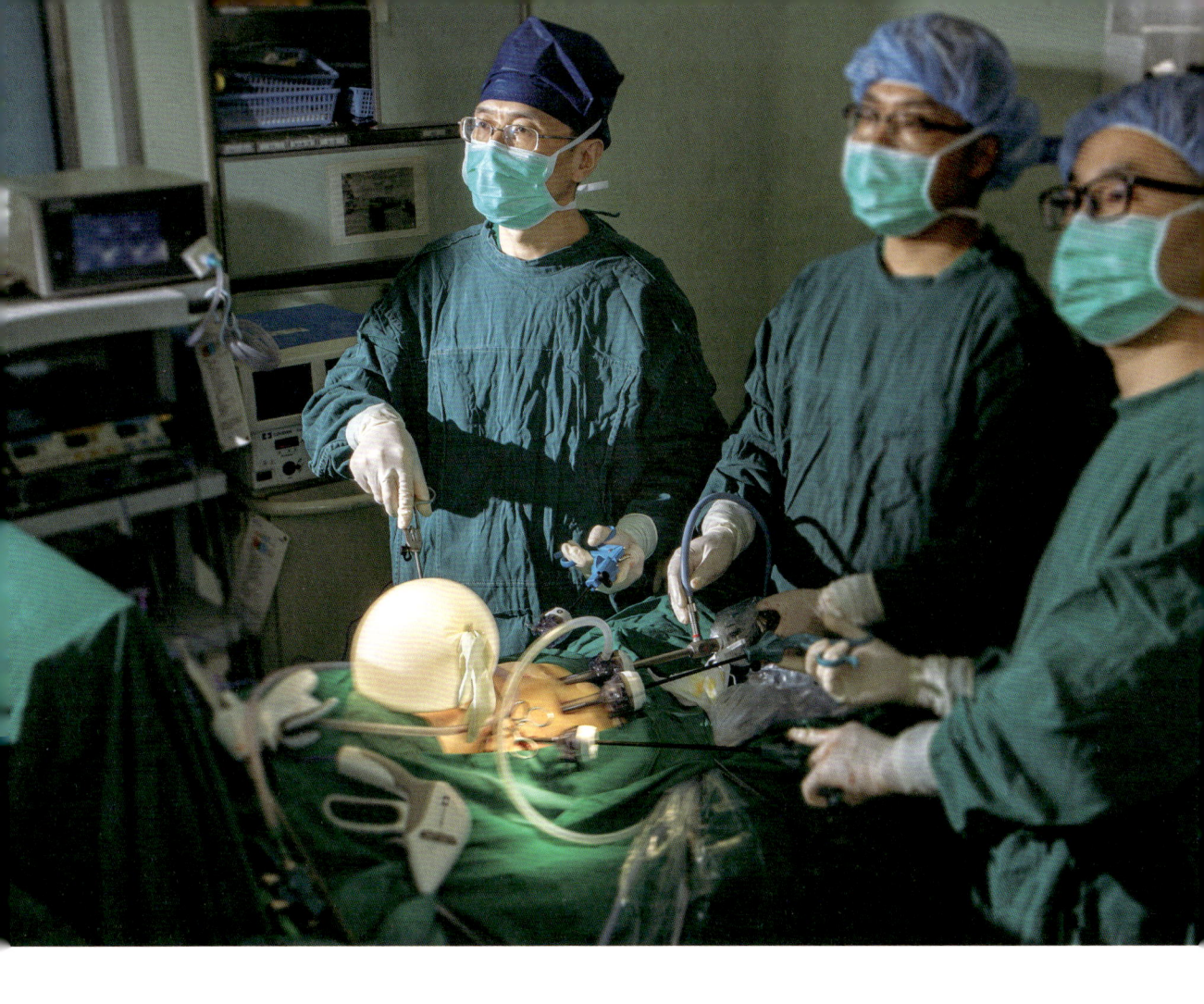

抢救枪弹伤患者

一天，急诊室来了一位年轻的枪弹伤患者，子弹打中了右膝，伴有大血管损伤。考虑患者太年轻，还是希望吻合血管，避免截肢。我请骨科医生先探查，如果确定有大血管损伤，可以尝试血管吻合。上手术台后，我发现出血点的出血一时难以控制。于是，用双手紧紧按压。过了一阵，我让他们移开按压点，没想到动脉血一下子喷射到我的面部，算是先给了我一个下马威。由于出血位置较深，难以显露，用纱布填塞出血点后，我让骨科医生扩大创口，保护好神经。顺着动脉飙血方向寻找，我发现患者的腘动脉完全断裂，血管近端处在飙血。我立即上好血管夹，正准备缝合动脉，一股暗红色血大量涌出，患者的腘静脉也有损伤，我只能再次寻找静脉出血点，发现患者仅有1/5的静脉相连，其余均已断裂。接下来，我修剪断裂动脉端部，为其缝合8针。由于位置太深，全部用血管钳打结，这实在是一场大考验啊！缝合动脉完毕，松开动脉夹，吻合口处仍有出血，可能缝合不太严密，于是又补缝一针，但还出血，又怕缝合太多后，动脉狭窄，我凭经验断定，按压后应该可以止血，果然按压3分钟后，血止住了，我长长舒了一口气。脱下手术衣，这时我才发现衣服全湿透了，汗水夹着血水从手术衣一直湿透到内裤。但这个年轻人的右下肢总算保住了。

张跃明

Zhang Yueming

【人物小传】

张跃明，1970年1月10日出生，江苏南通人，苏州大学附属第一医院妇产科主任医师、江苏省第10期援圭亚那医疗队妇产科医生。2012年6月—2014年6月，在圭亚那乔治敦中国医疗队微创外科中心工作。在圭亚那工作期间全程参与圭亚那卫生部全科医生培训，受聘为所在医院妇产科行政主任，是中国医疗队担任外方行政管理的第一人。2016年被评为全国最美援外医生。

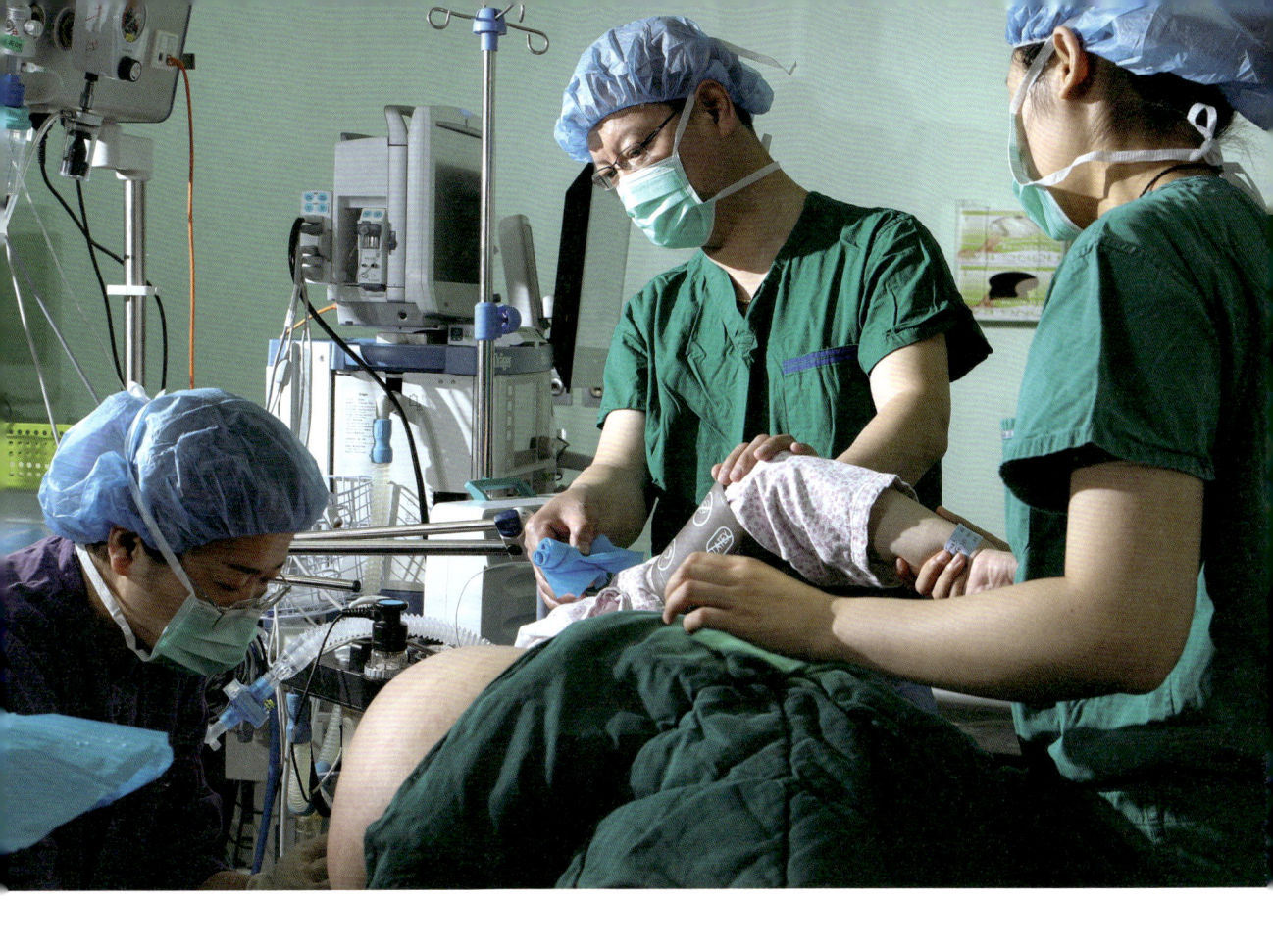

凝聚信任的聘书

2012年6月,张跃明被派往圭亚那乔治敦医院工作。在乔治敦医院工作期间,他凭借精湛的技术、严谨的工作作风和良好的英语沟通能力,创新工作模式,克服当地艰苦的医疗条件等困难,依托中国医疗队腹腔镜中心,与队友密切配合,发挥团队力量,成功开展了腹腔镜下复杂卵巢囊肿、子宫切除等妇科微创手术,以及各种妇产科疑难手术,创下多个圭亚那医学史上的"第一"。

赴圭亚那工作4个月后,张跃明过硬的医术和兢兢业业的工作态度,在妇产科各国同行中脱颖而出,赢得圭亚那人民、当地医院和政府的信任。2012年10月,经圭亚那卫生部和乔治敦医院批准,正式聘张跃明为乔治敦医院妇产科主任、医院医疗顾问委员会成员和圭亚那卫生部孕产妇死亡评审委员会委员,参与圭亚那卫生政策制定。他是中国对圭亚那医疗援助20年来第一个被当地医院聘为科主任的医生。圭亚那是一个70万人口的小国,而产妇死亡率却始终高于联合国千年发展规划目标。在张跃明努力下,第二年该国孕产妇死亡率则降到最低值,首次达到联合国规划目标。他还应美国凯斯西储大学医院妇产科主席杰姆斯·刘的邀请,作为该校与圭亚那合作开展的住院医师培训项目考官之一,主持美式住院医师年度面试,并前往美国克利夫兰参观学习。

孙跃明

Sun Yueming

【人物小传】

孙跃明,1964年8月22日出生,江苏淮安人,江苏省人民医院普外科主任医师。2014年9月23日,孙跃明作为江苏省援外医疗队支撑专家,参加国家卫生部代表团赴圭亚那讲学及手术演示。

手法娴熟 技惊四座

2014年9月23日，江苏省援外医疗队支撑专家、江苏省人民医院结直肠外科孙跃明主任，参加国家卫生部代表团赴圭亚那讲学及手术演示。孙跃明主任用他精湛的腔镜手术技术在圭亚那成功开展了11例手术，其中腹腔镜下全腹膜外补片植入术（TEP）、腹腔镜下食道裂孔疝修补术，均为圭亚那国家首例。手术演示吸引了大量在乔治敦医院工作的拉美、欧洲的外科医生前来观摩，孙跃明主任高超、娴熟的操作手法以及精湛、准确的腔镜技能，得到了乔治敦医院阿米尔院长和同行们的高度评价，也让大家看到了中国医生在腹腔镜外科技术上的真正高度。孙跃明主任在当地开展的腹腔镜外科学术讲座也激发了乔治敦医院全体医护人员的极大兴趣，双方进行了热烈的互动问答，使学术讲座氛围达到高潮。手术演示加教学讨论，使得当地医护人员在腹腔镜手术相关知识、操作、手术配合上更加规范化、专业化。

赵 伟
Zhao Wei

【人物小传】

赵伟，1973年2月12日出生，江苏丹阳人，中共党员，扬州苏北人民医院普外科主任医师、江苏省第11期援圭亚那医疗队普外科医生。2014年6月—2016年6月，在圭亚那乔治敦中国医疗队微创外科中心工作。

惊心动魄的夜晚

2015年12月一个不平凡的夜晚，我的医疗组收治了4个刀刺伤、2个枪伤、3个急腹症患者，放了3个胸腔引流，做了3台手术；更没想到，我做了平生第一个股静脉破裂血管修补术。患者达克丁，23岁，右侧腹股沟被刀刺伤，由于无法止血，转到乔治敦医院。患者大量出血，血色素下降到4克，血压70/30，我初步估计患者有大血管损伤，我吩咐大量输血，然而血库只有2个单位的血。没有做过血管外科的我，心里还是有点发怵。没血意味着时间不能拖，得赶紧止血。创口只有3厘米，但打开纱布时，血涌而出，我看不到何处出血，吸引器都来不及吸。更令人始料不及的是，随着创口扩大，血越涌越多，纱布也压不住了，血不停地从纱布和伤口间隙涌出，患者的血压也下降到50/30。没办法，我两手伸进创面压迫止血，同时吩咐助手打开腹股沟韧带，就这样，我终于找到损伤血管——患者是高位股静脉破裂，斜行创口达4厘米。没有血管外科手术器械，也不能结扎血管，这样下去，患者下肢就废了。我只好叫助手用两手压迫血管两侧，再进行修补，此时，同队的王永祥和侯团结主任也到手术室协助手术了……手术终于成功，患者得救了。下了手术台，我发现手术衣早已湿透了！

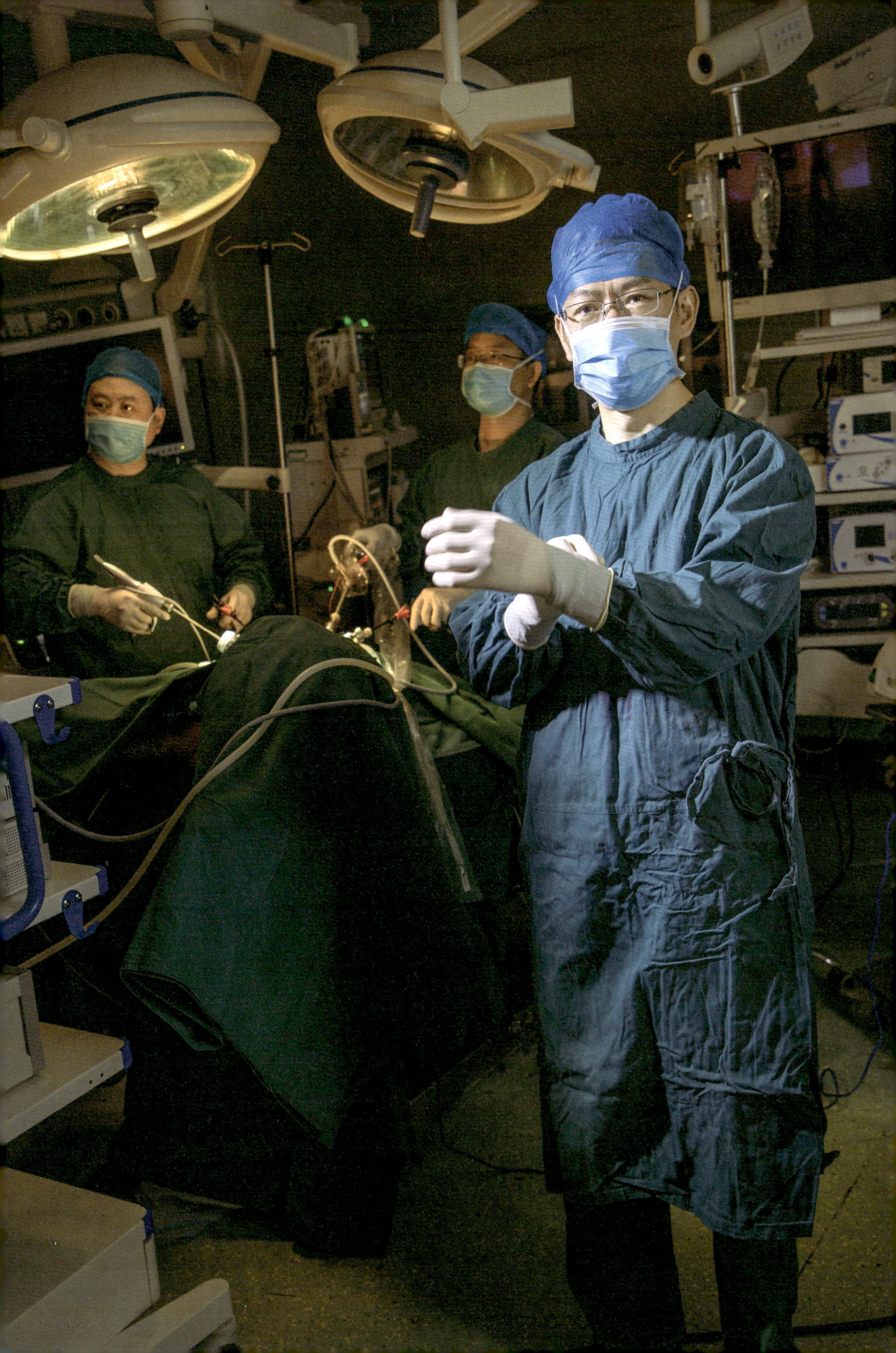

袁冬兰

Yuan Donglan

【人物小传】

袁冬兰，1973年11月10日出生，江苏泰州人，中共党员，江苏泰州市人民医院妇产科主任医师、江苏省第11期援圭亚那医疗队妇产科医师。2014年6月—2016年6月，在圭亚那乔治敦中国医疗队微创外科中心工作。

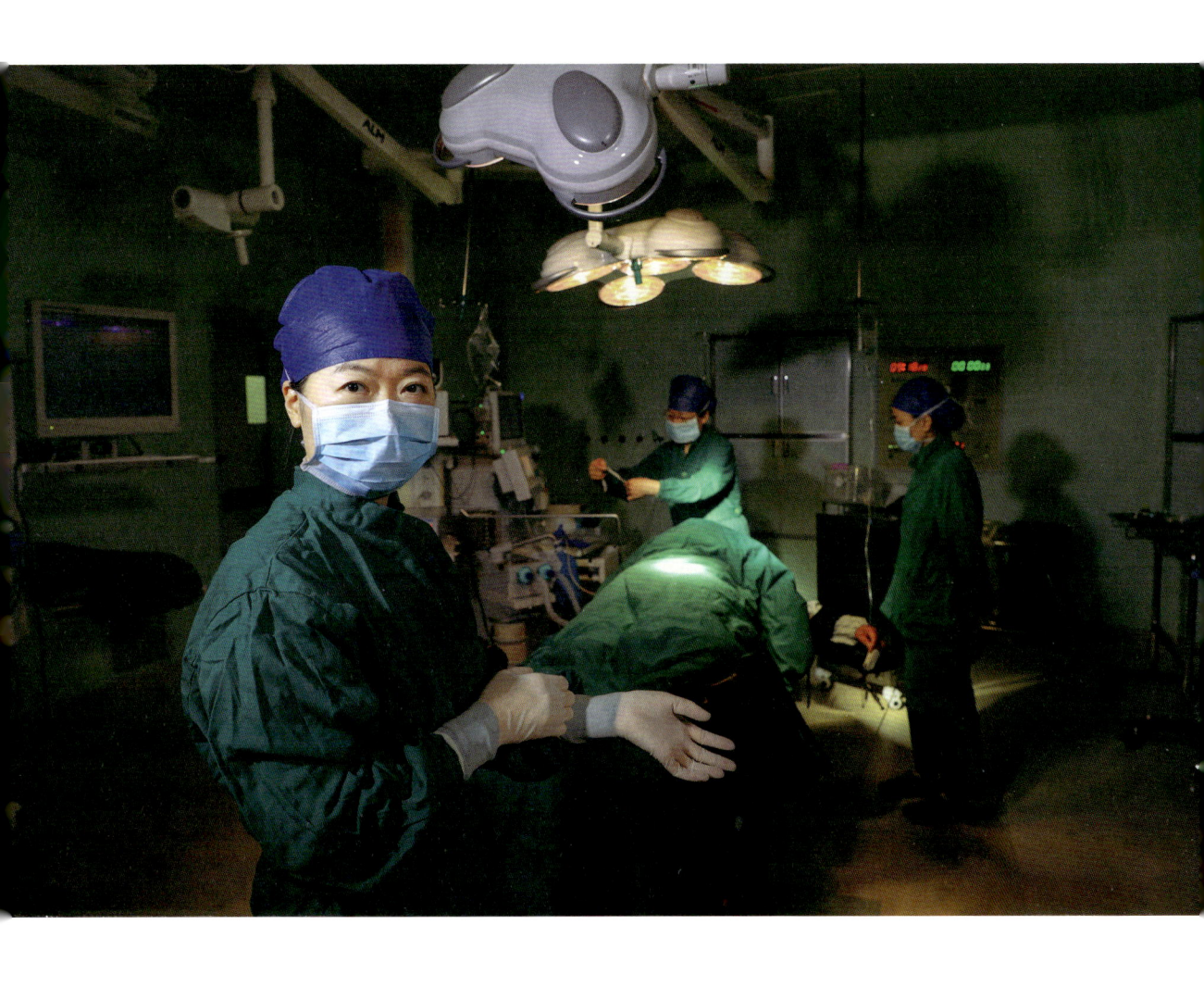

坚守在最灰暗的时光里

2015年2月开始,我每天都偶感左下腹部隐隐疼痛,自我判断是水土不服引发的肠胃功能紊乱。至3月下旬,我的隐痛症状日渐严重,尤其是一天手术下来,疼痛已让我无法正常入睡,每天也只能吃半流质饮食,我筋疲力尽。而最灰暗的日子是4月和5月。进入4月,在原有疼痛的基础上,我的左下腹能触及条索状的包块。尽管在圭亚那医院先后做了各项的检查,并将检查报告寄回国内请求会诊,可这里的临床生化检查和医疗设备都无法排除病变的可能性。在那段时间,白天我就是一个正常的医生,因为这里有很多比我更严重的病人需要我去关心。工作不仅冲淡了我的疼痛,繁重和紧张的工作使我无暇去顾及个人的疾病。可每当夜深人静之时,我不是被疼醒,就是从亲人远去或模糊画面的噩梦中醒来,睡眠几乎成了奢望……唯有咬牙坚持,逼着自己坚守在岗位上,与折磨我几个月的病痛恶魔搏斗。就这样,内心顽强的意志陪伴着我坚持下去,最终病痛终于离我远去,医疗援外生活又回归正轨,回头想来,我感触良多。

赵 耀

Zhao Yao

【人物小传】

赵耀，1976年12月26日出生，江苏淮安人，中共党员，淮安市第一人民医院普外科主任医师、江苏省第12期援圭亚那医疗队普外科医生。2016年6月—2017年6月，在圭亚那乔治敦中国医疗队微创外科中心工作。

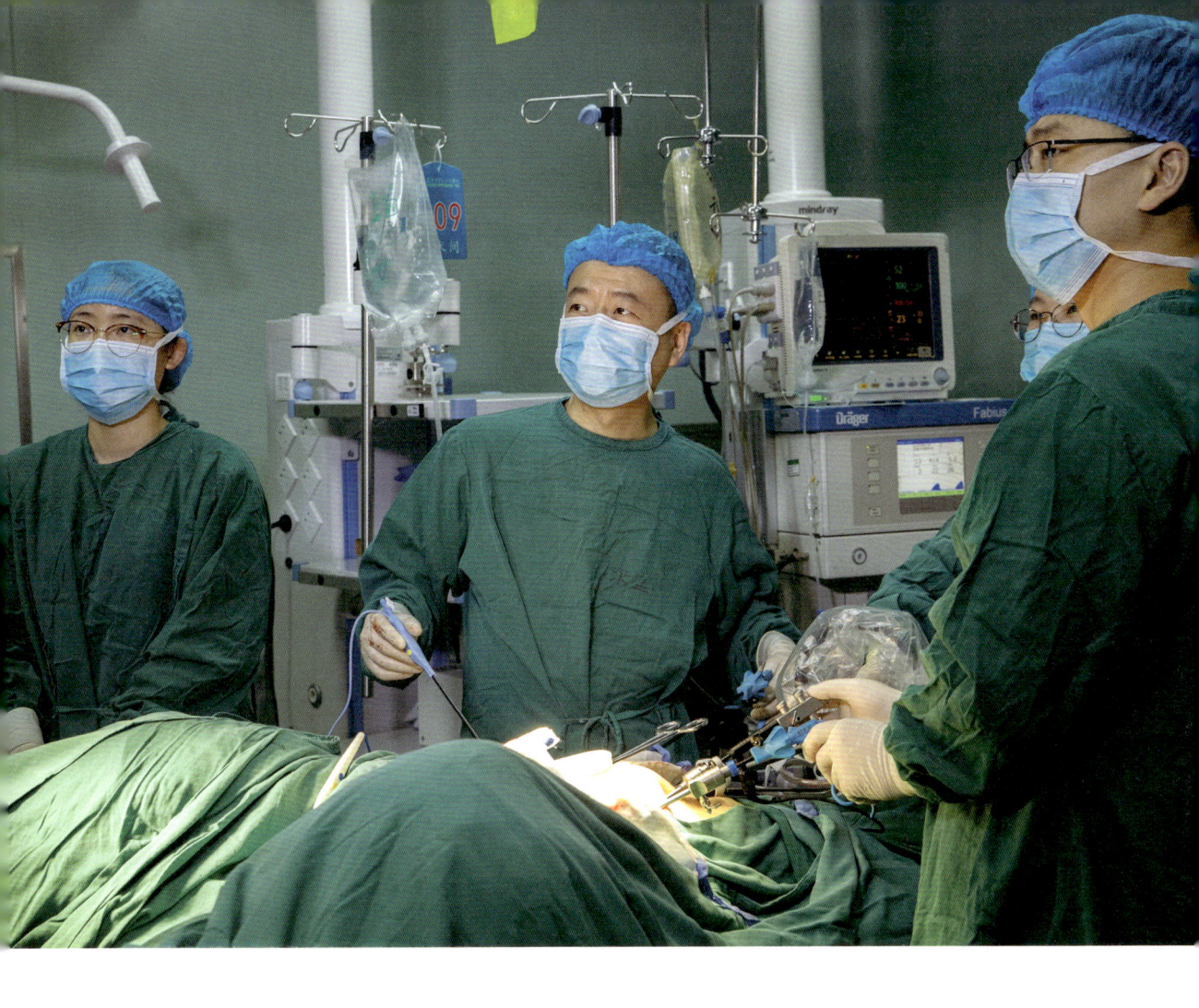

月圆时刻的义诊

  中秋佳节是海外华人思乡情最为浓厚的时刻之一，月圆人团圆更是所有中华儿女的美好期望。为了让更多的圭亚那人了解中国、认识中国、讲好中国故事，在中秋传统佳节前，医疗队组织了一次慰问当地孤寡老人的活动。在圭亚那卫生部的安排下，我们来到建于1874年的棕榈树老人院。这是圭亚那政府最大的一家养老院，最初叫"济贫院"，现有200多老年人在其中居住。养老院的副院长雪莉·克罗斯南女士非常热情接待了我们，为我们准备了6个场地和接待的工作人员，在完成院方安排为就诊老人诊疗的同时，我们还向老人们发送中国的传统美食——月饼和宣传品。对于中国医生的义诊，以及为我们带来的中国礼物，当地老人表示非常开心。义诊结束后，我们又被养老院的工作人员团团围住，回答了他们的卫生与健康问题，他们与我们合影留念，希望中国医疗队能经常来。

  来圭已经有3月余，无论走在圭亚那的哪里，医院、超市、路边，经常能听到陌生的圭亚那人同我们打招呼："中国医生！您好！"这对我们来说，是骄傲，更是荣耀！

束晓明

Shu Xiaoming

【人物小传】

束晓明，1976年12月26日出生，江苏淮安人，中共党员淮安市第一人民医院妇产科主任医师，江苏省第12期援圭亚那医疗队妇产科医生，2016年6月—2017年6月，在圭亚那乔治敦中国医疗队微创外科中心工作。

万里之外的祖国援手

我自己是妇产科医生，在国外突发"卵巢囊肿扭转"，因没有人为我手术而延误耽搁，出现肠梗阻、休克，于是急诊住院。这一消息震惊了国内各级组织，江苏省卫生厅连夜组织全省专家越洋远程会诊，制定详尽治疗方案，作出立即在当地手术的决定，让我及时解除了病痛。

一日，我的左下腹绞痛来得太突然了——一个屈身起床动作造成了绞痛。半小时后，疼痛转向左腹，伴停止排气，腹痛间隔10分钟发作一次。一旦平躺，腹痛便会加剧，只能屈身躺卧，夜不能眠。疼痛加重时，只能一直跪在床上。到医院检查后，发现我原本3厘米大小的左侧卵巢囊肿突然增大到10厘米。作为妇产科医生，我知道10厘米的卵巢囊肿是一定要手术的。但乔治敦医院缺医少药，肠道手术没有静脉营养支持，后果不堪设想。从圭亚那回中国至少要30小时辗转，在已经超过两天的不眠不休和禁食禁水，而且还在持续腹痛的情况下，回国对我来说只是奢望。现在回头想想，当时实在是可怕。当时我一直报以侥幸的心情等待肠梗阻自行松解，幸亏国内各位专家老师的强行决定，否则后果不堪设想，也许我可能就永远地留在圭亚那了。感谢祖国和各位专家在我生命垂危的时候，向我伸出了援助之手！

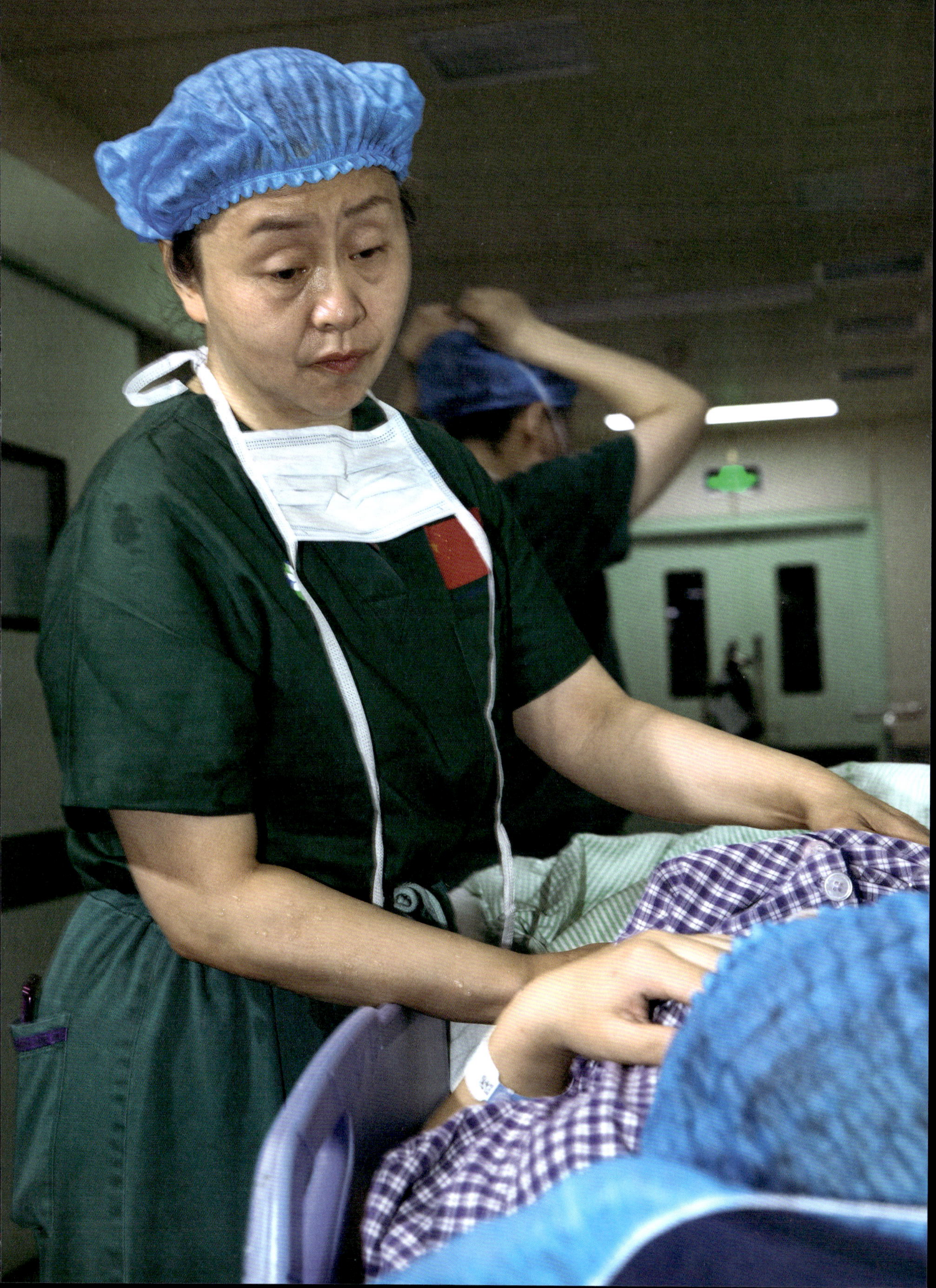

庄 浩
Zhuang Hao

【人物小传】

庄浩，1975年11月3日出生，江苏连云港人，中共党员，江苏连云港市第一人民医院普外科主任医师、江苏省第13期援圭亚那医疗队普外科医生。2017年6月—2018年6月，在圭亚那乔治敦中国医疗队微创外科中心工作。

他的名字叫"阿里"

  医疗队的驻地经过改造后,焕然一新,特别是更换了围墙的防护铁栏,给了队员们更多的安全感。因为圭亚那的治安实在是不能恭维,驻地多次有人翻墙进来,好在只拿走了一些物品,没有人员受伤。当然,驻地的安全还得靠人来管理,不得不提到一个门卫,他的名字叫"阿里",是乔治敦医院为我们驻地安排的门卫兼保安,专门负责夜班。他皮肤黝黑,身材偏瘦。记得我们医疗队刚来不久的一天晚上,我在驻地篮球场上散步,走着走着,有个人从不远处走过来,和我用标准的中文打招呼。走近后,我才看清楚对方是个当地人。他介绍自己名叫"阿里"。他的名字不是美国三届重量级拳王吗,正好我想练习英语口语,就不由得和他聊了起来,他很有耐心、很随和。队友对阿里的评价也都不错。阿里夜间值班很勤快,他会来回在驻地巡视,工作很负责。有时他会发现车窗没有关好,马上嘱咐我们关闭车窗。因为圭亚那经常会下夜雨,如果车子进水了,那才真的麻烦啊,幸亏有阿里的提醒!前一段时间,因阿里结婚请了假,医院临时换了一个门卫,这位新人总是坐在大门外,乐于与路人闲聊,从来不巡夜,这么大的院子没人巡视,还真的有一些不习惯和担心。每当夜晚降临时,大家都在想阿里怎么休假还没有结束?一个月后,我们又看到阿里了,每当夜深人静时,阿里还是和以前一样,默默地在驻地里巡视。阿里是普通的圭亚那人,他就生活在我们身边,但他的工作和我们息息相关。

匡 蕾
Kuang Lei

【人物小传】

匡蕾，1980年1月6日出生，江苏连云港人，中共党员，江苏连云港市第一人民医院妇产科副主任医师、江苏省第13期援圭亚那医疗队妇产科医生。2017年6月—2018年6月，在圭亚那乔治敦中国医疗队微创外科中心工作。

黑肤之谜

初到乔治敦医院时，经常发现黑人妈妈抱着皮肤白皙的初生婴儿。因为这个国家混血儿比较多，所以我一开始总是认为这些小宝宝的爸爸是白人。随着时间的推移，我发现孩子的爸爸竟然也是黑人，这太令人诧异了！看到孩子父母没有任何异常，我就更加疑惑了！于是，我悄悄问组里的当地医生，他开心地告诉我：有一半以上的黑人生下来的小孩并不是黑色的，而是过十几天后才慢慢变黑的，而且会越来越黑。我惊奇地问他为什么？他说跟种族有关。你能想象这些白孩子过十几天也会变黑吗？同事告诉我一个分辨黑、白孩子的"诀窍"：就是皮肤白的婴儿如果指（趾）甲缘的皮肤呈黑色、耳廓呈黑色，那他慢慢就会变成"黑孩子"。我仔细地观察了一下，还真的是这样的，太神奇了！

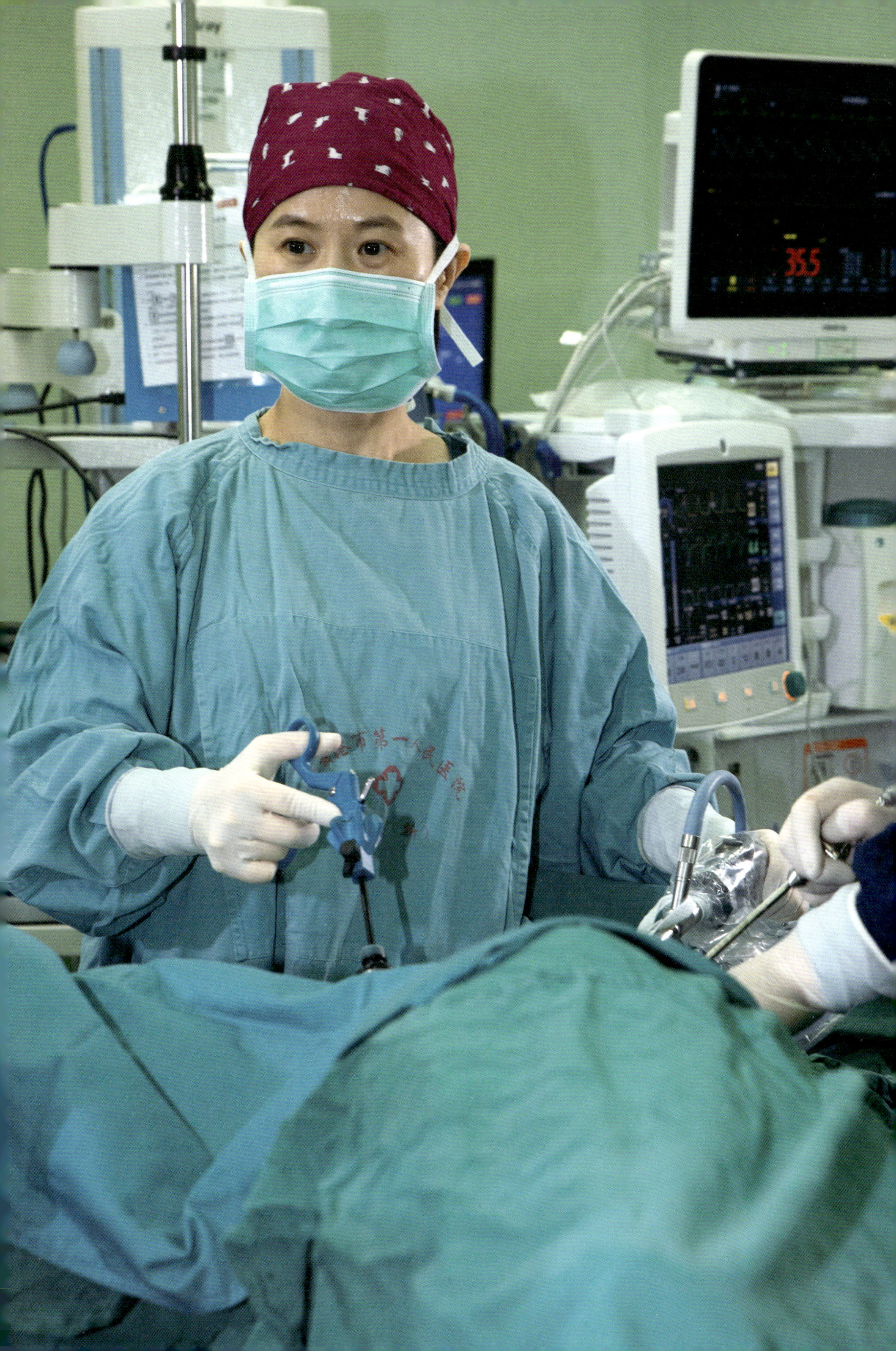
35.5

张 标

Zhang Biao

【人物小传】

张标，1971年6月10日出生，江苏盐城人，盐城市第一人民医院普外科主任医师。江苏省第14期援圭亚那医疗队普外科医生。2018年6月—2019年6月，在圭亚那乔治敦中国医疗队微创外科中心工作。

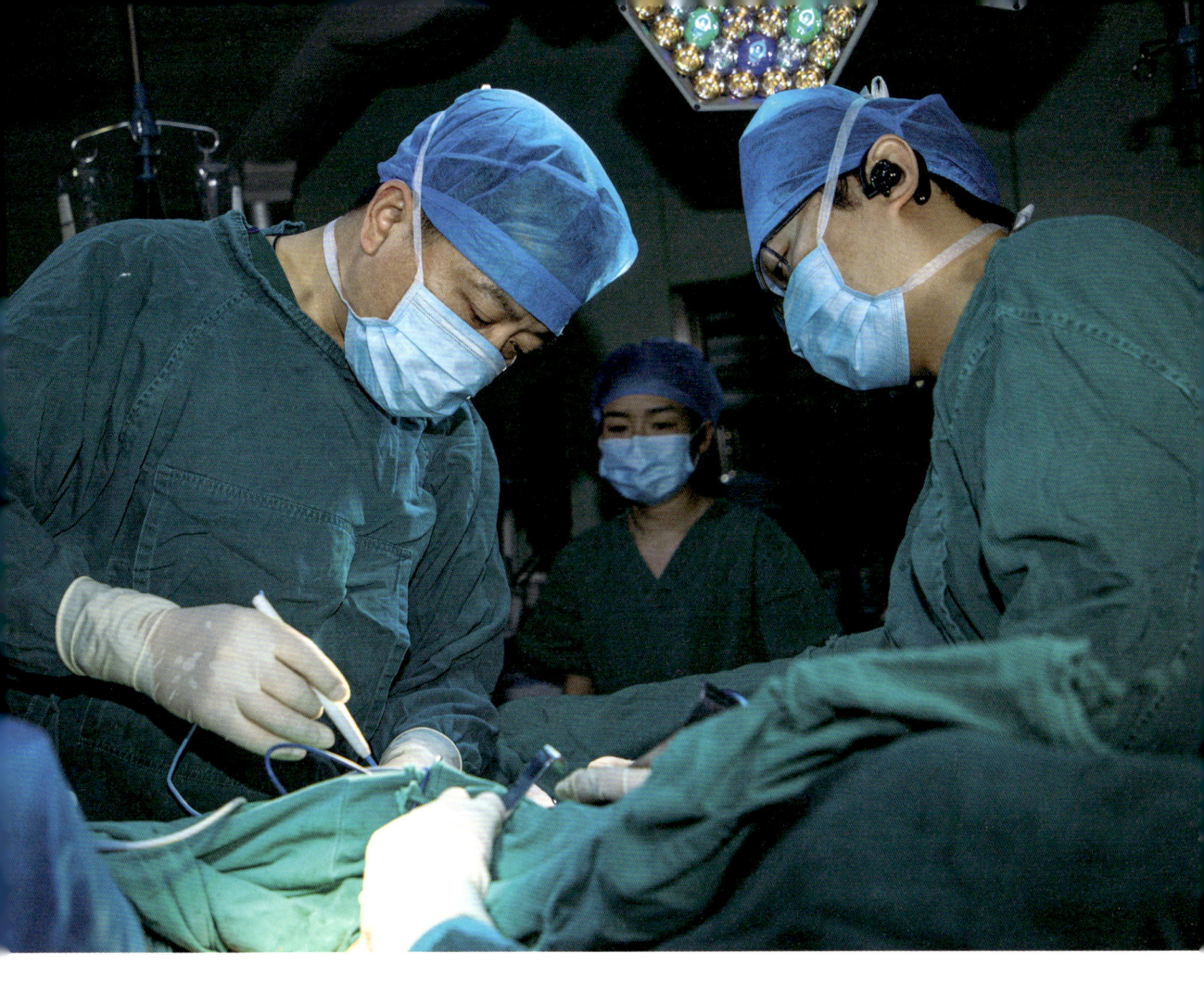

到当地医生家做客

　　我诊疗组的同事拉维医生给我们传来一个喜讯,他太太生了一对双胞胎儿女。他给组里医生发了一封电子邀请函,邀请大家于 10 月 14 日到他家里作客。我去超市买了一份礼物,并和组里的当地医生约好,一起出发去他家里。请帖上写的时间是早上 10:30,我 09:00 就打电话叫大家出发,可是大家磨磨蹭蹭直到 10:30 才到我这里,等我们找到拉维医生家的时候,已经快 12:00 了,我再一次见识了这里人的办事磨蹭风格。拉维医生的庆祝仪式刚好开始,院子里一排排长桌坐满了人。整个仪式很简短,拉维医生主持,一位长者致宣礼词。午餐倒也简单,类似于自助餐。饭后,主人过来和我们大家见面,并聊了一会儿。后来应拉维医生邀请,大家集体拍照留念。活动内容简单,这是我第一次去外国同事家做客,感受到他们热情友好,同时也明白出国前省卫生厅国际合作处为我们安排国际礼仪培训的一番良苦用心。

国家使命 | 百位中国援外医疗队员画传

许 丹
Xu Dan

【人物小传】

许丹，1982年10月11日出生，江苏盐城人，中共党员，江苏盐城市第一人民医院妇产科副主任医师。江苏省第14期援圭亚那医疗队妇产科医生。2018年6月—2019年6月，在圭亚那乔治敦中国医疗队微创外科中心工作。

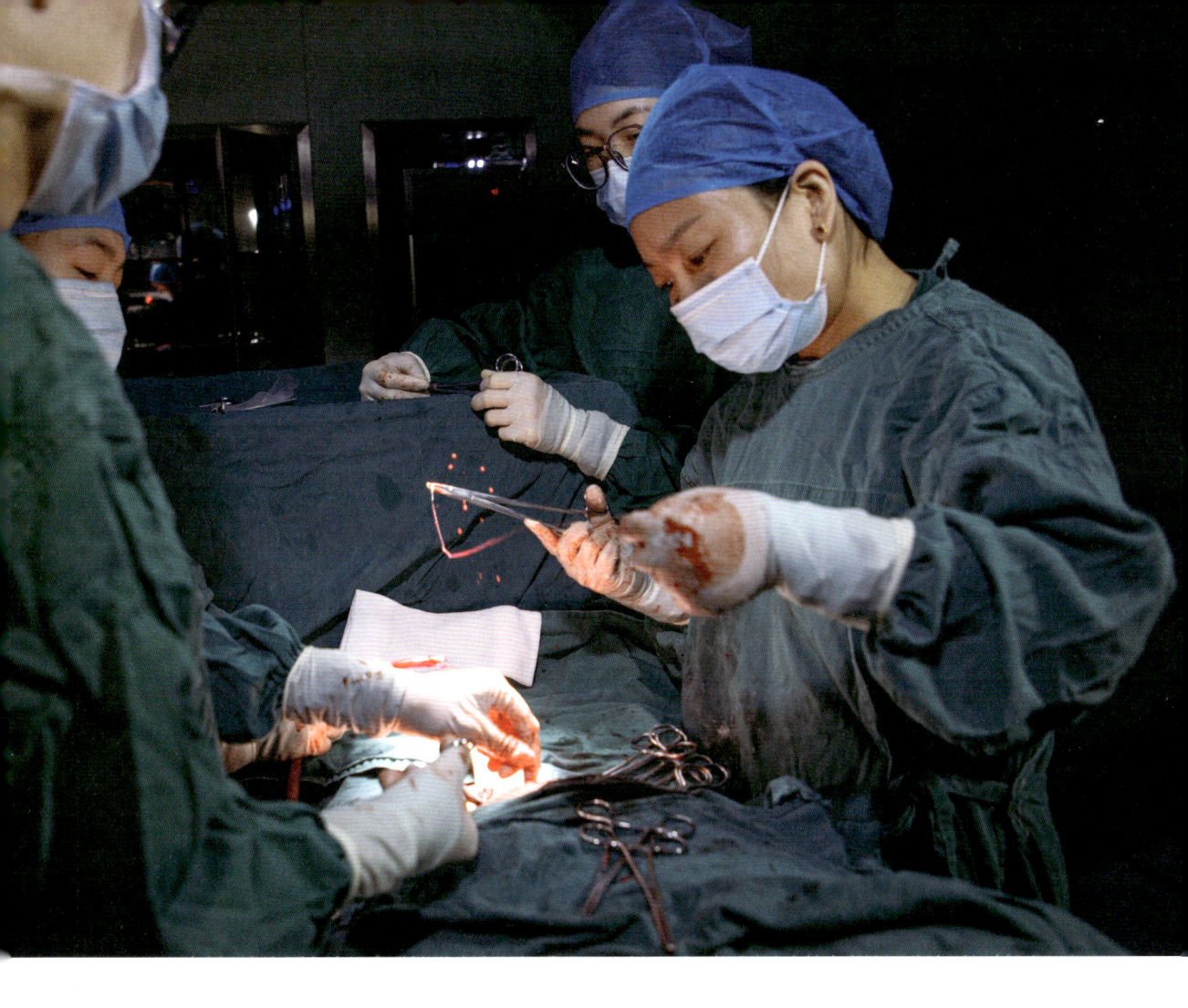

感动身边有你们

  参加周末连续的林区义诊活动，义诊地点距离乔治敦有 6 个多小时的车程，中间还要坐船摆渡，舟车劳顿，回到基地已经是晚上 10 点多了，大家都身心俱疲，每个人都想赶紧休息。突然，我右眼疼痛，看东西一片白蒙蒙的，考虑行程比较累，也半睁半眯间躺了下来。刚开始眼睛有针刺样疼痛，后来疼痛感越来越重，我毫无睡意、坐立难安，还伴有异物感，最后眼睛彻底无法睁开。作为医生，我当时脑子闪出了一个诊断——角膜穿孔。完了，右眼可能保不住了。强睁着左眼，一步步摸着来到眼科医生的房间。宫俊芳主任经验丰富，非常肯定地告诉我不要紧，只是角膜上皮脱落，滴滴眼药水，休息就会好的。我迷迷糊糊中睡了一整天，却全然不知。我这小小的眼病，惊动了所有队员，大家先后来到我的床前，送药的、送水的、送热粥的、送花的、送礼品的、嘘寒问暖的，看着大家的慰问品堆满了我的小冰箱，虽然我的右眼睛还不能睁开，但是我知道我亲爱的队友们都很牵挂我，这让我万分感动。

杨 军
Yang Jun

【人物小传】

杨军，1977年7月3日出生，江苏徐州人，中共党员，徐州医科大学附属医院普外科主任医师，江苏省第15期援圭亚那援外医疗队队长、普外科医生。2019年6月—2020年8月，在圭亚那乔治敦中国医疗队微创外科中心工作。

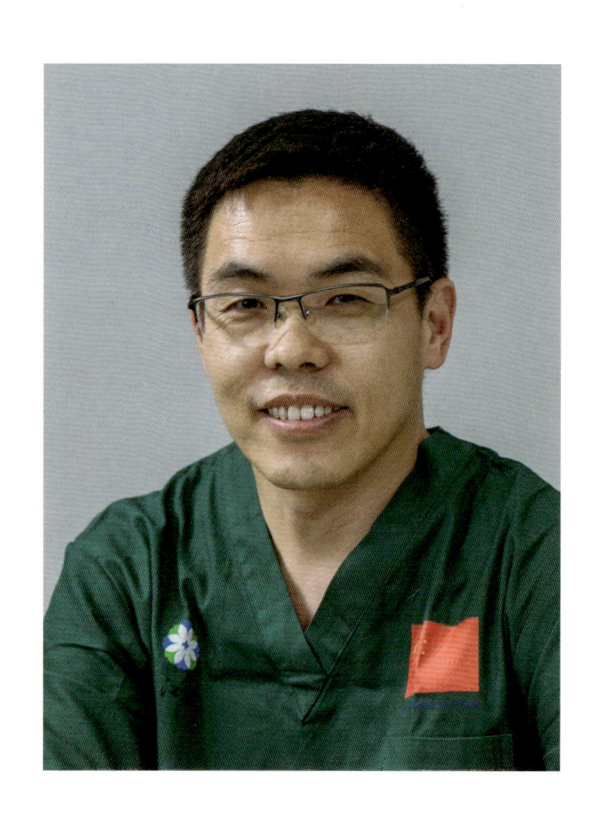

永驻心中的"第一次"

杨军来到圭亚那以后，年富力强的他对在异国他乡工作充满了信心。但是到了实际工作中，他才发现中国医疗队将面临超负荷工作、社会动荡、治安混乱、热带病侵袭的种种严峻考验。面对暑热煎熬、住所简陋、蚊虫叮咬、用水艰难、生活物资匮乏的困难，他明白，这些都是援外医疗队员在实际工作和生活中必须经受的考验。

医疗队来到圭亚那以后，大家经历了从医生涯中的许多第一次：在猝不及防中第一次手术、第一次手术历险、第一次为产妇修补膀胱、第一次在马灯下为病人穿刺、第一次在圣诞夜抢救遭受枪伤的同胞……这些第一次是对他们的考验，也让他们产生了自信心。在治病救人的同时，医疗队还尽自己所能，通过多种形式培养和提高当地医务人员的技术水平和医疗能力，为我国驻外使馆提供医疗保健咨询工作，为中资机构和华商、华侨提供医学帮助；主动开展义诊活动，为更多的圭亚那民众服务。

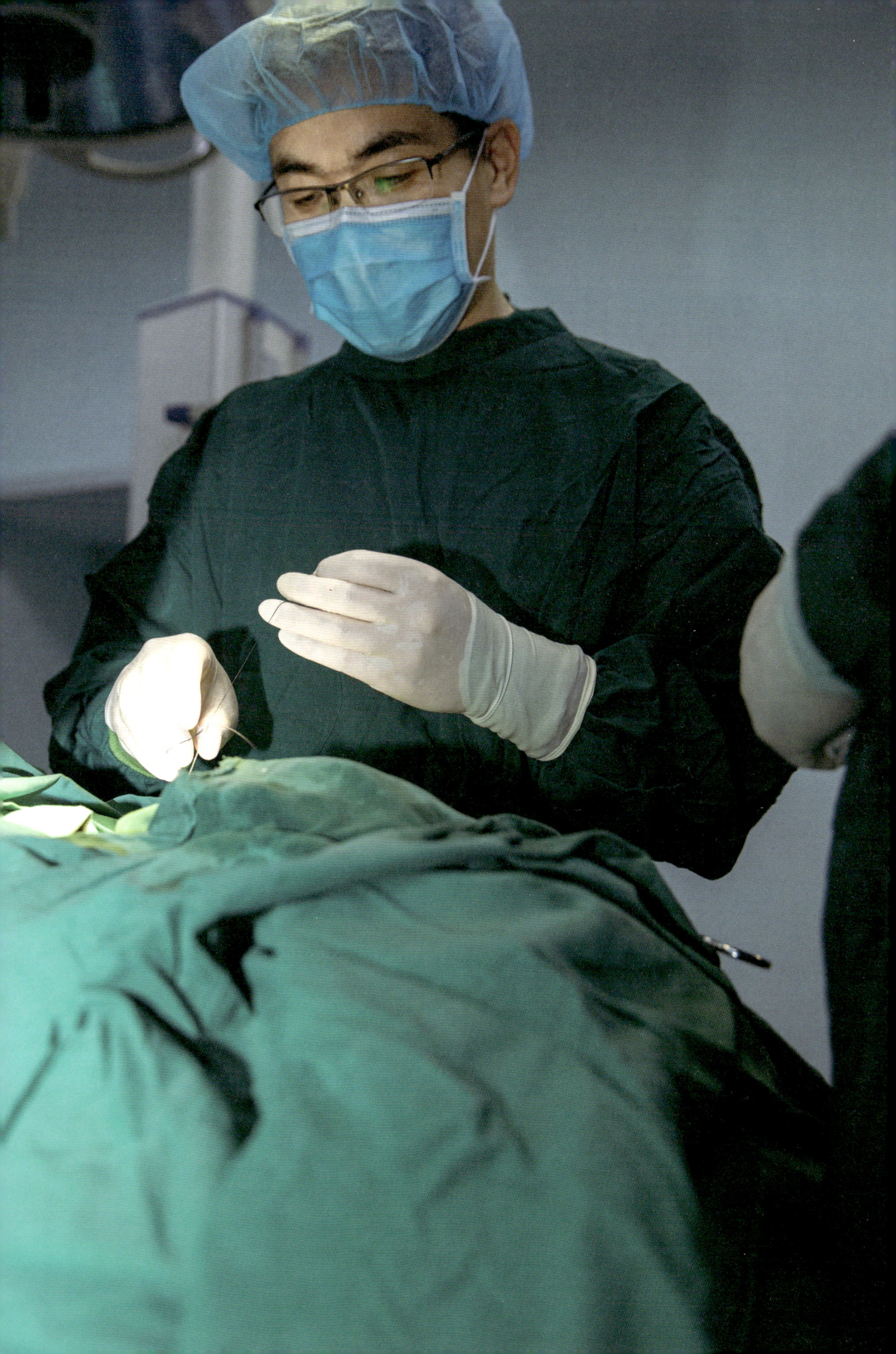

经 莉

Jing Li

【人物小传】

经莉，1975年6月28日出生，江苏徐州人，中共党员，徐州医科大学附属医院妇产科主任医师、江苏省第15期援圭亚那援外医疗妇产科医生。2019年6月—2020年8月，在圭亚那乔治敦中国医疗队微创外科中心工作。

夸一夸医疗队里的"四朵花"

我们这支医疗队总共有4名女队员：林登医院妇产科朱利主任、乔治敦医院影像科陈高红主任、病理科吴燕妮主任和我。我们都是上有老、下有小，作为家庭中的妻子、母亲和女儿，女队员要付出得更多。

朱利主任是林登队唯一的女队员，工作最繁忙的科室是妇产科，她是我们4人中第一个登上央视的队员。临近回国前，在给一位艾滋病患者清创时，遭遇了血液的污染。于是，她立即服用阻断药，原先只听说这个药副作用很大，当亲眼所见她那生不如死的煎熬时，才明白这究竟怎样一种剧烈痛苦。好在乐观向上的她，都挺过来了。

陈高红，是影像科主任。工作中的她，独当一面，她在专业英语词汇方面不是一般的强，她能够很快地适应工作环境，不但出色地完成了临床工作，还承担了教学任务。她作为老大姐，经常主动帮厨，烙饼、包饺子、做疙瘩汤、蒸菜、炒菜、煎炸烹煮，样样拿得起、放得下。

最年轻的就是病理科吴燕妮了，出身满族的正黄旗，她是我们队的"小公主"。作为圭亚那唯一的病理科医生，她来到医院的第一天就面临着海量的任务，全国医院的病理标本都要送到乔治敦医院检验。据说堆积的待签发报告中居然还有3个月之前的。圭亚那交通落后，她克服了种种困难：病人失联，就找临床医生了解信息；没有免疫组化，就反复读片，全力做到全面诊断；没人会诊，就埋头翻阅英文资料，想尽办法，提高诊断准确率。

我虽然是个乐天派，但到了妇产科，还是吓了一跳。这里子宫肌瘤、卵巢囊肿、子宫脱垂的病人实在太多，因没有术中快速病理，所有肿瘤性质在手术中基本靠猜。刚上班的第一周，我就做了一台腹腔镜下双侧输卵管切除术，患者居然还是艾滋病阳性患者，想想真是有太多的后怕。在援外的日子里，给我的感觉不只是地理上的遥远，更是观念上、技术水平上的差别，援外医疗真的任重而道远。

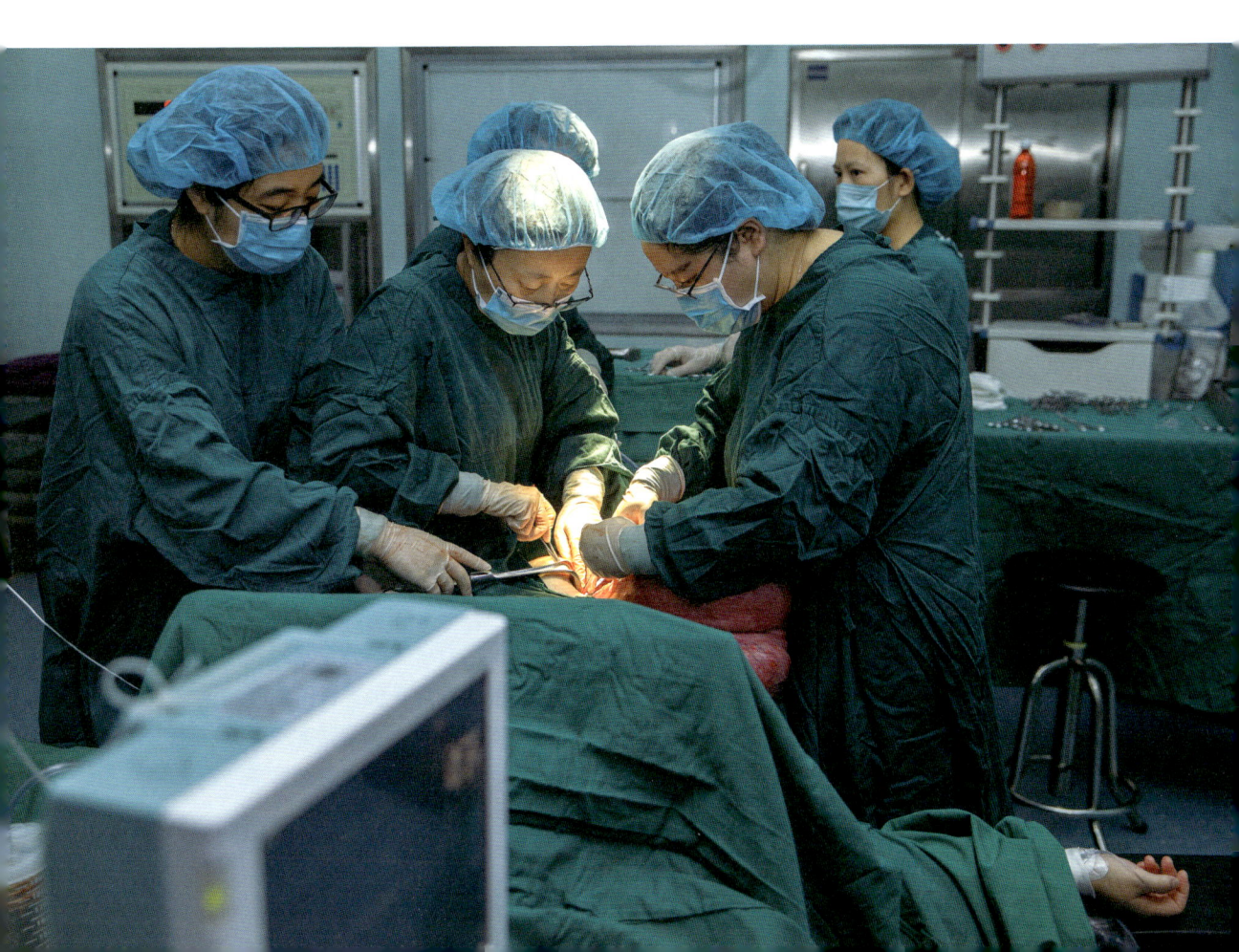

第三章

万里云天

圭亚那中国医疗队眼科中心

用柔情丈量漫长，穿越黑暗，
迎来震撼心灵的阳光。

2009年12月6日，中国卫生部与圭亚那卫生部在圭亚那乔治敦医院共同创建"中国医疗队眼科中心"和"中国医疗队微创中心"。"万里送关怀，温暖异域人。"两个中心的建立，使圭亚那医学技术水平登上了新台阶。多年来，中国医疗队眼科中心先后开展了各项眼科手术1万多例，尤其是对白内障等眼部疾病的治疗，手术脱盲率达90%，让无数的患者重见光明，圭亚那医护人员和民众被中国医生精湛的医疗技术和高尚的为民情怀深深折服。中国医生被圭亚那人民誉为"光明使者"。

▲ 圭亚那乔治敦公立医院病房

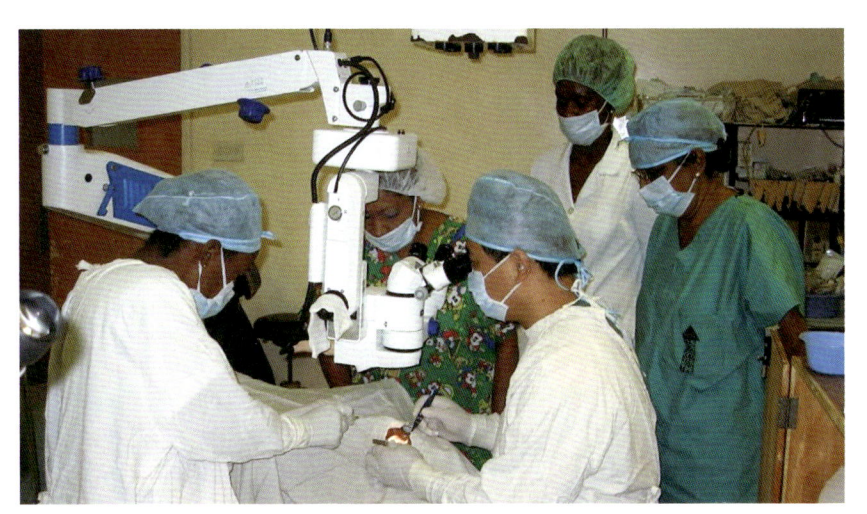

▲ 2005年3月，中国医疗队在圭亚那开展首例白内障超声乳化手术

石春和

Shi Chunhe

【人物小传】

石春和，1967年10月12出生，江苏扬中人，中共党员，镇江市第一人民医院副院长、眼科主任医师、江苏省第7期援圭亚那医疗队长、眼科医生。2006年6月—2008年6月，在圭亚那乔治敦中国医疗队眼科中心工作。

巧施仁术——部长重见光明

2007年2月2日，我成功地为圭亚那司法部部长杜努特·辛格先生实施了左白内障超声乳化摘除联合人工晶体植入手术。他6年前检查出患有白内障，4年前因为右视力严重减退，去特立尼达多巴哥接受手术治疗，但术后效果不理想，视力只有指数/眼前，并且一直得不到恢复。一年前，他的左眼白内障加重，逐渐影响其工作和生活。虽然保健医生建议他手术治疗，但是他因为害怕左眼手术会出现右眼一样的结果，所以一直在犹豫。如果接受手术，是去美国还是去古巴做手术？今年一月底，在圭亚那乔治敦医院院长和眼科主任的牵线搭桥下，他慕名找到我，请我检查眼睛情况。杜努特·辛格先生左眼晶状体浑浊，眼底模糊不清，视力不到0.1，右眼白内障手术后视神经已经萎缩，视网膜表面散在微血管瘤、出血和渗出，视力只有指数/眼前，同时伴有糖尿病视网膜病变，必须接受手术治疗。当天我把情况向中国驻圭亚那大使馆汇报，在得到同意后，当天召开了医疗队队委会，精心设计了手术方案。手术前，安排队委、麻醉科主任戴甫成和队委、外科主任张拥军配合眼科手术室护士长和病人交谈，缓解他的

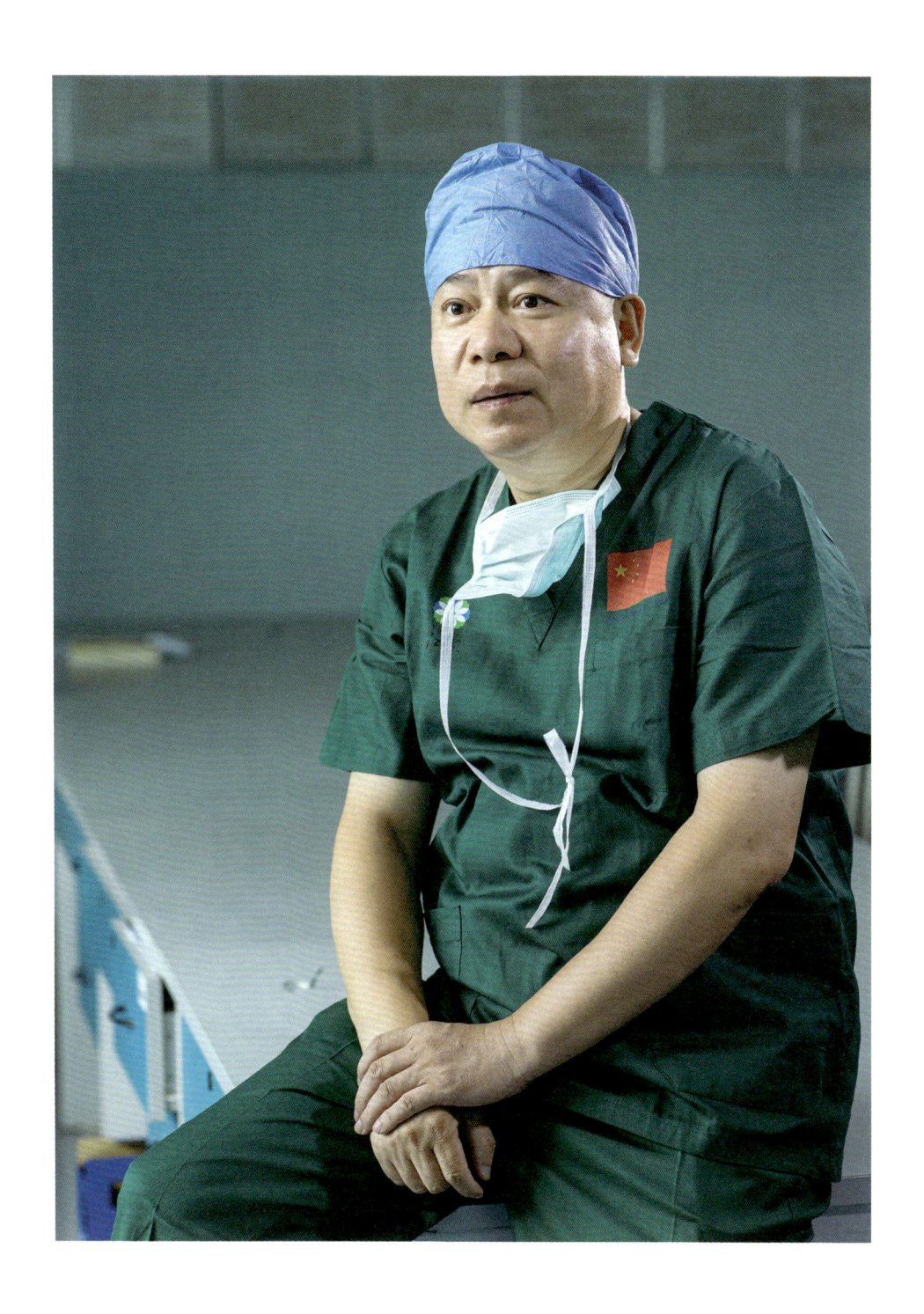

精神压力。2月2日我成功地为司法部长杜努特辛格先生完成了手术，手术不到10分钟就顺利结束了，部长悬着的心也放了下来。第二天早晨，我早早的便来到了乔治敦公立医院眼科门诊，当为他揭开眼前的纱布后，他睁开眼睛，看着我，激动地握住我的手说："太感谢了，太感谢了，是您给了我第二次光明！"

朱承华

Zhu Chenghua

【人物小传】

朱承华，1957年8月16日出生，江苏泰州人，中共党员，江苏省人民医院眼科主任医师。江苏省第8期援圭亚那医疗队眼科医生。2008年7月—2010年7月，在圭亚那乔治敦中国医疗队眼科中心工作。

"阿格力斯"，我们的朋友

亲爱的老公：你好！

你知道在圭亚那的每一天，有位亲密的朋友一直相伴在我们的身边吗？它身材苗条，白毛黑色斑纹，在外人面前，它始终"昂首挺胸"，两耳竖起，尾巴自信地翘着，颇有"王子"风范。它生性高傲，我们回家时，它从不站立迎接，直到汽车开到它身边，甚至只距离5厘米时，它才"勉为其难"地起身让路，它有时也摆摆尾巴，或者叫两声表示欢迎。它放荡不羁，时刻想着出去兜风，即使被打得或咬得遍体鳞伤，也在所不惜。它不畏强暴，比它更强壮的同类，都敢于挑战，哪怕咆哮几声也觉得过瘾。它善于奔跑，喜欢追逐有一定速度的物体，尤其汽车、摩托车和自行车。一次居然吓得骑自行车的人从车上摔下来了。它自私护食，毫不留情地赶跑企图与它分享食物的"她"，宁愿看着食物掉入下水道，也不分一份残羹予"她"。

它就是我们从上一队"继承"下来的流浪狗，我们叫它"阿格力斯"。这是戴主任起的名字，含义不清，只是听起来像个外国名字而已。

阿格力斯最重要的外部特征就是短短的尾巴，听说是被其他狗咬掉的，真是一位勇猛的"圣斗士"！它看见中国人从来不叫唤，而对着当地人就"猛吼"。在现实生活中，人与人有时难以成为朋友，那是因为存在利害冲突。但是人与狗却可以成为朋友，那是因为人与狗可以亲密无间，甚至相依为命。

陈 琳

Chen Ling

【人物小传】

陈琳,1968年10月3日出生,江苏徐州人,中共党员,徐州医科大学附属医院眼科主任医生、江苏省第9期援圭亚那援外医疗眼科医生。2010年6月—2012年6月,在圭亚那乔治敦中国医疗队眼科中心工作。

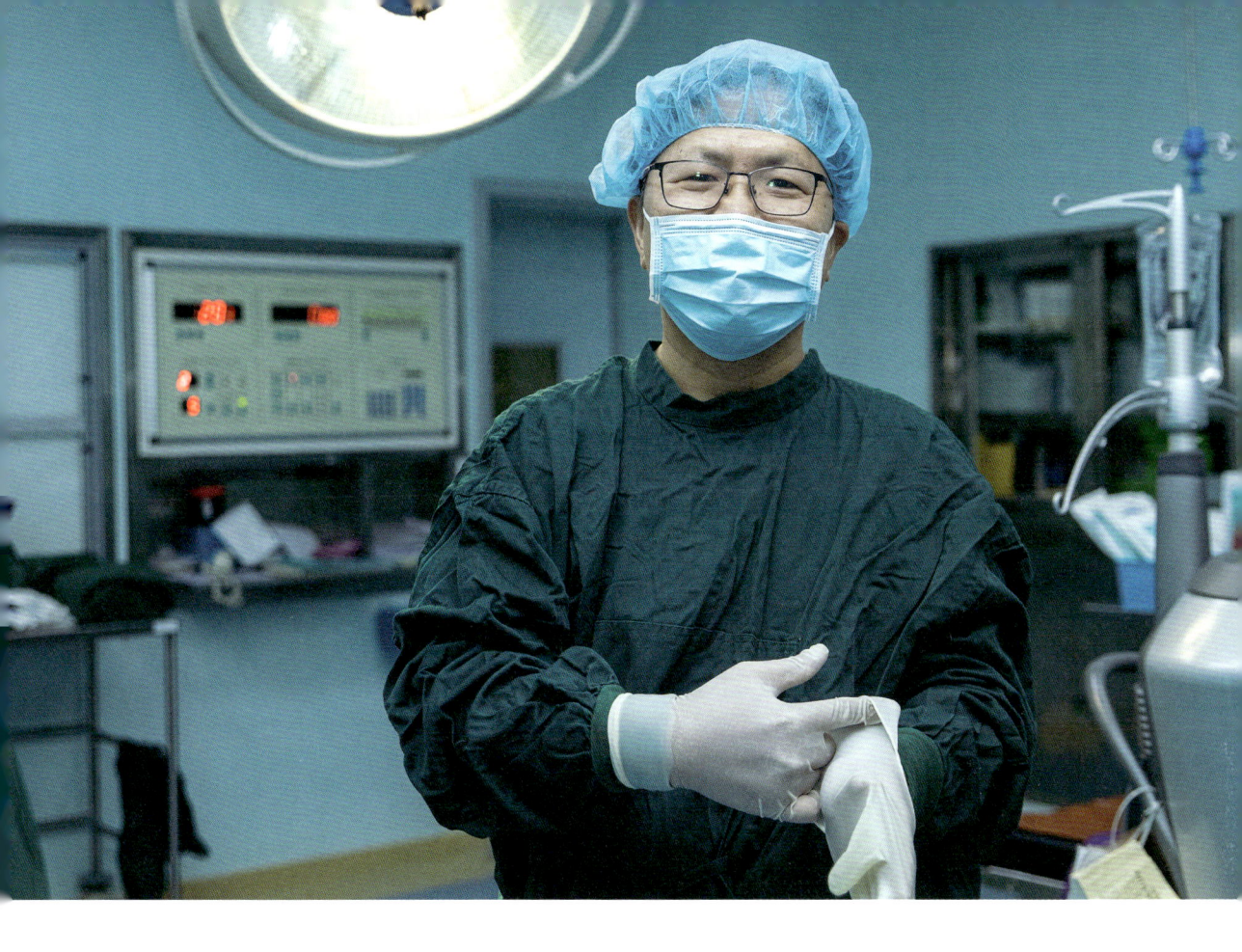

深夜里的亲情如水流淌

陈曦，我的宝贝女儿：

　　远在异国他乡的爸爸非常想念你，好久没有和你谈心了。看着你临行前送给爸爸的一盒千纸鹤，我心潮起伏，心形的标签上几行字映入眼帘："爸爸，我没有去给你送行，是怕离别的伤痛和眼泪，就让女儿的爱和祝福陪伴着你吧！我会想你的！"

　　我的宝贝，这半年多来，你都是怎么走过来的？每当你出门在外，我总在牵挂你、惦念着你。在你最高兴的时候，我比你更高兴；在你最痛苦的时候，我又比你更痛苦；在你最失落无助的时候，我总在第一时间来安慰你、鼓励你；在你最孤独寂寞的时候，我总想第一时间出现在你的身旁。你的每一步都留下什么脚印？你对自己还有多少信心？每一天都在充实、进步中度过吗？在做人、读书和做事上，你都尽心尽力了吗？你还敢说自己很想说的话吗？你还敢做自己喜欢做的事吗？爸妈还能为你感到骄傲吗？你是否能理直气壮地说："爸爸、妈妈，你的女儿很用功！你的女儿很优秀！你的女儿不会给你们丢脸的"！让我们在不久的将来，在一个都让我们感到骄傲、感到自豪的地方相逢！

爸爸：陈琳 2011 年 2 月 26 日夜

国家使命 | 百位中国援外医疗队员画传

陆云峰
Lu Yunfeng

【人物小传】

陆云峰，1969年9月4日出生，江苏扬州人，苏州大学附属第一医院眼科主任医师。江苏省第10期援圭亚那医疗队眼科医生，2012年6月—2014年6月，在圭亚那乔治敦中国医疗队眼科中心工作。

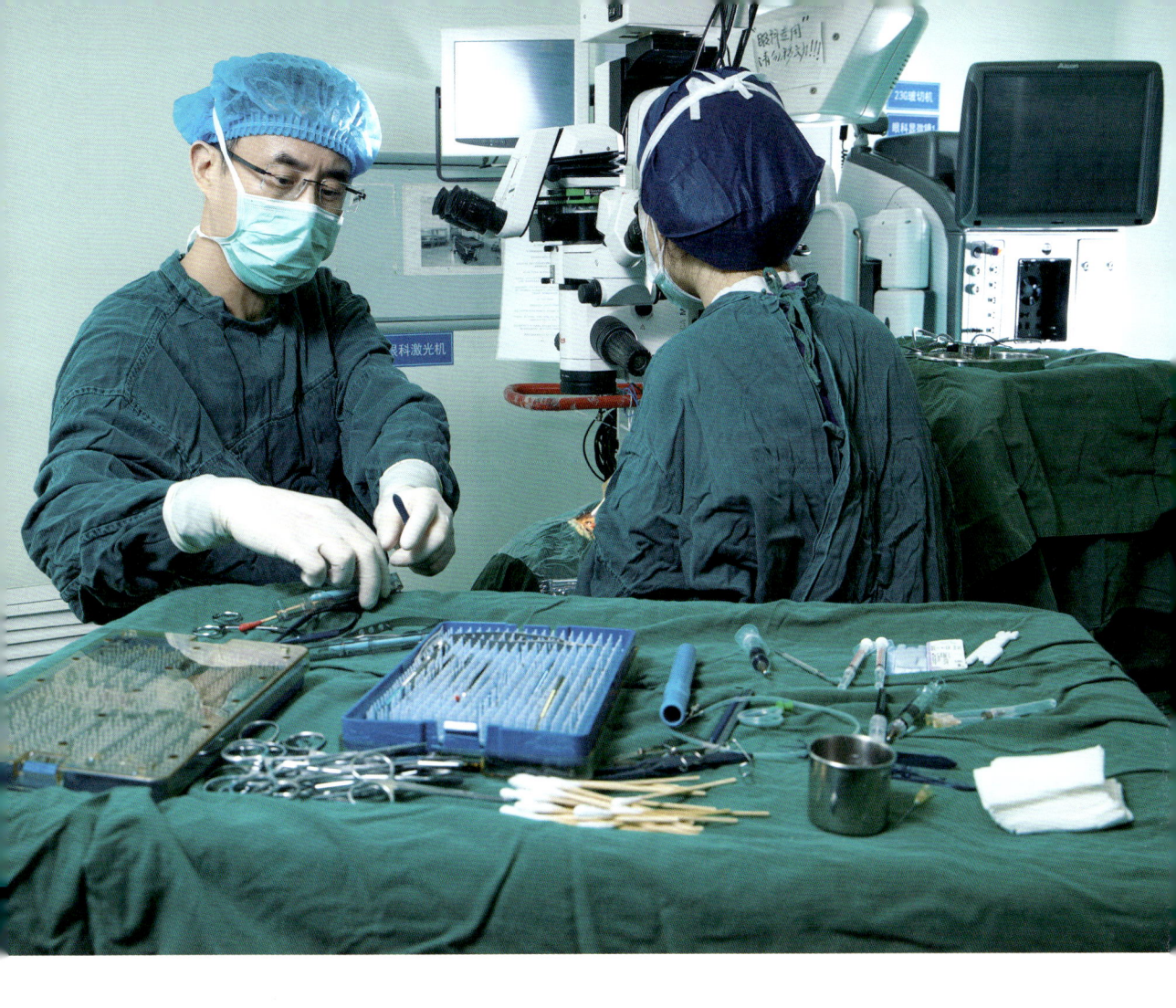

一张贺卡

2013年岁末，我收到一张贺卡，是和我相识的眼科罗奇医生送来的贺卡。她就要离开这个医院了——因为和医院两年的合同时间到了。她选择离开医院，到其他国家进行专科医生的培训。在圭亚那，一个住院医生必须接受一定时间的培训，获得一定的资格证书才能成为独立行医的医生。罗奇医生在一年前来到我的诊室，成为我们组的成员。自从罗奇医生来到我们组后，我的工作顺利了很多。一方面是自己对这个医院的流程逐渐熟悉的关系，另一方面，和她的协助不无关系。现在一个手术日要完成16台手术，她都能安排得有条不紊。由于她的勤奋好学，她的手术技能在一年里有了很大提高。如果不离开，过一段时间就可以独立完成白内障手术了，这对于国内眼科低年资医生来说，是一件令人渴望的事。不过她选择离开去接受新的挑战，我衷心祝愿她在新的一年心想事成！

国家使命 | 百位中国援外医疗队员画传

华 欣

Hua Xin

【人物小传】

华欣，1980年10月26日出生，江苏泰兴人，中共党员，扬州苏北人民医院眼科副主任医生、江苏省第11期援圭亚那医疗队眼科医生。2014年6月—2016年6月，在圭亚那乔治敦中国医疗队眼科中心工作。

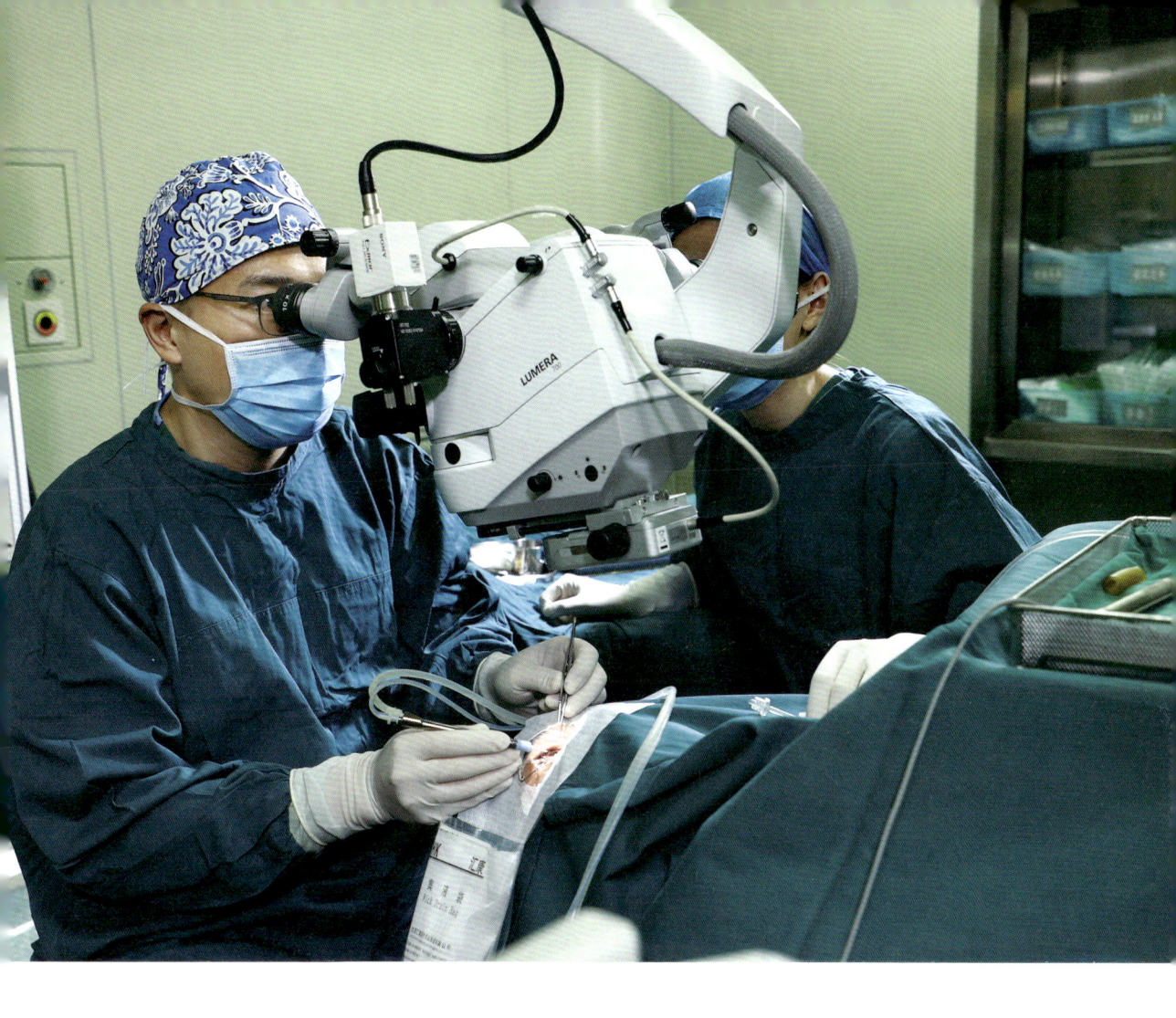

我在"世界视觉日"的讲座

世界视觉日是由世界卫生组织主导,结合国际防盲组、国际狮子会、奥比斯等全球多个国际志愿机构共同订立的全球医疗公益行动。世界视觉日是每年10月份的第二个星期四,目的是宣传保护视力的重要性。2014年世界卫生组织(WHO)在"世界视觉日"的目标是:确保所有人获得预防、治疗和康复医疗服务,确保质量是有效的,同时也确保人们不因经济困难而得不到这些服务。

圭亚那是一个贫困国家,圭亚那人喜爱甜食和饮酒,特别是碳酸饮料和甜品。因此,圭亚那卫生部和GPHC正在制定圭亚那糖尿病视网膜病变筛查和治疗计划。10月9日晚,为了纪念世界视觉日,圭亚那卫生部、加勒比地区关爱盲人委员会以及圭亚那各医院眼科,在乔治敦图尔凯恩校区联合举办眼科继续医学教育的会议。我是唯一一名开展过玻璃体视网膜手术的医生,在此次会议中,我做了一个关于"全视网膜镜下玻璃体切除术在糖尿病视网膜病变中的应用"的学术交流讲座。会后,圭亚那卫生部部长拉姆萨兰对我竖起大拇指,并说:"你的演讲非常好,手术演示的录像非常好,让我看明白了什么是糖尿病视网膜病变玻璃体切除治疗。"

李晓峰

Li Xiaofeng

【人物小传】

李晓峰，1981年7月16日出生，吉林长春人，中共党员，淮安市第一人民医院眼科副主任医生、江苏省第12期援圭亚那医疗队眼外科医生。2016年6月—2017年6月，在圭亚那乔治敦中国医疗队眼科中心工作。

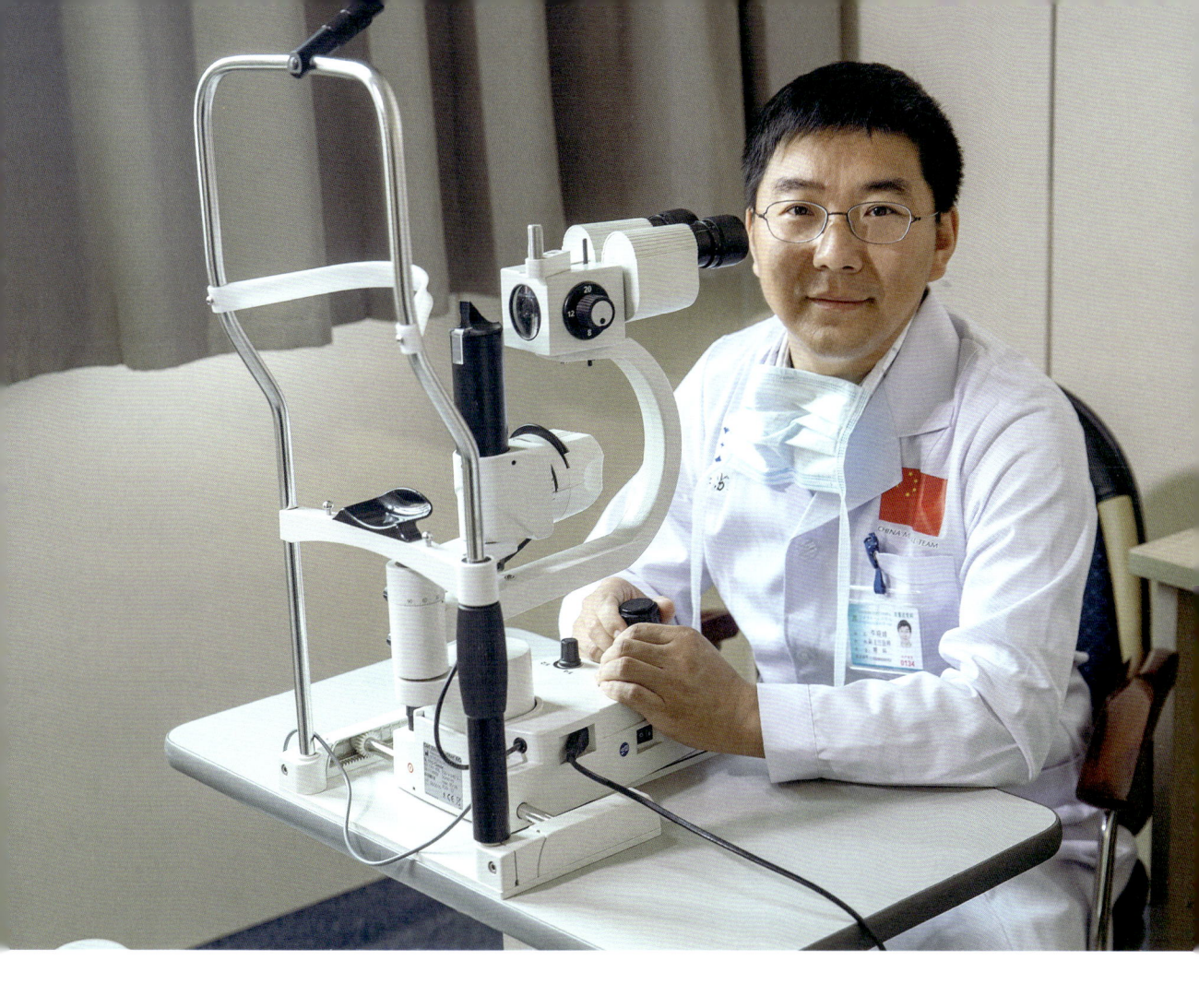

与壁虎"同居"的日子

在医疗队驻地,每位队员都单独住一间,夜里很是寂寞,陪伴我们最多的就是壁虎和蚊子了。蚊子就是那种"你不爱她,她却爱着你"的感觉,见到你就是一顿"卿卿我我",爱到你的血液里,痒到你的骨子里。

壁虎就不一样了,总是守护在你的身旁,却又保持一定距离,在你酣然入睡的时候,悄悄地制止了蚊子的纷扰,为我们消灭"蚊虫杀手。"墙角里、天花板上,时而会有"哗啦哗啦"的小曲,有点吵,但不闹,还会有点美妙的感觉。和壁虎们同居快一年了,一直保持着和谐的关系,它们时而出现在电视屏幕上、墙壁上,时而出现在桌子上、水杯上、床边,甚至趴在你胳膊上陪你看着电视,时而和你对视,伸伸它的头,想要和你更亲近一样,可你要是凑过去想看个清楚,它又会害羞地走开。我喜欢壁虎这样的朋友,始终守护在你的周围,又不会恶意伤害你,在你需要的时候默默地帮助你,在你寂寞的时候为你演奏小曲儿,在你孤单的时候陪伴你。生活不是缺少陪伴,阳台屋檐上的小鸟,驻地的三角梅,甬道的凤凰树,屋内的壁虎……都会是你的朋友!感谢你,我的朋友们,感谢你们给予我的陪伴和快乐,你们会永远在我的记忆里!

国家使命 | 百位中国援外医疗队员画传

王 雪
Wang Xue

【人物小传】

王雪，1980年7月19日出生，山东临沂人，中共党员，江苏连云港市第一人民医院眼科副主任医师、江苏省第13期援圭亚那医疗队眼科医生，2017年6月—2018年6月，在圭亚那乔治敦中国医疗队眼科中心工作。

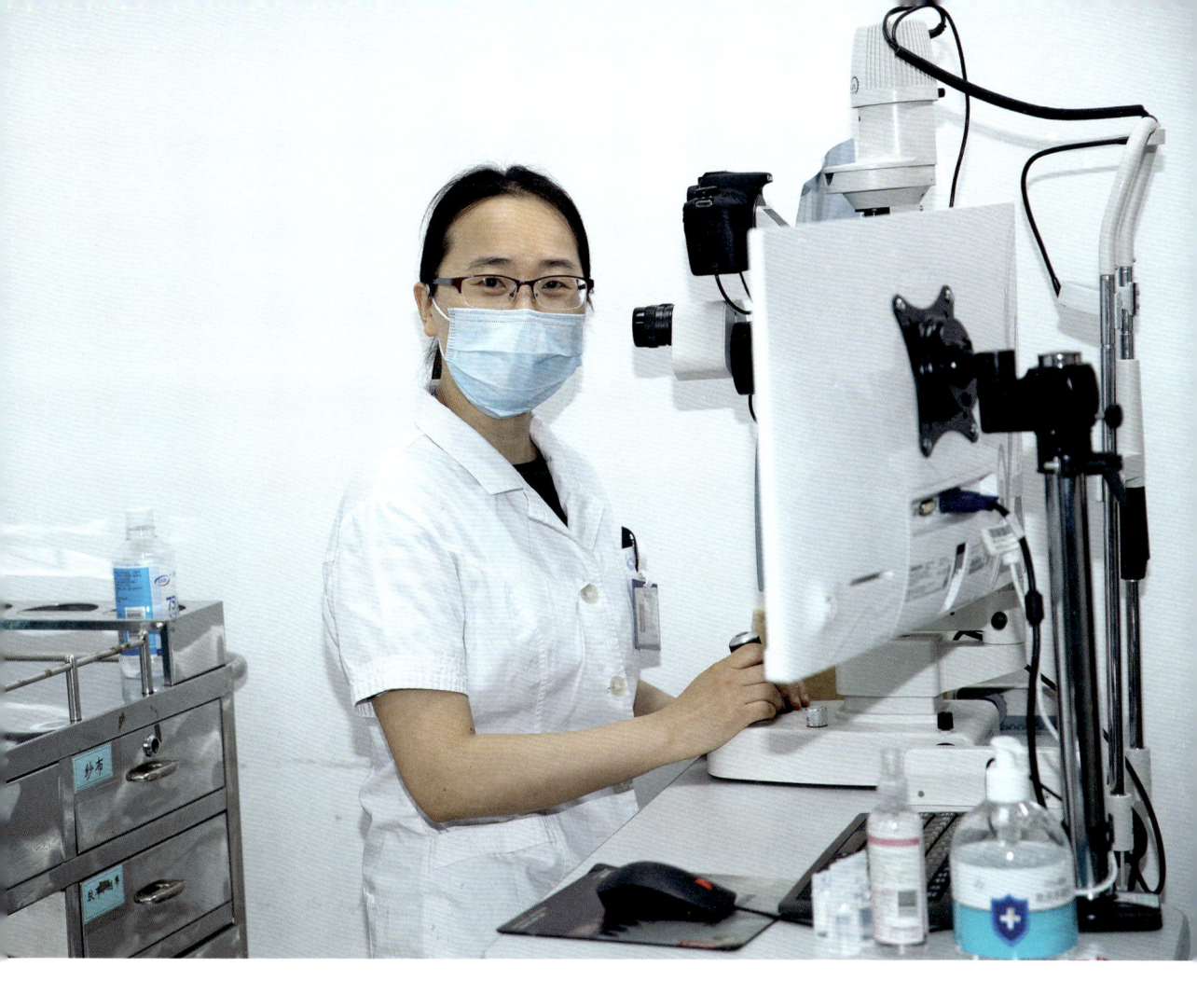

为中国外交官保健护航

　　2018年1月24日下午，我们医疗队来到驻圭亚那大使馆，为我国外交官们开展"送医送药"体检、咨询、健康指导活动。活动安排在大使馆一楼的接待大厅，当我们到达时，会场已准备就绪，大使馆领导对我们医疗队非常重视。由于受援国医疗条件限制、语言交流障碍，外交人员在异国他乡看病就诊十分不便，见到我们到来，从大使到工作人员，都非常兴奋。我们队长饱含深情地说："我们今天回'娘家'了，为驻外使馆人员提供医疗服务、保健护航，是援外医疗队海外工作重要组成部分，是我们的职责。"通过面对面的咨询与指导，根据各自的具体健康状况，我们为他们提供具有针对性的建议。活动井井有条的进行中，每位工作人员按照顺序，领取表格、测血压、血糖、身高、体重，根据自己的具体情况进行专科检查与咨询，每位医疗队员都认真耐心地解答与治疗。我们为每位外交人员建立健康档案，方便医疗追踪与指导。看着外交官们脸上露出的笑容，我们又多了几分成就感。临行前，"娘家人"紧紧拉着我们的手说道："常常回家看"。

宫俊芳

Gong Junfang

【人物小传】

宫俊芳，1979年7月10日出生，山东潍坊人，中共党员，盐城市第一人民医院眼科副主任医生、江苏省第14期援圭亚那医疗队眼科医生。2018年6月—2019年6月，在圭亚那乔治敦中国医疗队眼科中心工作。

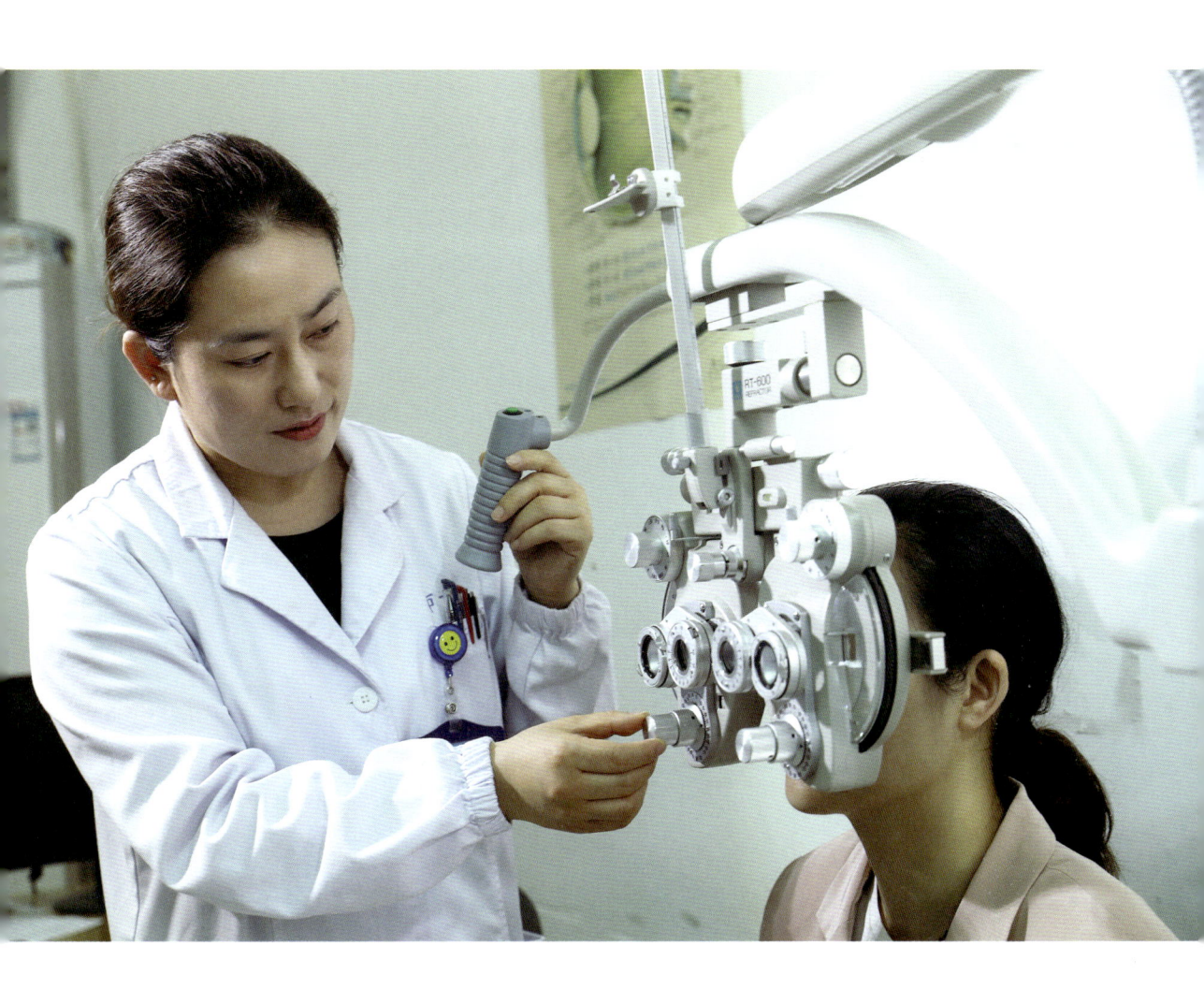

血脉亲情暖华侨

2019年3月17日，中国（江苏）第14期援圭亚那医疗队受圭亚那中华会馆邀请，组织了由大内科、普外科、骨科、眼科、妇产科、儿科、中医科、疼痛科等组成的专业队伍，来到圭亚那中华会馆，举行了义诊医疗活动。驻圭亚那大使馆工作人员也来到义诊活动现场，看望慰问侨胞及医疗队员们。医疗队带来了常用必备药品和检查仪器，在中华会馆为驻圭亚那的200多名侨胞进行免费体检、赠药，并宣传保健知识，同时向中华会馆赠送了价值4000元左右的常用药品。我们为侨胞们进行了身高、体重、血糖、血压等常规体检后，根据个人的具体需要分别至各专科分诊处进行进一步的检查，耐心解答了侨胞们在医疗保健、生活起居以及饮食等方面的疑问，给予了专业的健康指导，并为患病侨胞提供了妥善处理。医疗队义诊活动取得了良好的效果，受到侨胞们的一致好评，中华会馆杨俊业会长代表侨胞对医疗队表示了感谢，感谢医疗队为远离祖国的侨胞健康保驾护航。

王 雷

Wang Lei

【人物小传】

王雷，1983年4月18日出生，安徽宿州人，中共党员，徐州医科大学附属医院眼科副主任医生、江苏省第15期援圭亚那援外医疗队眼科医生。2019年6月—2020年8月，在圭亚那乔治敦中国医疗队眼科中心工作。

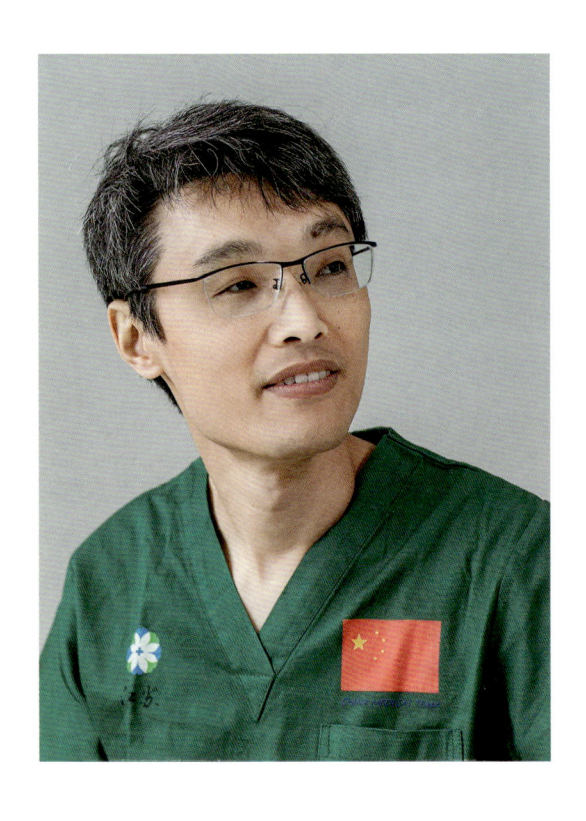

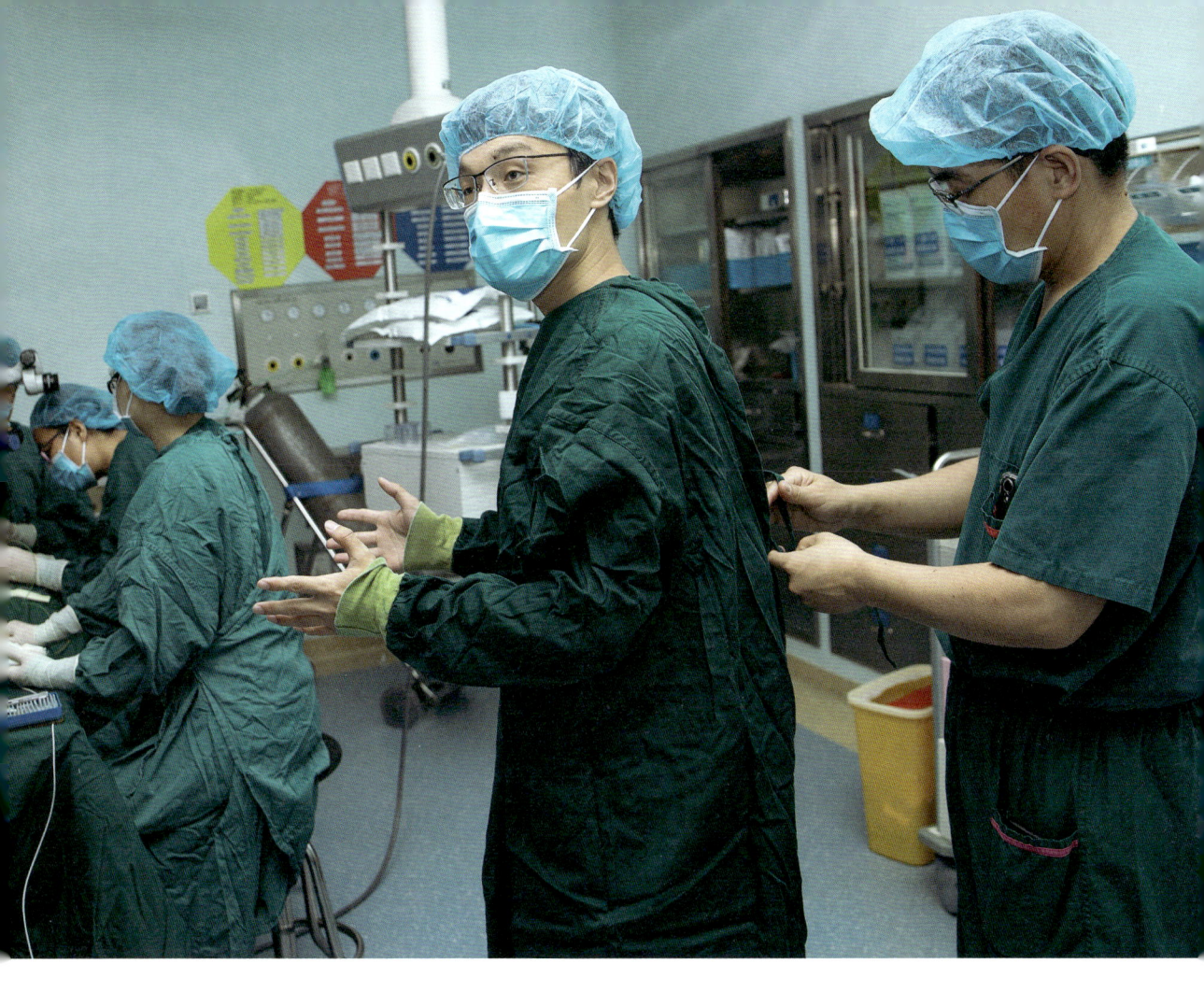

最快乐的事

  为了提高圭亚那乔治敦医院住院医师的临床知识，我安排了一次学术讲座。

  在这里，我发现眼科超声很常用，多由低年资医生和技师完成，由于他们对疾病缺少认识，所以他们的操作相当随意。于是，我决定就从眼科超声讲起。我还是第一次用全英语授课，所以我为这次讲课做了充分准备：首先是制作PPT，PPT中包含各种专业词汇，要保证用词正确；其次，对于讲座中的专业词汇，我还要保证自己的发音准确。于是，我便翻阅各种原版专业书籍和最新资料，反复观看视频，提前演练，保证所有内容都烂熟于心。周二下午1点，当我来到教室时，发现大家早已济济一堂，来听我讲课了。讲座从A超开始。开讲后我才得知，他们原来并不知道最简单的A超也包含很多信息，大家都很感兴趣。接下来引入B超，我重点讲了操作手法，我希望把标准的方法教授给他们，并由他们把这种方法传给后来的医生。时间过得很快，原来准备半小时的讲座，后来一直讲了一个多小时，大家意犹未尽。为受援国提供医疗援助，留下一支带不走的医疗队，这是我最快乐的事！

第四章

声震大洋

桑给巴尔中国医疗队微创外科中心

> 心者，栖神之舍；神者，知识之本；
> 思者，神识之妙用也。

桑岛丁香红，越洋送春风。2012年9月7日，江苏省卫生厅与桑给巴卫生部在桑给巴尔纳兹摩加医院为中国医疗队微创外科中心揭牌，将微创外科技术引进桑给巴尔。微创外科技术不仅具有对患者创伤小、出血少、恢复快等优势，同时还为援外医疗队员开拓创新、提供高质量诊疗技术创造了良好的工作条件。多年来，中国援外医疗队经过历任医疗队员的不懈努力，提高了当地医疗救治水平，扩大了救治范围，为受援国填补了多项医学空白，为增进我国与受援国友谊，提升医学合作水平，树立国家形象发挥了积极作用。桑卫生部哈吉部长说："微创外科中心的建立将桑给巴尔的医学技术水平带入了21世纪。"桑给巴尔总统谢因说："中国医疗队不仅为桑给巴尔带来了先进的医疗设备，还带来了先进的医疗技术，中国医疗队是我们永远的朋友。"

▲ 桑给巴尔纳兹莫加医院

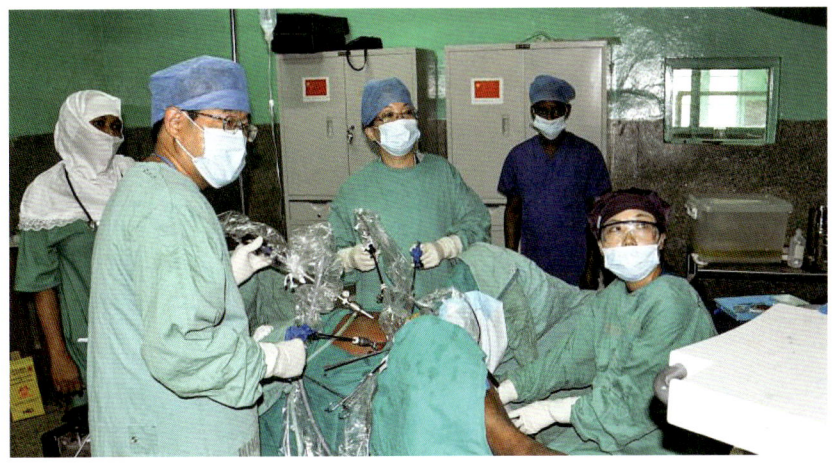

▲ 桑给巴尔首例腹腔镜微创手术

卢建林

Lu Jianlin

【人物小传】

卢建林，1967年9月18日出生，江苏昆山人，中共党员，南京大学医学院附属苏州医院副院长、泌尿外科主任医生、江苏省第24期援桑给巴尔医疗队队长。2011年6月—2013年6月，在桑给巴尔中国医疗队微创外科中心工作。在桑给巴尔创建了中国医疗队微创外科中心和中国医疗队微笑中心，是中国医疗队员在非洲受援国家开展腹腔镜微创手术的第一人。2013年作为全国先进援外医疗队队长，受到习近平总书记接见。2023年10月被中央宣传部授予中国援外医疗队群体代表"时代楷模"称号。

艰辛一路行 滴滴汗水淌

来到桑给巴尔已经8个月了，对我来说，最大的困扰并不是繁重的医疗任务、不是各种疑难杂症、不是与艾滋病等传染病的零距离接触，而是医疗队生活保障中遭遇的种种难题。我们驻地三天一停电、两天一停水，停水停电是每一个队员都必须面对的事情，经过8个月的痛苦"培训"，每位队员都学会了自己发电及如何往水箱灌水的技能。我们队员们除了会修水电外，驻地的网络、电脑、空调等所有家用电器"生病"时，也都是我们这些医生来"诊治"，一路走来真的好累！

我们一路走来，还遇上了百年不遇的海难事件，我们第一时间参与救援；我们遇上了中国同胞高压电电击事件，全体队员共同努力，抢救同胞，转危为安；遇到了桑给巴尔副总统的医生突发心梗、桑给巴尔议长的突发眼疾、总统女儿的疑难剖腹产……这些都在我们手下化险为夷。遭遇得太多，真的不容易！

来到桑给巴尔仅3个月，我们这支队伍因出色表现而受到桑给巴尔总统的接见，这一切给我留下了难忘深刻的记忆，同时也验证了我们的与众不同。

2011年9月10日凌晨，在桑给巴尔海域航行的一艘载有800多名旅客的渡轮沉没，

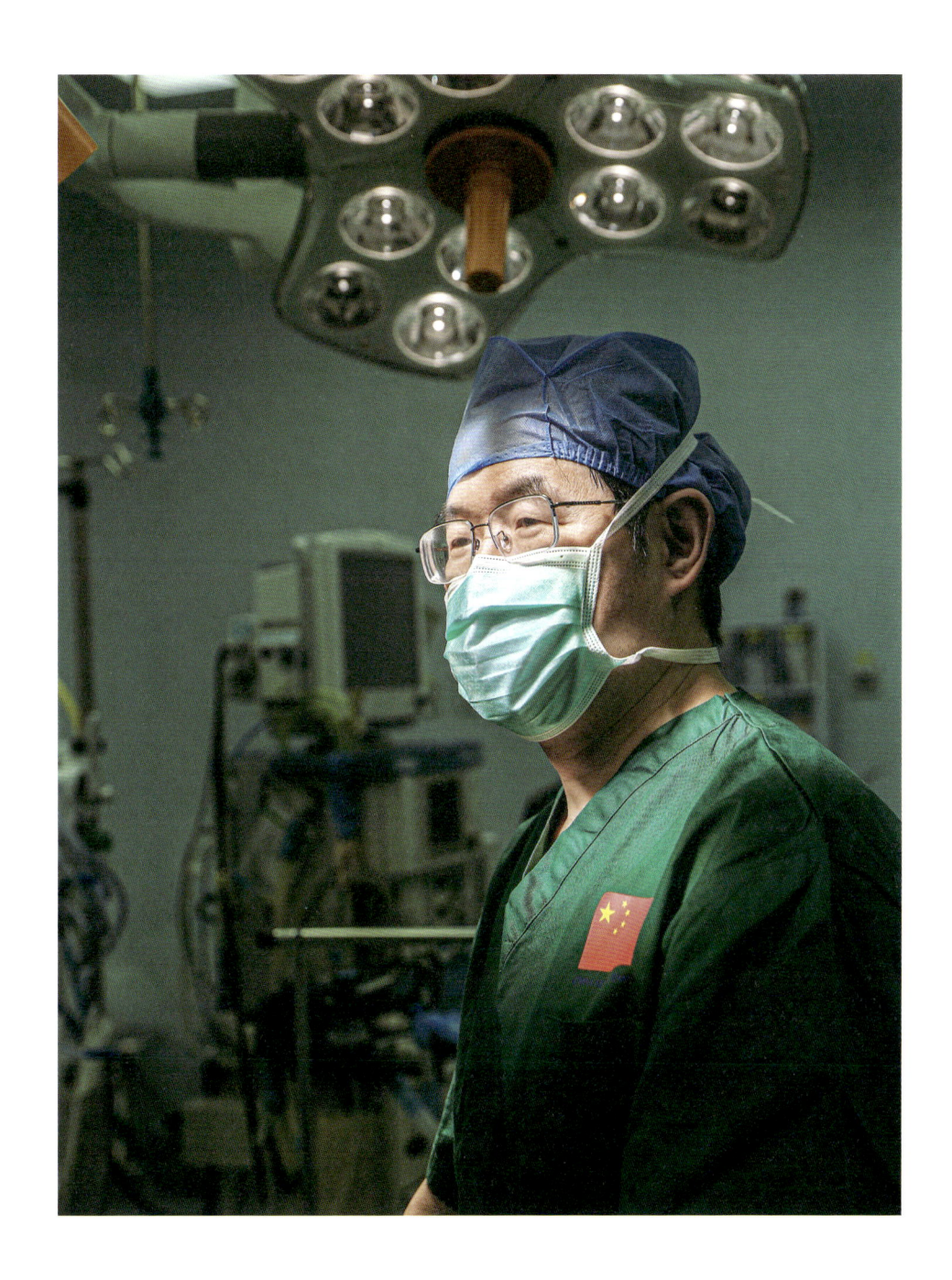

大量受伤人员被送往纳兹摩加医院。由于我们医疗队全力抢救、及时救治，挽救了所有伤者的生命。中央电视台以新闻形式对我们医疗队进行了专题报道；中国龙年春节，大年初四的黄金时间，中央电视台做了一个专题节目专门介绍我们这支队伍。两次中央电视台上镜，反响非常好，我们得到国内各级领导的好评，这着实让我们备受鼓舞。

其实我们还遇到许多事，所有队员都在默默无闻地做事，从不计较得失，这容易吗？我们真不容易！

侯顺玉
Hou Shunyu

【人物小传】

侯顺玉，1968年1月19日，江苏靖江人，中共党员，苏州市立医院妇产科主任医师、江苏省第24期援桑给巴尔医疗队妇产科医生。于2011年6月—2013年6月，在桑给巴尔中国医疗队微创外科中心工作。

为总统的女儿剖腹产

安吉·卡鲁姆是桑给巴尔总统卡鲁姆的女儿，经卫生部首席医务官的推荐，让我为她做剖腹产手术。纳兹摩加医院妇产科实力很强，还有来自其他不同国别的四位专家，但安吉还是选择了中国医生为她手术，剖腹产手术对我来说是非常简单的手术，但安吉对我如此信任，反而给了我许多压力。安吉前一次在法国做的剖腹产，手术的切口很低，有许多疤痕组织。术前，卫生部首席医务官多次找我了解安吉的情况，并反复询问是否有问题，但我总是肯定地回答："没问题！"因为我们医疗队就总统女儿安吉的手术事，已专门召开了术前讨论会。手术当天，首席医务官早早就来到手术室，我不知道他是不放心我，还是来安慰安吉的，不管为什么而来，总给手术室增添了不少紧张气氛。这次手术，我邀请了医疗队外科医生做我的助手，麻醉师也是我们的医疗队员，队里心脏科医生、翻译也都来了，看到全是熟悉的面孔，我十分轻松地完成了这台疑难剖腹产手术，母婴平安回病房，手术结束后，卫生部首席医务官握着我的手，给予我许多赞美与感谢。但我想，这些赞美与感谢应该属于我们全队所有人！

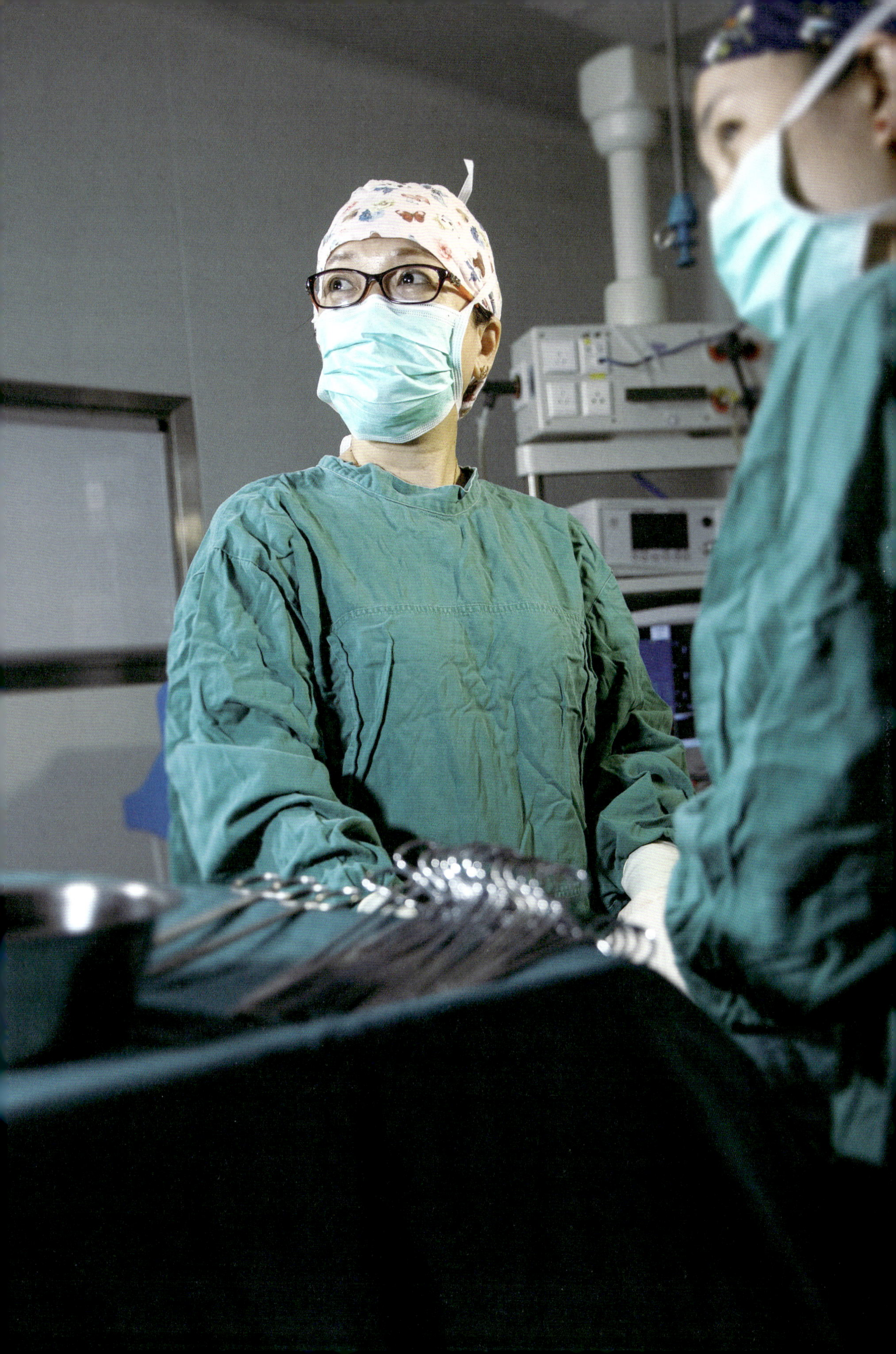

陆 皓
Lu Hao

【人物小传】

陆皓,1976年1月26日出生,江苏常州人,中共党员,常州市第一人民医院泌尿外科主任医师、江苏省第26期援桑给巴尔医疗队泌尿外科医生。于2014年6月—2016年6月,在桑给巴尔中国医疗队微创外科中心工作。

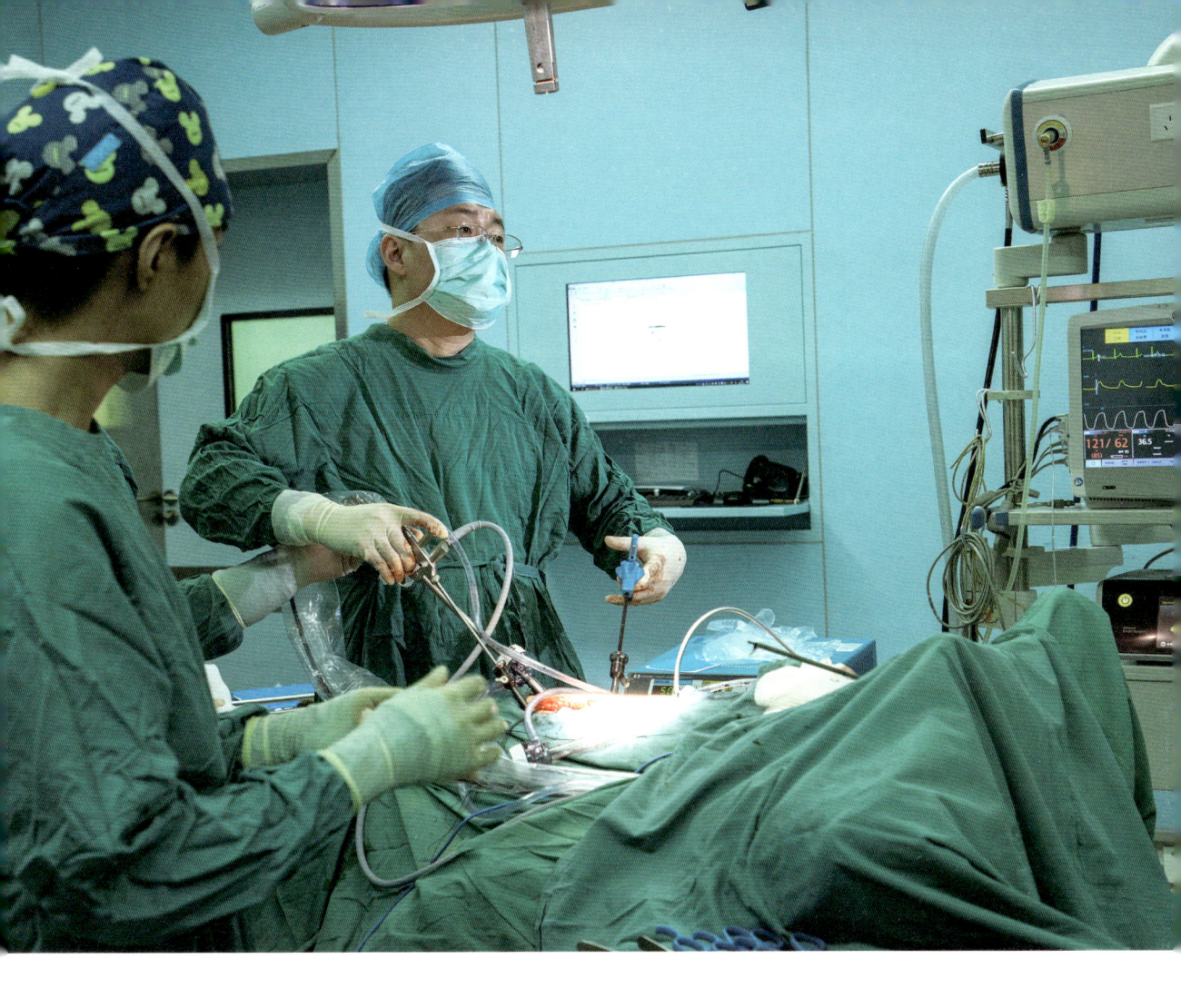

难中求胜心更切

来桑给巴尔已半年了,才做第一例腹腔镜手术,个中艰辛,一言难尽。

初到桑岛,即闻腹腔镜系统中的电刀已坏。熟悉月余后,发现当地医院的电刀可用于腹腔镜手术,奈何其脚踏失踪,只能手控。复又寻寻觅觅,终获脚踏一只,却发现设备中只有电凝在工作,电切功能踩到脚酸都无反应,只能将脚踏送修。修好返回,再试,却发现电极板的导线又损坏了。再四处寻找可用的配电刀电极板,发现原配电刀的电极板导线可与当地电刀兼容,于是,设备总算配套完成。再选患者,肾肿瘤太大、输尿管结石位置太低、没见肾上腺肿瘤……终于一日,读片发现一例肾囊肿,且大小位置都合适的患者,连忙找到患者。一见之下,差点惊掉我的下巴。患者为中年妇女,身如肉山,体重严重超重,估计穿刺器是无法穿透腹壁脂肪了,无奈之下只得放弃。半年后,我终于找到一位肾囊肿患者,各方面都没问题,遂行腹腔镜手术,在队友的配合和帮助下,手术圆满成功。功在精心准备。这次手术中所有器械术前准备、术后器械清洗,全部自己动手。半余年来,已深刻领会到在南京培训时就听到非洲兄弟的口头禅之一"PolePole"一词的含义:慢慢来!

叶文凤
Ye Wenfeng

【人物小传】

叶文凤，1970年5月28日出生，江苏江堰人，常州市妇幼保健院妇产科主任医师、江苏省第25期援桑给巴尔医疗队妇产科医生。2013年6月—2015年6月，在桑给巴尔中国医疗队微创外科中心工作。

容颜虽老 友情长存

最近我们医疗队比较热闹，来了两批特殊的客人，都是曾经在桑给巴尔工作过的老队员，再次踏上这片他们曾经挥洒过热血和汗水的地方。故地重游，寻找当年工作和生活的轨迹，令人感慨万千。原苏州一附院妇产科主任杨伟文分别参加江苏省第9期和第13期援桑给巴尔医疗队。这是她第四次来桑给巴尔了。2012年由苏州市组建的第24期援桑医疗队曾邀请部分援外老队员重返桑给巴尔，杨主任也应邀而来。这次杨主任带着她的家人朋友再次探访桑岛，尽管已是第四次踏上这片热土，到达桑岛的杨主任显得还是那样兴奋和激动。来到当年工作过的纳兹摩加医院，熟门熟路的杨主任直接找到当年的中国医生办公室，办公室里的许多工作人员非常惊讶，纷纷与杨主任合影留念。

看到产科病房门口包括每年死亡孕产妇在内的一些统计数据，她不禁感叹起当年的工作强度。由于当地经济相对落后，一对夫妇生育孩子多达10多个的现象非常多见，这也导致了像产科大出血、子宫破裂等并发症的高发，妇产科辛苦程度可想而知。听到有人在喊"杨老师"，杨主任寻声望过去——原来是当年一起在手术室共事的护士朱玛，现在已经退休，在产房继续留用。热情的非洲同事抱起了杨主任，一起回忆起当年的工作情形。看着她们抱在一起，如同思念多年的老朋友突然相见，那种场景真是温暖。30年，虽容颜已老，但深藏在心里的中非情谊并没有褪色，对我而言，这才是真正的援非意义所在。

程文俊

Cheng Wenjun

【人物小传】

程文俊，1968年1月17日出生，中共党员，江苏省人民医院妇产科主任医师，2016年5月29日作为江苏省援外医疗队支撑专家，参加江苏省人民政府代表团赴桑给巴尔讲学及手术演示。

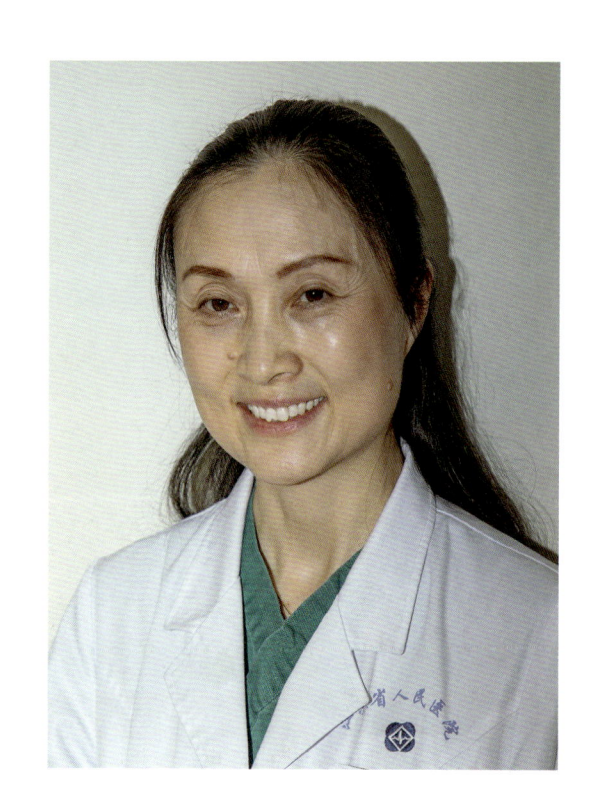

丁香花盛开的日子

2016年5月，桑岛满城花香，火红的丁香花盛开全岛。

在这最美的季节，程文俊主任作为江苏省援外医疗队专家团队的支撑专家，在桑岛开展为期8天的医疗工作，她在纳兹摩加医院所做的学术报告的题目是《卵巢癌诊治的NCCN指南》，并对新指南中《化疗方法的更新》和《手术疗法的更新》做了详细的解说，在场的美国、英国、德国等国家的医生产生了极大兴趣，纷纷提出了很多问题，程文俊主任为他们一一解答，并和他们热烈讨论。

在桑岛期间，程文俊还做了3台手术，引起了当地医学界的极大震动。这3台手术分别是卵巢癌肿瘤细胞减灭术、巨大全子宫切除术和腹腔镜下全子宫切除术。多位第三国医生及丹麦、荷兰的留学生观看了手术，当他们看到程文俊顺利摘下7.5千克重的巨大子宫肌瘤时，都惊呼起来："中国医生真了不起！"3台高难度的手术显示了中国医生高超的手术水平。

桑岛丁香红，难忘救命人。中桑友谊的深情，像丁香花一样弥散着沁人的芳香，中国医生的故事也像花香一样飘向四方。

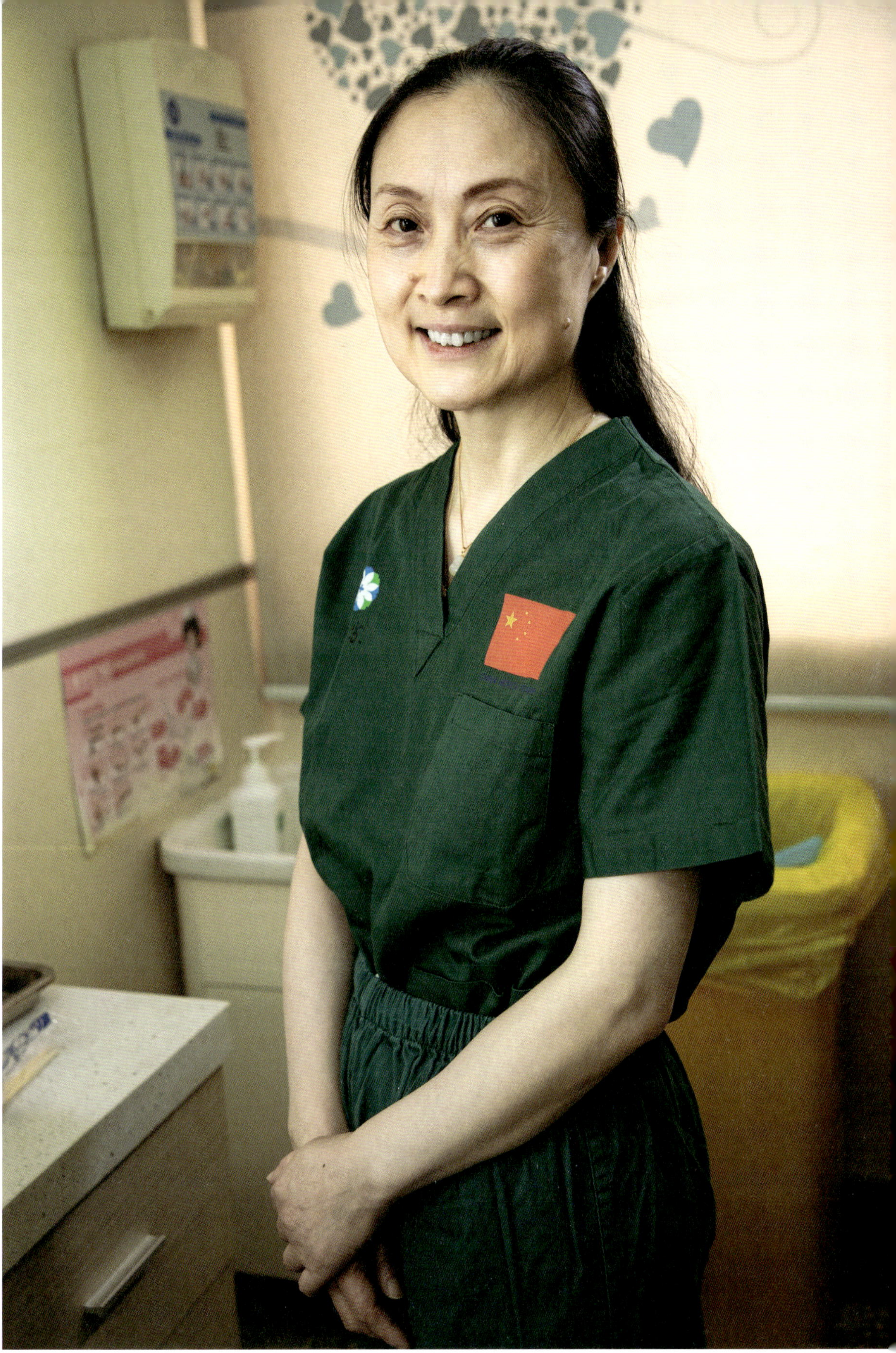

国家使命 | 百位中国援外医疗队员画传

徐卓群

Xu Zhuoqun

【人物小传】

　　徐卓群，1963年5月27日出生，江苏无锡人，中共党员，无锡市人民医院泌尿外科主任医师、江苏省第26期援桑给巴尔医疗队队长、泌尿外科医师。2015年6月—2017年6月，在桑给巴尔中国医疗队微创外科中心工作。

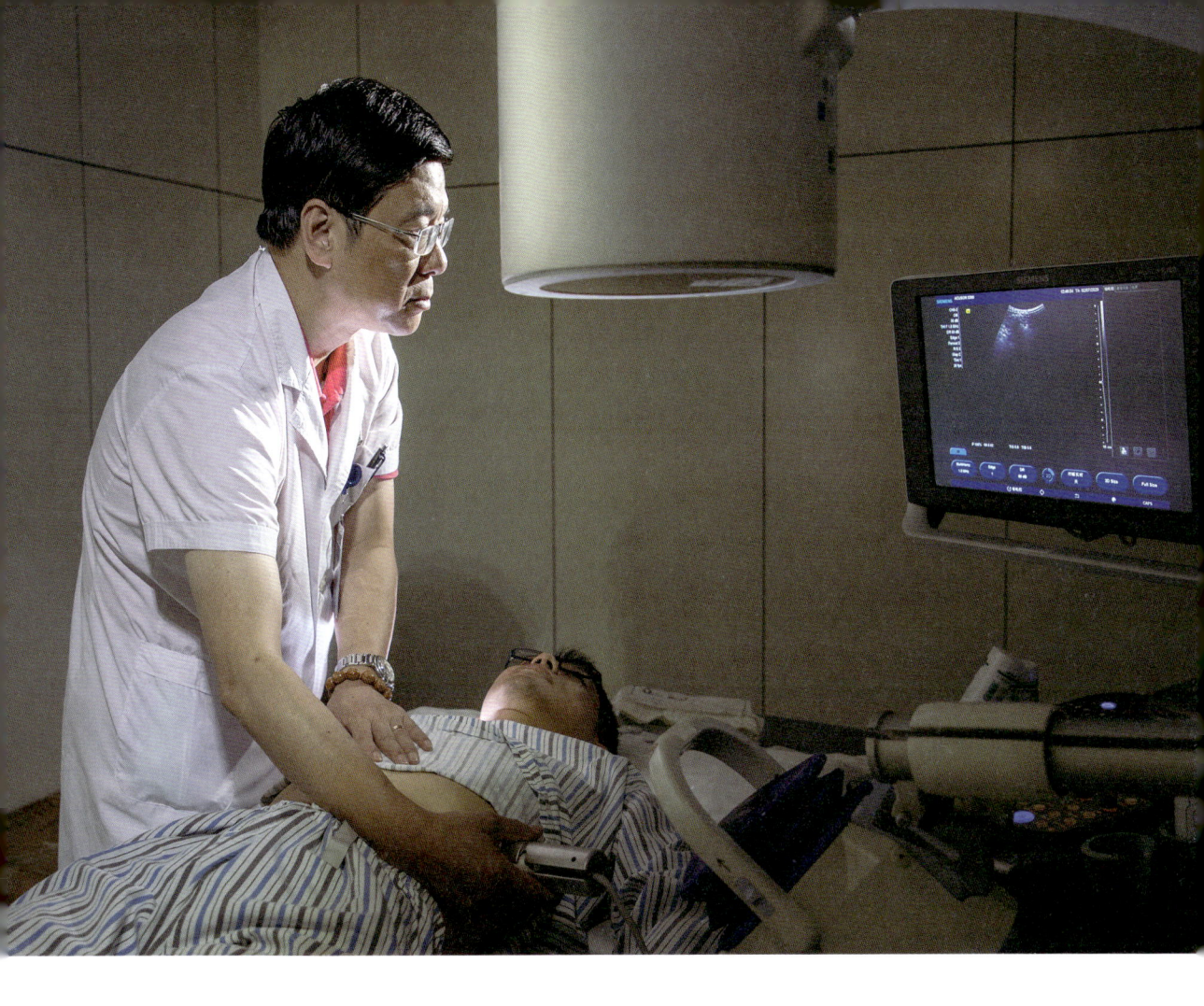

我的第一例体外碎石病人

在桑给巴尔开展第一例体外冲击波碎石治疗让我难忘。

首例体外碎石的治疗吸引了多科的医生前来观看,病人是一位成年女性,CT提示右肾结石,结石1.5厘米大小。我一边与我的助手讲解,一边开始了治疗。由于机器是B超定位,我首先示范如何操作B超,如何发现结石;随后我在机器上定位结石;再给患者解释冲击波巨大的响声和击打腰部的感觉,解除患者的焦虑和紧张。即使如此,第一次冲击波发出巨响时,患者仍然紧张地坐了起来。于是,我再次耐心解释,摆好患者体位,重新定位、设定能量和频率,继续治疗。经过多次冲击波治疗,B超显示结石有弥散,终于结束了整个治疗过程。

我为能给桑给巴尔开创体外碎石技术、给患者带来无创治疗而感到欣慰。

吴伟燕

Wu Weiyan

【人物小传】

吴伟燕，1975 年 5 月 15 日出生，江苏无锡人，无锡市人民医院妇产科副主任医师、江苏省第 26 期援桑给巴尔医疗队妇产科医师。2015 年 6 月—2017 年 6 月，在桑给巴尔中国医疗队微创外科中心工作。

繁忙的妇产科

妇产科是纳兹摩加医院最大的科室。患者多、工作量大、危重病人特多。一天当中最多有50人分娩；一个科室的工作量相当于国内一家专科医院的工作量。

每天上班我就感觉自己像个陀螺，不停地旋转。早上7:30，交接班的晨会准时开始，由实习生汇报24小时内入院的有高危因素的病例，然后再给出治疗方案，由科主任点评、提问。每逢周一或周四，开完早会，我必须立即赶到门诊，因为预约的30个患者已在外面等我。每次看完30个患者，基本都是下午一两点了。如果是手术日，那基本就没有吃午饭的时间了，一般不到下午3点前是不会结束的。备班更是辛苦，有一次，一夜叫了我三次，而且病种多、病情重，对我是非常大的挑战。短短2个月，我在这里已经见到许多罕见病例，有的患者的子宫肌瘤经常是超过孕4月大小，最大的甚至有足月妊娠这么大；子宫破裂、会阴III度裂伤、产后大出血等危重情况，在这里经常遇到。其实见了这么重的病例，我心里很紧张，因为这类病例在国内早就没有了，但是在队友的帮助下，所有的患者都得到了恰当妥善的处理。看着患者恢复了健康，我有一种为医者的满足感。

汪 灏

Wang Hao

【人物小传】

汪灏，1971年10月26日出生，江苏兴化人，中共党员，南京市鼓楼医院普外科医生、江苏省第27期援桑给巴尔医疗队队长、普外科医生。2017年7月—2018年7月，在桑给巴尔中国医疗队微创外科中心工作。

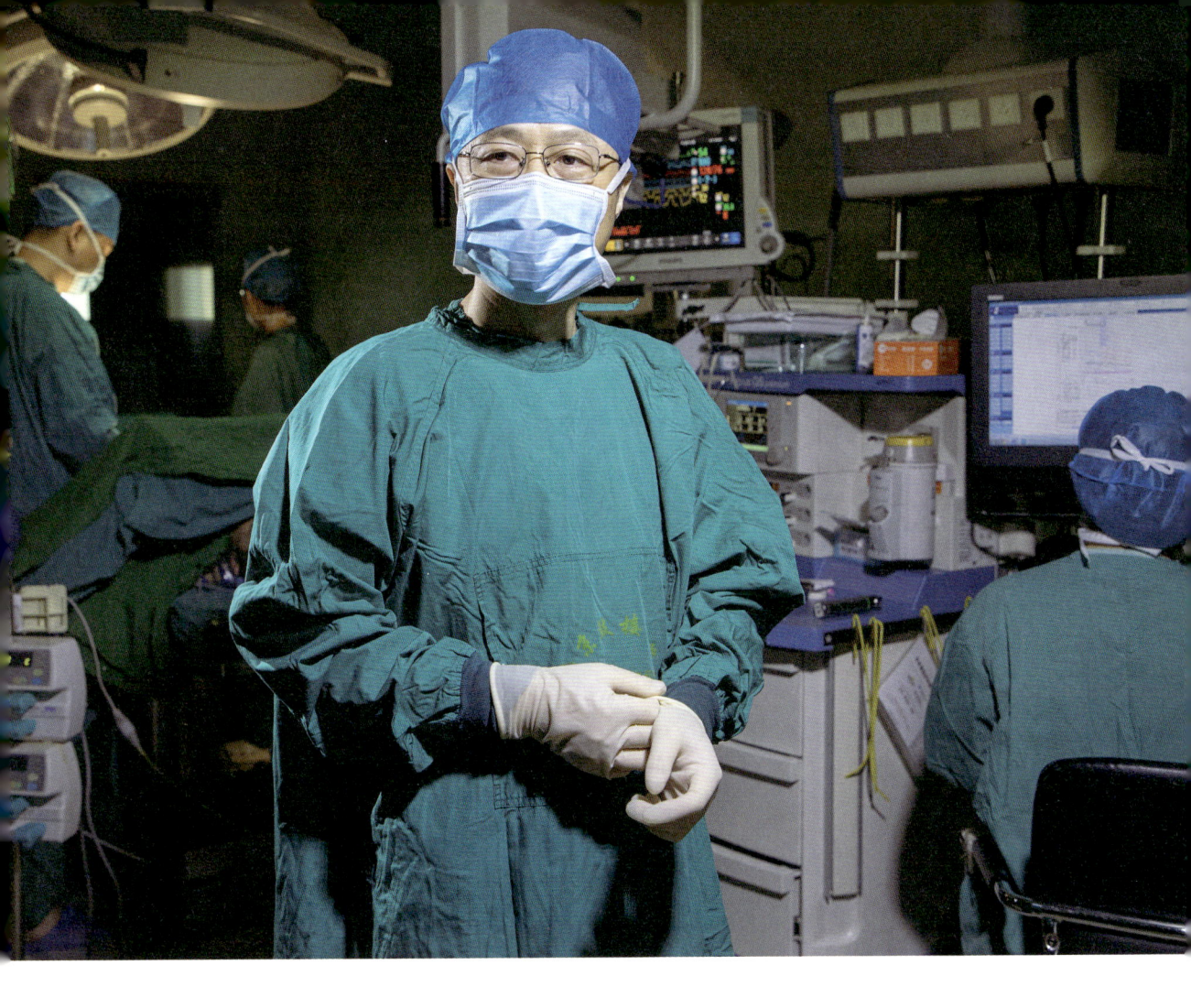

难忘的第一天上班

第一天上班，虽然也有心理准备，但走进会议室还是吃了一惊。一间8平方米的屋子里横着摆了3条2米多长的长条板凳，靠两侧的墙各摆了一条长条板凳。前面一个破旧木桌子是主席台。算上大外科主任、参加交班的本院的医生共有10人，此外还有一个古巴医生、4个在外科轮转的英格兰实习生，再加上我共十五六个人，我们把小小的房间挤得满满的。交班的值班医生是一个女医生，一口气描述了六七个收治入院的患者，多是创伤和急诊患者。交班后，我立即去看门诊。我和我的医助赶到诊室时，门口已经排满了人。门诊中午不休息，一直看到下午2:30，我总共看了20多个患者。有常见的乳腺包块、疝气、痔疮、阑尾炎、术后复诊患者，也有在国内普外门诊难得一见的疾病：一个颈侧部长了一个七八厘米直径的肿块。一开始我觉得这是一个巨大的淋巴结，也考虑是肿瘤晚期或者是结核。好在我的医助及时提醒——他是一个艾滋病的老病人。在看病过程中，多亏我的医助的鼎力相助，他不但将患者所说的斯瓦希里语为我翻译成英语，同时也提出了许多有益的建议，让我想起这里不是鼓楼医院，要因地制宜。看完最后一个患者，我的衬衣已全部湿透，虽然如释重负，但已饥肠辘辘了。

国家使命 | 百位中国援外医疗队员画传

刘铁石
Liu Tieshi

【人物小传】

刘铁石，1975年11月1日出生，吉林长春人，中共党员，南京市第二人民医院泌尿外科主任医师、江苏省第27期援桑给巴尔医疗队泌尿外科医生。2017年6月—2018年6月，在桑给巴尔中国医疗队微创外科中心工作。

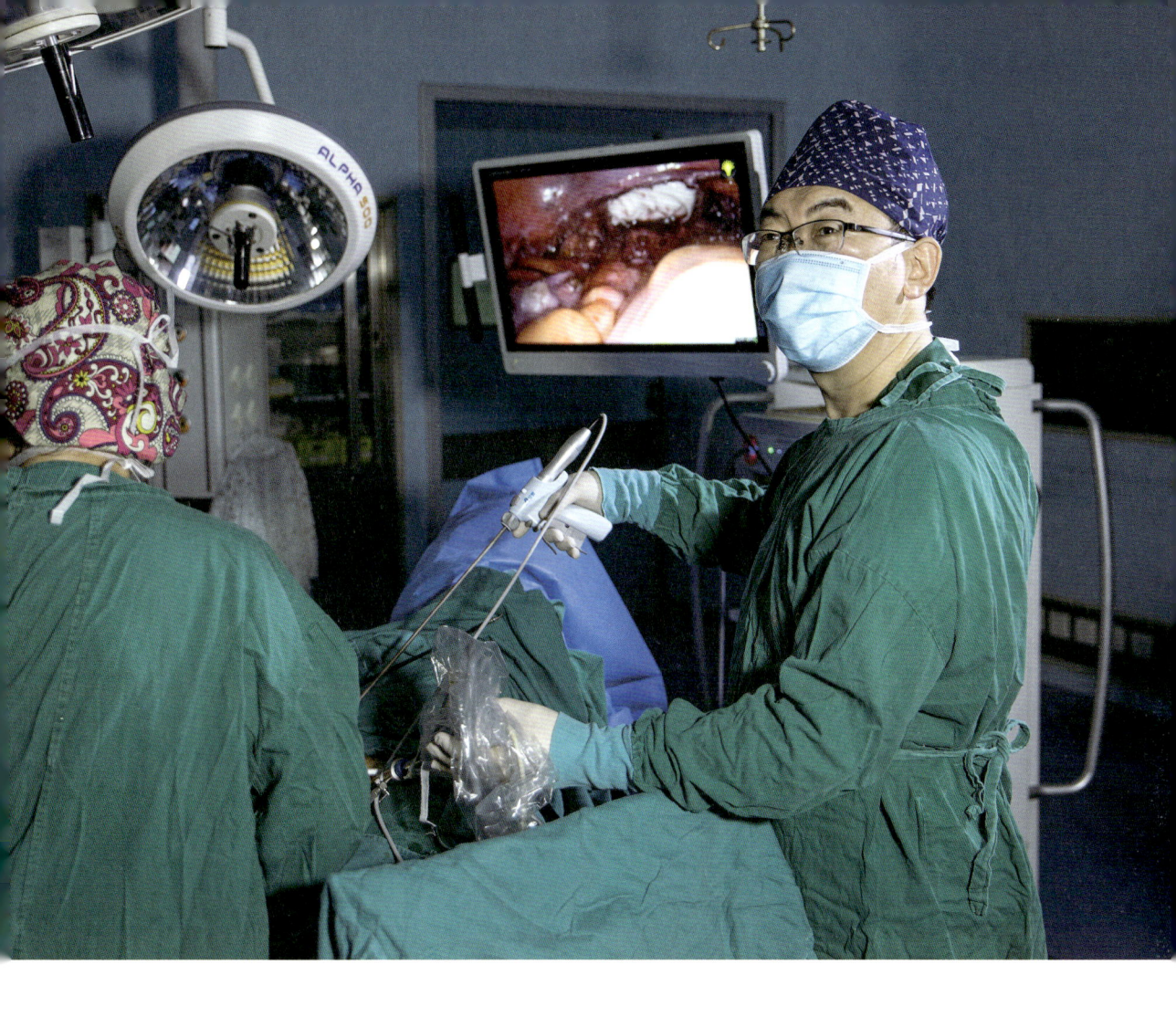

男儿有泪不轻弹

来桑给巴尔整整3周,因为想到自己的女儿,一个人曾在宿舍内痛哭。宝贝儿,你现在肯定不懂爸爸为什么想到你会哭,那是因为你还小。你永远是爸爸的小棉袄,爸爸永远是你的保护伞。宝贝儿,在别人眼里,你可能并不是最优秀的,但在爸爸的眼里,你永远是最棒的!爸爸不要求你学习成绩多么好,当然你的学习成绩让爸爸也很满意,爸爸只希望你有一个快乐的童年,让爸爸陪着你健康、快乐地成长!但是,对不起,爸爸没做到!在你小学入学报到那天,爸爸就没有去送你;在你还在熟睡时,爸爸就独自一人踏上前往美国的路;今年,你即将升入初中,最需要爸爸的时候,爸爸却来到了遥远的非洲。每每看到这里的小朋友,我都想起你。我多希望那就是你啊,让我再抱抱你,再亲亲你。

宝贝女儿,爸爸亏欠你的,爸爸慢慢补,反正你永远是我的小宝贝,无论你多大。多希望你也能来非洲,让爸爸陪你去看乞力马扎罗的雪,陪你去看塞伦盖蒂的野生动物……

翁 侨
Weng Qiao

【人物小传】

翁侨，1982年4月30日出生，江苏沭阳人，中共党员，南京市鼓楼医院妇产科副主任医生、江苏省第27期援桑给巴尔医疗队妇产科医生。2017年7月—2018年7月，在桑给巴尔中国医疗队微创外科中心工作。

留下一支带不走的医疗队

走进桑岛纳兹摩加医院妇产科，我发现这里的医生整体水平很低，许多妇产科的常规处理和流程极不规范，只有一位医生能独立完成剖宫产手术，其他医生连医助都做得很勉强。这里用药不规范、没有产程图、不规范的接生，极易导致裂伤和并发症，再加上缺乏无菌观念、切口感染和术后并发症很多……

我深深意识到，必须尽快对他们进行系统培训，提高整体水平。为此，我开始PPT授课、讲产后观察、助产技术、难产处理等基本操作；手术台上，我手把手指导，台下下载手术视频，做成PPT，详细讲解手术流程及操作要点；坐门诊时，我会选择病例，指导他们如何正确应用雌孕激素。最让我欣慰的是，科室的大多数医生学习热情高涨，非常主动，遇到问题也能及时请教。

我为他们制定了详细的学习计划和大纲：包含常规妇产科理论课程、妇产科医生手术及技术操作、腹腔镜新技术等。大家学习兴趣浓厚，目前，他们已经能作为主刀完成子宫肌瘤剔除、卵巢囊肿剥除，甚至全子宫切除，还能够胜任腹腔镜的操作。辛勤汗水终于浇出花朵，我的努力终于有了回报。半年后，妇产科常规治疗操作大多规范，切口感染一月难见一次，每一位医生都能独立做剖腹产手术，有的能做较为复杂的子宫切除手术。看着大家逐渐成长，我感到非常欣慰。我相信，在不久的将来，这里的每一位医生都能独当一面，从而真正留下一支带不走的医疗队。

仲 永
Zhong Yong

【人物小传】

仲永，1970年1月3日出生，山东邹城人，中共党员，徐州中心医院普外科主任医师、江苏省第28期援桑给巴尔医疗队普外科医师。2018年6月—2019年6月，在桑给巴尔中国医疗队微创外科中心工作。

温情后盾者说——援非医疗队

斯忆当初，援桑初选，是去是留，左右两难。叹妻大义，挺赞使然；金陵集训，离家渐远。椿萱子女，唯付其揽。每每回家，时时疚感；拳拳帮衬，屡屡添乱；来去慌心，家起漪涟。适儿中考，理想未圆；数次哽咽，何如迟远？行期渐至，不忍互看。顾全大局，挥泪送饯。队员远赴，妻挑重担；上赡父母，下顾子男；家务俱包，工作尤严。尊幼稍恙，肩宽胜男；夜寂湿枕，昼撑笑脸；偶有烦事，避而不谈。殷殷联系，铮铮平安；关心备至，问食问暖；非洲多疫，时嘱危安。偶有异出，万里线牵。事无巨细，此处万言！

壮兮！援外者家之后盾——温情金盾耶！其温能使数九寒雪日及即化，怡情可让胜火骄阳易行弧线！金盾之坚，固后防，安军心，暖胸间，虽倾世间书莫可名状矣！今援事过半，夜深思乡，故为是说。一寄远游者之慰，再壮援外人之志焉！

张俊杰
Zhang Junjie

【人物小传】

张俊杰，1972年10月27日出生，河南洛阳人，徐州市中心医院泌尿外科主任医师、江苏省第28期援桑给巴尔医疗队泌尿外科医师。2018年6月—2019年6月，在桑给巴尔中国医疗队微创外科中心工作。

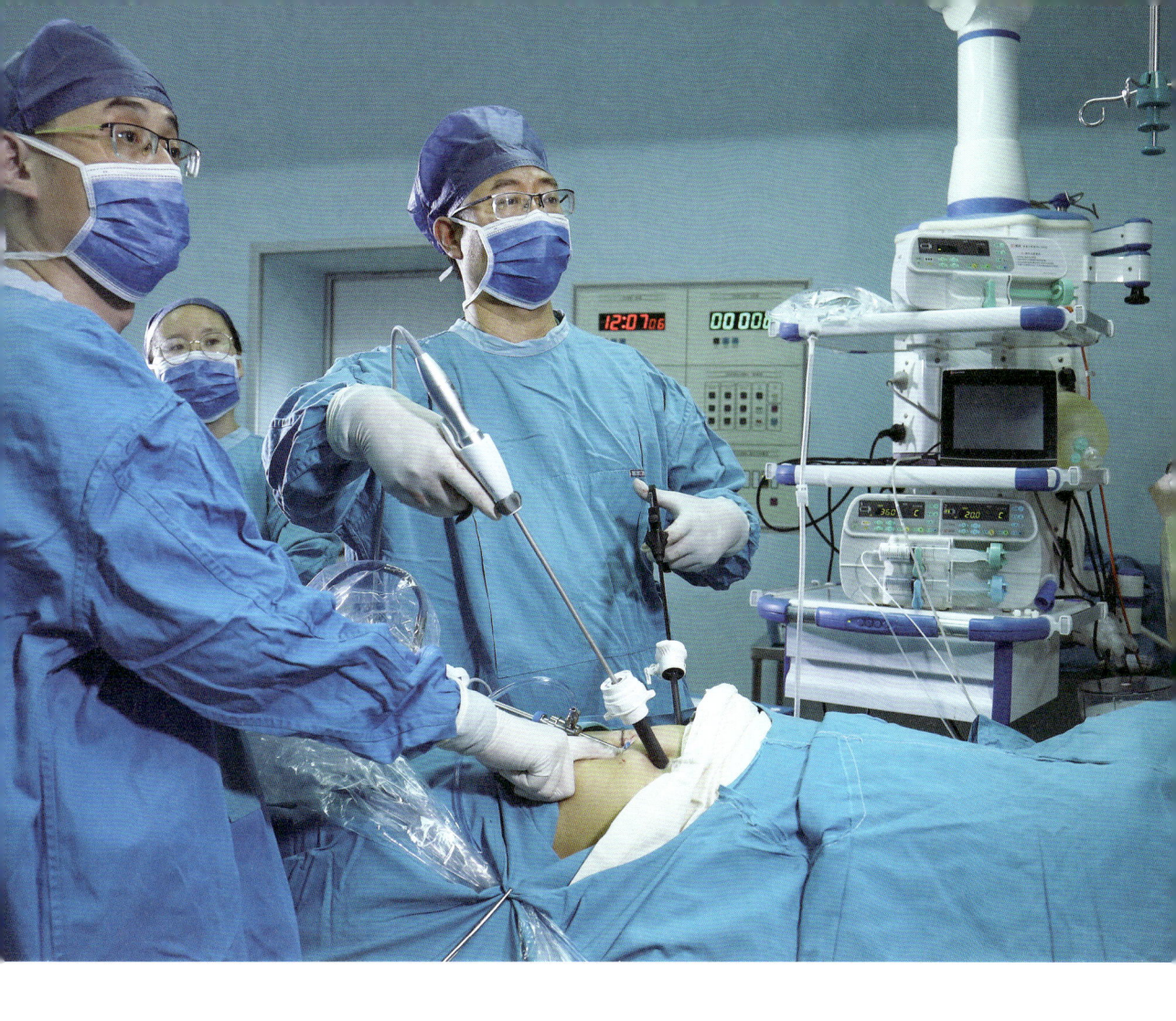

为了老人的未来

援外期间，诊室来了一位尿路结石伴积水的老人，经过我仔细问诊，得知这位老人先后在印度、巴基斯坦、坦桑尼亚大陆等多家医院就诊，多位医生也都建议其采取手术取石治疗，但由于老人不愿意做手术，因而采用保守治疗至今。随着病情不断加重，老人找到了中国医疗队，希望中国医生能为他做手术。我为他做了详尽的术前检查，诊断其为：慢性肾功能不全（尿毒症期）、右肾输尿管多发结石伴重度积水、右侧脓肾、左肾萎缩。尽管诊断结果出来了，我还有一种说不出的感觉，单纯结石是不会出现双侧肾脏都出现病变的，这个病人会不会还有先天性的肾脏发育不全？带着这样的疑虑，我走上手术台。打开患者的腹腔，发现他是一个右侧重复肾患者、还伴有输尿管畸形、右脓肾、多发结石。我的医助见此复杂情况后，说："做肾切除吧！"我说："这个病人左肾已经萎缩了，再把他的右肾切除，那他就没有肾功能了。"这种先天性重复肾发育畸形很少见，当地医生根本没见过这种疾病，更别说如何手术了。在当地医生的配合下，我为他做了右侧副肾切除和右侧输尿管搭桥术，这样一来，患者右肾的尿液就可以顺利排入膀胱了。目前患者已康复出院，肾功能较手术前明显改善，患者和他的家人对中国医生表达了深深的感激之情。

陶 巍

Tao Wei

【人物小传】

陶巍，1978年12月11日出生，黑龙江大庆人，中共党员，徐州中心医院妇产科副主任医师、江苏省第28期援桑给巴尔医疗队妇产科医师。2018年6月—2019年6月，在桑给巴尔中国医疗队微创外科中心工作。

带伤上手术台

因赴偏远地区义诊时道路崎岖不平，拎着药物箱的我，不慎扭伤了右侧脚踝。回到基地后，队友们让我休息，但第二天手术已排满，如果停掉了这些手术，意味着这些患者可能要再等很久。我来到手术室，一天上台 10 个小时，共计完成 6 台手术，做完手术后夜已深，而我的整个脚踝已肿得像个大馒头。请国内专家远程会诊后，我的脚伤被确诊为韧带损伤，需要制动 3 个月。

"3 个月？"我笑了笑，未再多言。这 3 个月我每天都会去医院为患者看病，去妇产科手术室做手术，甚至夜间急诊，我也仍然赶往医院。队友们劝我："脚都肿成这样了，就不要去了。"我笑笑说："我被制动的是脚，不是手，桑给巴尔的病人们耽误不起啊！"在场的队员们不禁潸然泪下！我说："我脚踝受伤的情况，科室的当地同事都知道，但夜间他们仍然给我打电话，说明他们面对的情况一定是让他们束手无策的，如果我不去，放弃的可能就是一条鲜活的生命！我的内心无法容忍这样的情况发生。为了桑岛人民，我付出一点痛苦还是能忍受的！"说完这句话，我毅然登上了医院来接我的急救车。警笛嘶吼，呼啸而去。在手术中，为了减缓右侧脚踝的压力，我把右侧小腿半跪在凳子上继续手术，在场的桑岛医生感动得说不出话来。

杨小冬
Yang Xiaodong

【人物小传】

杨小冬，1978年7月3日出生，江苏泰州人，中共党员，江苏省人民医院普外科主任医师、江苏省第29期援桑给巴尔医疗队队长、普外科医师。2019年6月—2020年9月，在桑给巴尔中国医疗队微创外科中心工作。

卫生部长的中国医疗队情结

跟桑给巴尔卫生部长哈马德相识，源于新老队员交接时。

第28期援桑给巴尔医疗队队长和翻译带领我去拜访部长先生，我们在没有预约的情况下，非常顺利地见到了卫生部长哈马德，那次见面我们相谈甚欢。我们的第二次见面是在卫生部的招待会上，卫生部长给老队员授勋，哈马德先生邀请我到主席台就座。第三次见面，是在中国驻桑给巴尔领事馆的招待会上，部长先生幽默地说：只有杨队长可以不需预约，直接到办公室找我，其他人见我都得预约。后来部长有事，都是直接跟我联系。无论他哥哥生病会诊，还是熟人看病，都是直接找中国医生，部长说过："我只相信中国医生。"这是多年以来医疗队前辈们为中国和中国医疗队赢得的信任，我们新的医疗队要对得起这份信任。

第四次见面，相距老远，哈马德部长就认出我来，并积极上来打招呼。寒暄之后，我讲这几天已经做了好几台急诊手术，今天也是刚从一台急诊手术上下来。部长很惊讶，

怎么就做了一台啊？言下之意，感觉有一种没有把中国医生用到极致的不甘。我抱怨说，由于医院没有氧气，好多手术做不了，已经积累了许多等待手术的患者了。哈马德先生先是道歉，后说今天来医院就是解决氧气问题的，要为大家做好后勤工作，为大家创造更好的条件进行手术。我们一听，双方欢快地大笑起来。

陶 俊
Tao Jun

【人物小传】

陶俊,1980年1月31日出生,江苏南京人,江苏省人民医院泌尿外科主任医师、江苏省第29期援桑给巴尔医疗队泌尿外科医师。2019年6月—2020年9月,在桑给巴尔中国医疗队微创外科中心工作。

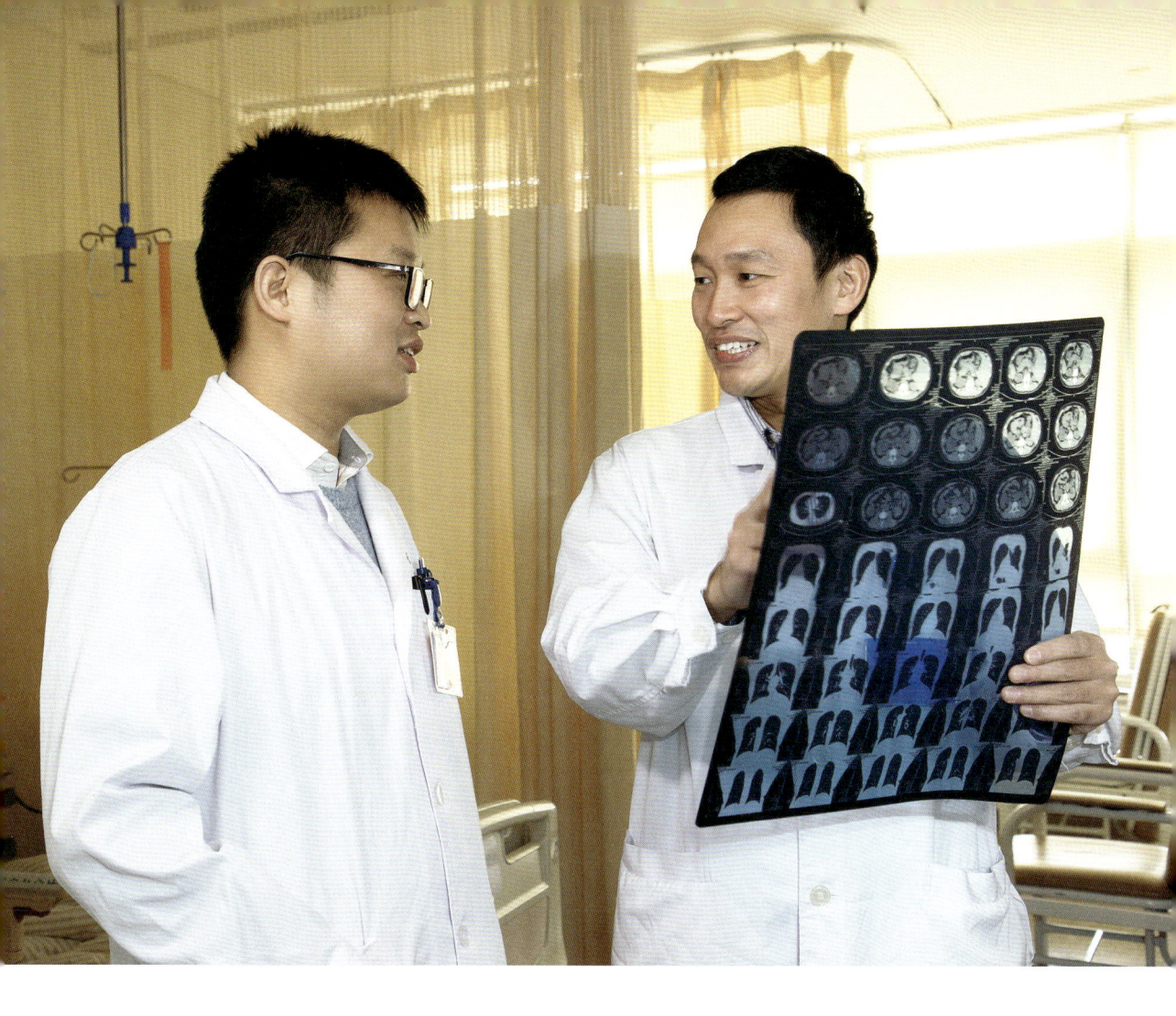

接过接力棒

7月8日星期一，前任队友带领我来到纳兹摩加医院实地交接。今天是星期一，是我们泌尿外科的手术日，前任队友带我完成了我在桑岛的首次手术，分别是前列腺电切和耻骨上前列腺剜出。前者手术我在国内已熟练掌握，但这里的电切镜条件非常糟糕，做起来非常吃力，但可以勉强完成。耻骨上前列腺剜出手术在我们这一代医生中，会做的几乎为零。在前任队友的指导下，我较快地掌握了此手术的要点。

前任队友是兼职司机，知道我是车辆管理员后，主动邀请我观摩学习开车。车辆交接过程顺利，证照基本齐全，保险凭证完整。房间交接是按专业对口交接，前任队友做事仔细，房间布置井井有条，室内打扫得干干净净。从工作、生活，到做人待物，我们进行了深入交流。尤其是对电话卡、网络密码、钥匙等，都留下文字、照片，反复交代，令我深受感动。感谢28期援桑给巴尔医疗队的队长和全体队友，特别感谢我的前任泌尿外科医生，感谢桑给巴尔卫生部和纳兹摩加医院，对未来一年，我满怀欣喜！

罗成燕

Luo Chengyan

【人物小传】

罗成燕，1974年8月20日出生，四川梁平人，江苏省人民医院妇产科主任医师、江苏省第29期援桑给巴尔医疗队妇产科医师。2019年6月—2020年9月，在桑给巴尔中国医疗队微创外科中心工作。

一个充实而暖心的中国医师节

2019年8月18日，中国医师节的前夕，全体队员一清早就带上饼干、面包、矿泉水，还有药品和医疗器械，7:30准时出发，经过1小时的颠簸，来到桑给巴尔岛南端的乌古贾乌库一个乡村医院为当地人进行义诊，送医送药。来我妇产科就诊的患者，自怀孕开始就基本没有去过医院、没做过妇科检查，更没有做过B超，可是大部分患者的病情较复杂，仅凭病史没法给出诊断和处理意见。看见患者期待的眼神，我不得不使这次义诊成了一次名副其实的疑难门诊。妇科检查后就为患者分析病情、书写病例、给出诊断和建议；此外，需要药物的就给予相应药物治疗，直到患者满意地离开。就这样，每个患者的诊疗过程至少需要20分钟。4个多小时下来，我一刻不停地忙碌着，忘记了喝水，忘记了上厕所，更别提午饭了……中央电视台驻东非记者站的记者们也全程陪同我们，进行全程直播。正在我忙碌地诊治病人时，国内的亲人、同事看到了我们的直播，纷纷给我发来微信、语音；看到我们的医疗环境后，医院领导、科室领导，还有科主任都表示要给我们邮寄医疗器械，我的内心充满了温暖。义诊结束了，但是留给当地老百姓的是健康，是对我们中国医生的信任，是中坦两国之间的友谊，这让我的心更加温暖。

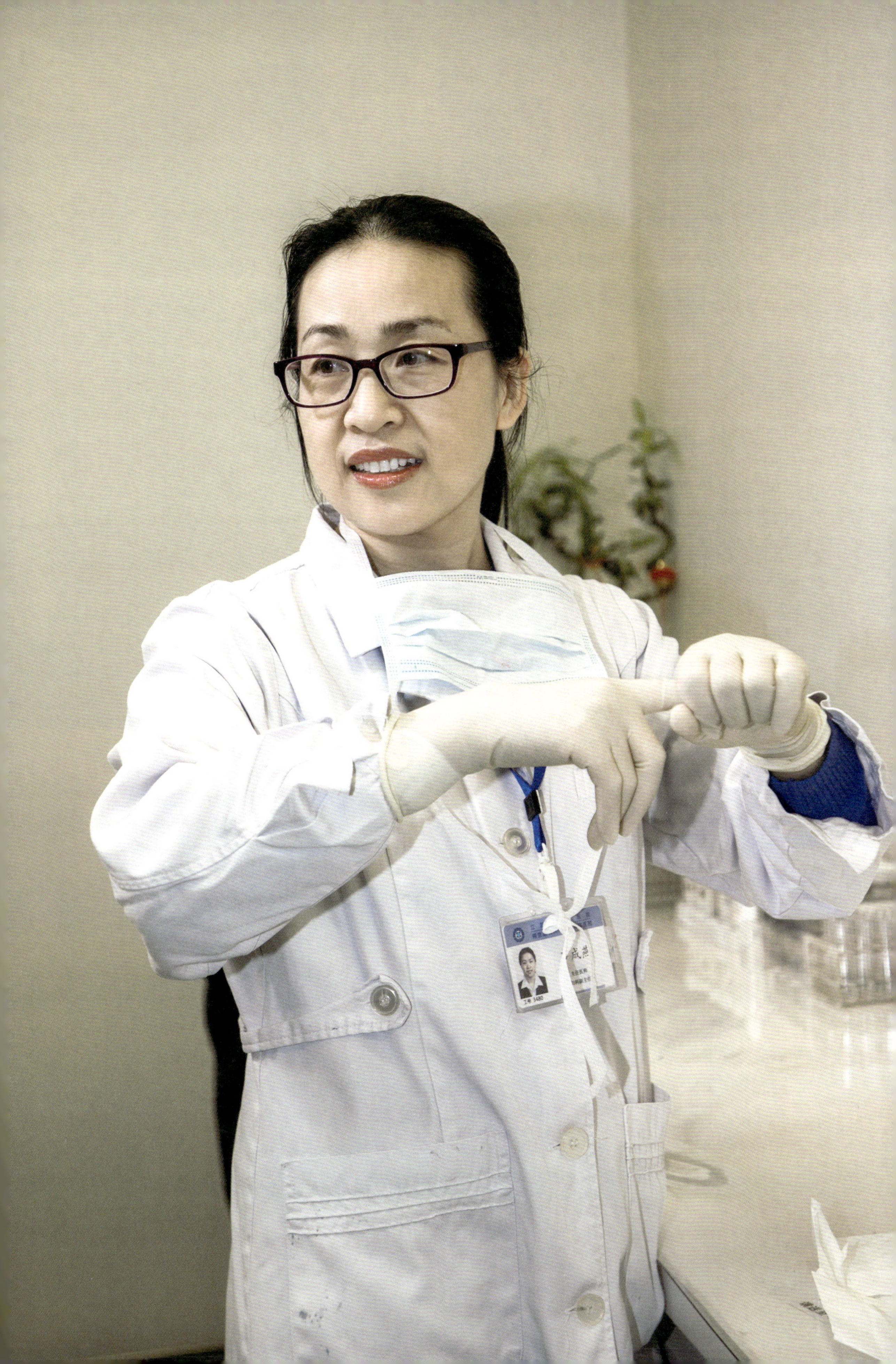

第五章

笑靥如初

桑给巴尔中国医疗队微笑中心

拥有笑容，即拥有尊严。
此刻的笑容是世界上最珍贵的礼物。

微笑，是人与人之间交往的最短距离，微笑也是人类最美丽的表情。然而，在这个世界上却有很多人无法表达他们的微笑，那就是唇腭裂患者。桑给巴尔因为经济社会发展比较落后，基本医疗条件缺乏，老百姓就医非常困难，尤其是唇腭裂患者。在这些患者中，最常见的是先天性面部畸形，不仅严重损坏了患者的容貌，大部分的患儿甚至不能正常吸吮、吃饭或者说话。2011年初，江苏省卫生厅为进一步加强双方在颌面外科的专科发展，经调研和筹备，通过两年的努力，2012年12月21日，"桑给巴尔中国医疗队微笑中心"正式揭牌。

多年来，"桑给巴尔中国医疗队微笑中心"共完成唇腭裂及颌面部、头颈部常规手术上千台，为无数桑给巴尔患者带来欢笑，重新给予了他们新的人生。瑞典口腔医学专家在观看中国医疗队微笑中心手术后说："你们做得非常好！为桑给巴尔人民带来了越来越多的欢笑！"

▲ 桑给巴尔纳兹摩加医院

▲ 2012年12月21日，桑给巴尔中国医疗队微笑中心揭牌

万林忠

Wan Linzhong

【人物小传】

　　万林忠，1962年4月27日出生，江苏无锡人，中共党员，江苏省口腔医院口腔颌面外科主任医师、江苏省第20期援桑给巴尔医疗队口腔颌面外科医生。2003年7月—2005年6月，在桑给巴尔工作。2011年初，参与桑给巴尔中国医疗队微笑中心项目筹备工作。2015年12月14日，作为江苏省援外医疗队支撑专家赴桑给巴尔讲学及手术演示。

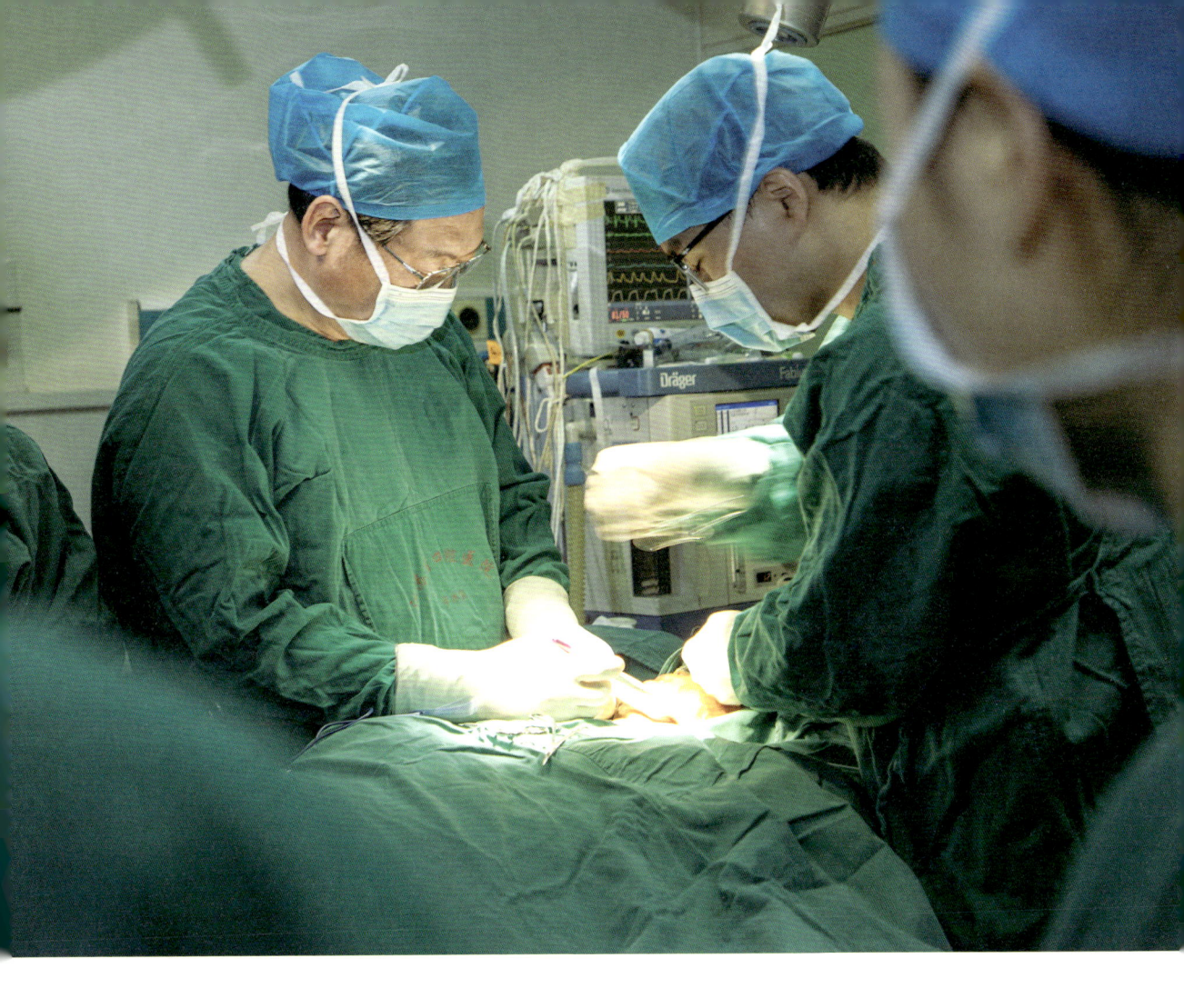

重返桑岛情谊深

这是第二次踏上桑岛的土地了。

闻着丁香花的香味，万林忠又想起12年前来到桑岛时的情景。2015年12月14日，江苏省口腔医院口腔颌面外科万林忠主任作为江苏省援外医疗队支撑专家赴桑给巴尔讲学及手术演示。

万林忠主任重返桑给巴尔，除完成查房、门诊和手术外，还与当地医院口腔科医生讲述了当年在这里工作的经历，介绍了2011年参与筹建"微笑（唇腭裂）中心"的工作。望着"微笑中心"里熟悉的场景，他激动地说："能为桑给巴尔人民带来微笑，是我们中国医生的最大心愿！"

万林忠在中心作了"口腔颌面外科先进技术"的讲座，充分展示了江苏省口腔医院口腔颌面外科在创伤、肿瘤与修复、唇腭裂和正颌外科领域的先进技术与水平，进一步扩大了中国医疗队在当地的影响力。

李 明

Li Ming

【人物小传】

李明，1972年1月2日出生，江苏新沂人，中共党员，江苏省口腔医院口腔颌面外科主任医师、江苏省第23期援桑给巴尔医疗队口腔颌面外科医生。2009年6月—2011年6月，在桑给巴尔工作。工作期间，为中国医疗队微笑中心的启动做了大量调研工作。

生病的时刻

真没想到疟疾来得这么快，头一天下午还好好的，还和队友一起打球，第二天我就倒下了。从没想到过1.8米的身躯被用显微镜才能看到疟原虫折磨会是什么样的感觉。到了班上，处理了几个患者后，我便实在坚持不住了。回到办公室我就躺下了，一直躺到下班。这期间觉得症状加重了，头痛得像要裂开一样，浑身肌肉和关节酸痛，没有力量。中午回到驻地，我又吃了一片感冒药，本来喜欢吃的菜，没吃几口就吃不下去了。吃饭的时候，队友怀疑我得疟疾了，劝我不要拖，抓紧吃抗疟的药。队友帮我拿了药。我想再躺一躺，到晚上如果症状没有减轻，我就吃抗疟的药。迷迷糊糊地睡了一个下午，一直到6点多，症状没有减轻。这期间还间歇地感到畏寒。晚饭后，我抓紧吃下抗疟药。半夜，我发烧烧醒了，口干舌燥。自己撑着起来的第一件事就是喝水，一杯水喝下去，好像没什么作用，便再喝一杯。喝完水后，本来想立刻上床的，可是觉得身上要出汗了，于是，就坐在椅子上。过了一会儿，汗出来了，感觉身上轻松了很多。我用干毛巾擦了擦，又上床了。早上，我被送水的黑人朋友的敲门声叫醒。起床后，我感觉头痛好了很多，

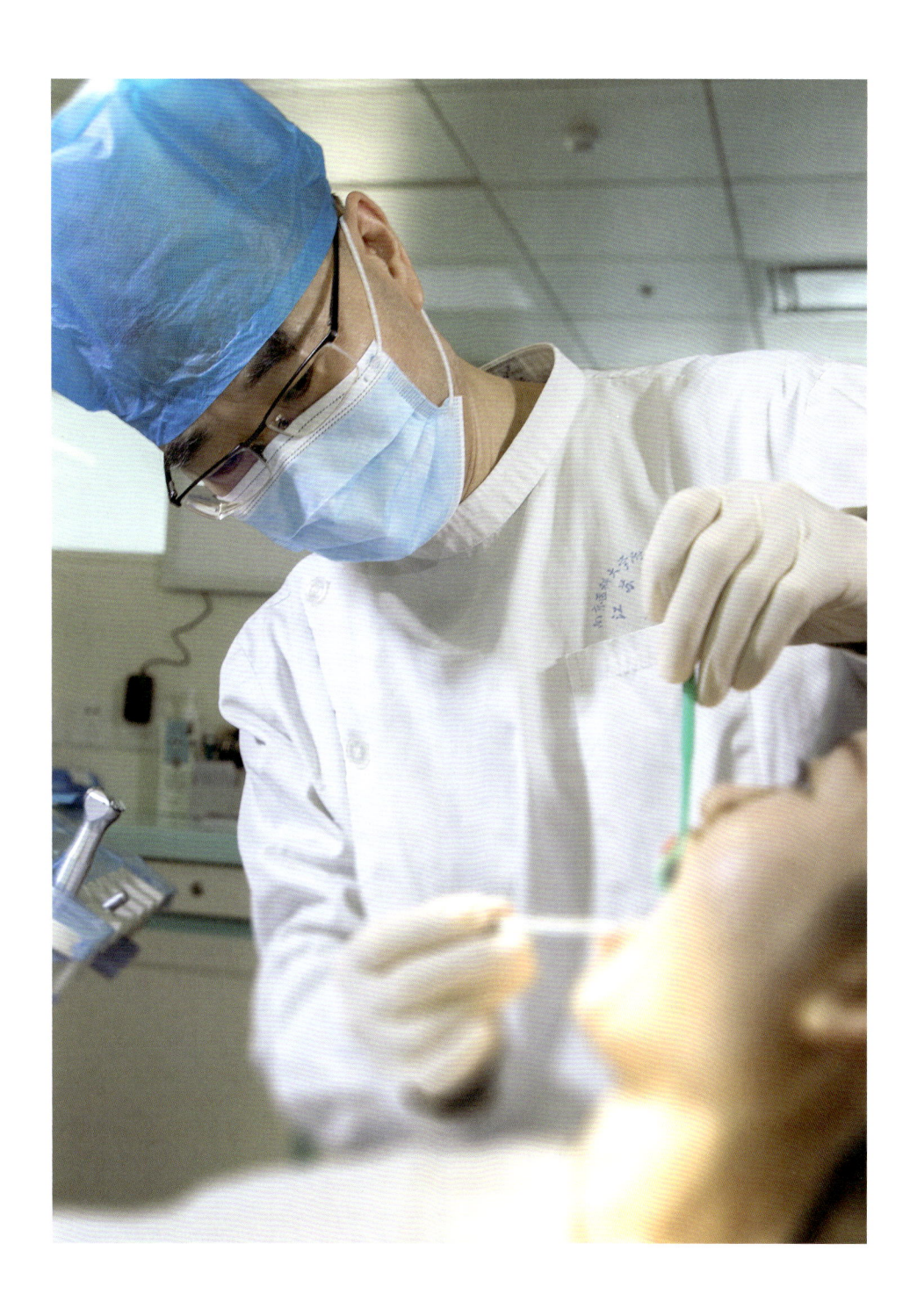

尽管还有一点，但比起前一天是好得不能再好了，只是浑身还是酸痛，但精神比前一天好多了……都说出门在外，最怕的就是生病，没想到这让我摊上了。但是队友们在我生病的时候，都尽其所能地关心和问候，让我感受到了大家庭的温暖。

李怀奇

Li Huaiqi

【人物小传】

　　李怀奇，1977年12月31日出生，山东潍坊人，江苏省口腔医院口腔颌面外科副主任医生、江苏省第24期援桑给巴尔医疗队口腔颌面外科医生。2011年6月—2013年6月，在桑给巴尔中国医疗队微笑中心工作。

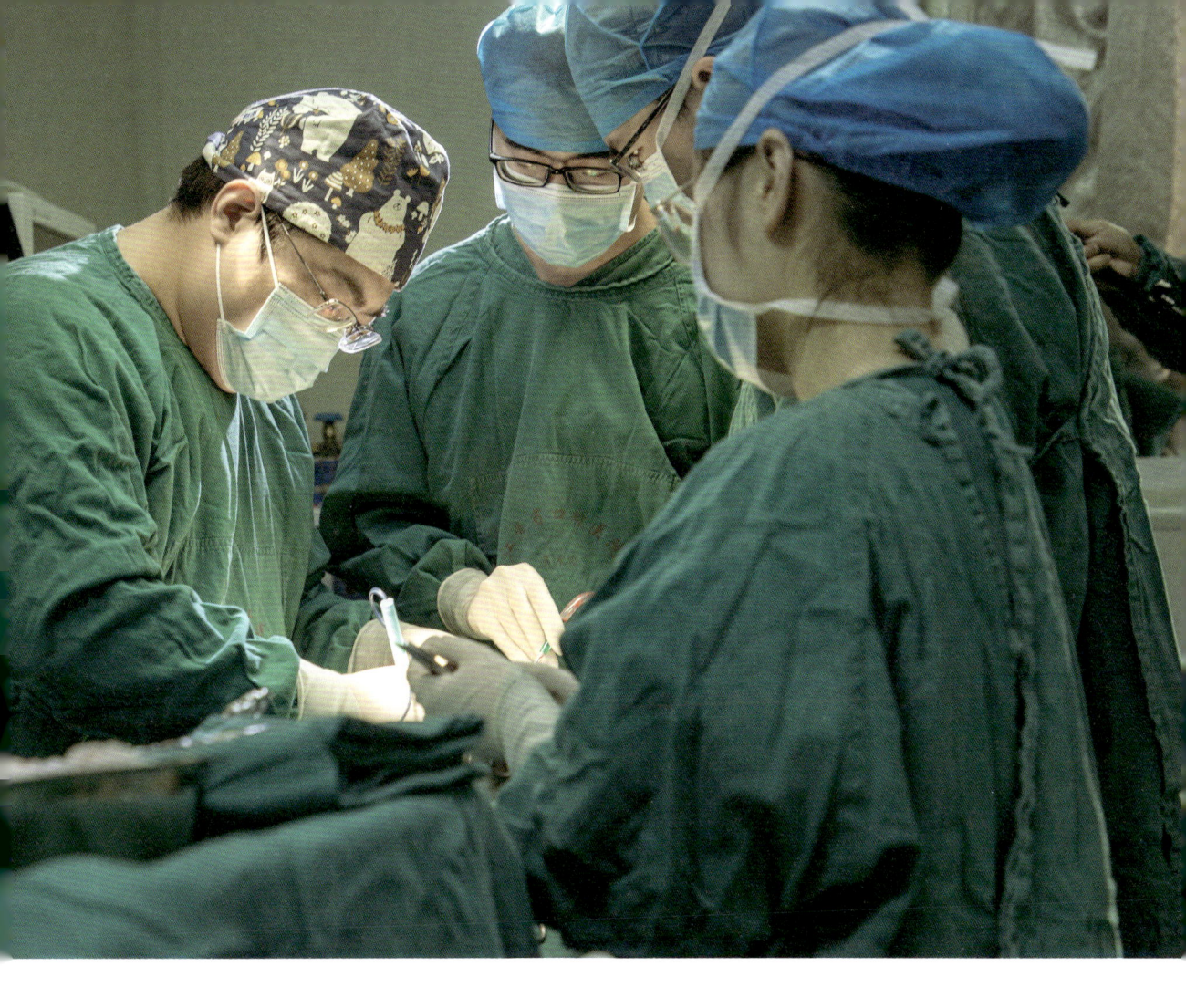

无尽的思念和牵挂

　　突然间，想去海边走走，看看海边的风起云涌、潮起潮落，听听朵朵浪花拍打海岸的声音，这是家属探亲回国后第二天的傍晚。我自己一个人在海边漫无边际地走着，回味着亲人在这短暂的20天探亲期间所带来的那些欢声笑语，那些难忘的、温馨的、感人的瞬间。仿佛就在昨天，亲人来到了桑岛，我清晰地记得在机场见到女儿第一眼的瞬间，我的泪水夺眶而出，这是久别重逢的欣喜，更是思念与牵挂化成的珍珠。经过了短暂而幸福甜蜜的家庭团圆后，又是在昨天，我们送别了亲人，继续着自己的援外之路。夜里，桑给巴尔下起了久违的雨。白日的喧嚣归于平静，望着窗外那下个不停的绵绵细雨，我的心也有些迷茫，我知道，是一种淡淡的思念和牵挂弥漫了整个心房。夜深了，我却没有丝毫的睡意，只能任由孤单将自己淹没。淡淡的相思挤满了心房，柔柔的牵挂充满了爱恋。这时候，我的脑海中显现出的都是女儿可爱而调皮的眼睛，还有爱人那瘦弱而坚强的肩膀。嘿嘿，自己真傻。原来自己并不是睡不着，是固执的不想睡。此时，面对窗外屋檐下那滴落下的雨滴，我的心中涌起了对家人的无限思念和牵挂。这是一杯浓郁的感情琼浆，是一句依依惜别的殷切祝福，是一份亲情、一缕相思，更是一种幸福。

刘华联

Liu Hualian

【人物小传】

刘华联，1983年10月20日出生，安徽阜阳人，中共党员，常州市第一人民医院口腔颌面外科副主任医师、江苏省第25期援桑给巴尔医疗队口腔颌面外科医师。2013年6月—2015年6月，在桑给巴尔中国医疗队微笑中心工作。

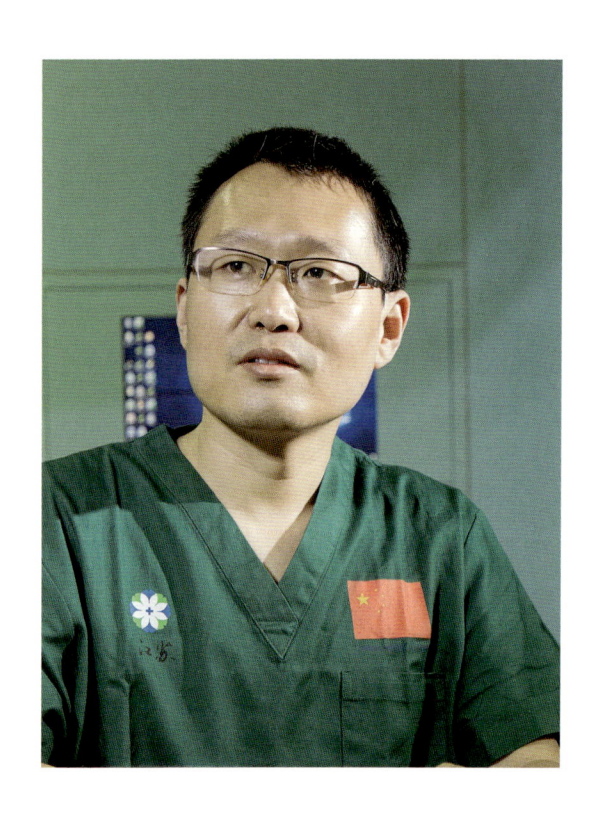

不可磨灭的足迹

桑给巴尔纳兹摩加医院是当地最大的公立医院，也是一所临床教学医院。我在中国医疗队微笑中心工作期间，除临床工作外，还受邀担任当地健康学院的客座讲师，主要负责口腔囊肿和肿瘤的课程教学，但学校里竟然没有口腔外科的教材。我想为当地口腔颌面外科基础教育做点贡献，编写一部适合桑给巴尔医疗现状的口腔科教材的想法，得到各方赞许。虽知不易，但为了让两年的援桑医疗生涯不留遗憾，我还是决定独自编写"口腔颌面外科"教材。于是，白天看门诊、做手术、带教实习生、医学院授课，晚上准备授课PPT、编写教材基本成了我援非生活的全部内容。一年多的日子就这样一天天过去了，累并充实着。经过近500个日日夜夜的努力，在队长及队员们的帮助下，英文版"口腔颌面外科"教材终于完成了。当我带着"口腔颌面外科"英文教材拜访校长时，校方异常兴奋和激动，为我举办了一个盛大的"捐赠仪式"，隆重的仪式超出了我的想象，这也算是对得起我这500多个日日夜夜，也最终让我不留遗憾地圆了我的"援非梦"。非洲，我来过；桑给巴尔，我奉献过。这里留下了医疗队不可磨灭的记忆和永恒的足迹。

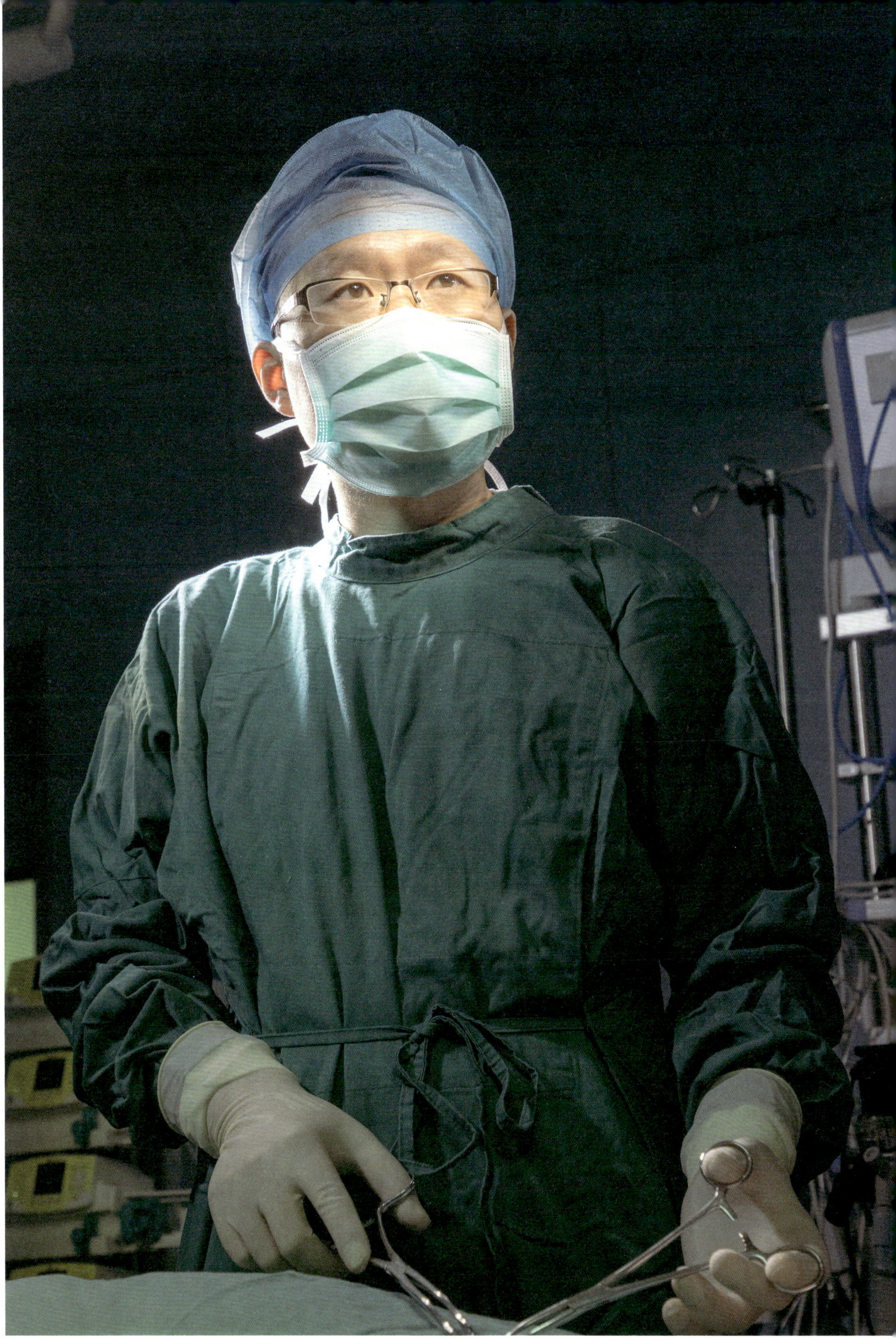

董 武

Dong Wu

【人物小传】

董武，1982年9月22日出生，江苏无锡人，中共党员，无锡市人民医院口腔颌面外科副主任医师、江苏省第26期援桑给巴尔医疗队口腔颌面外科医师。2015年6月—2017年6月，在桑给巴尔中国医疗队微笑中心工作。

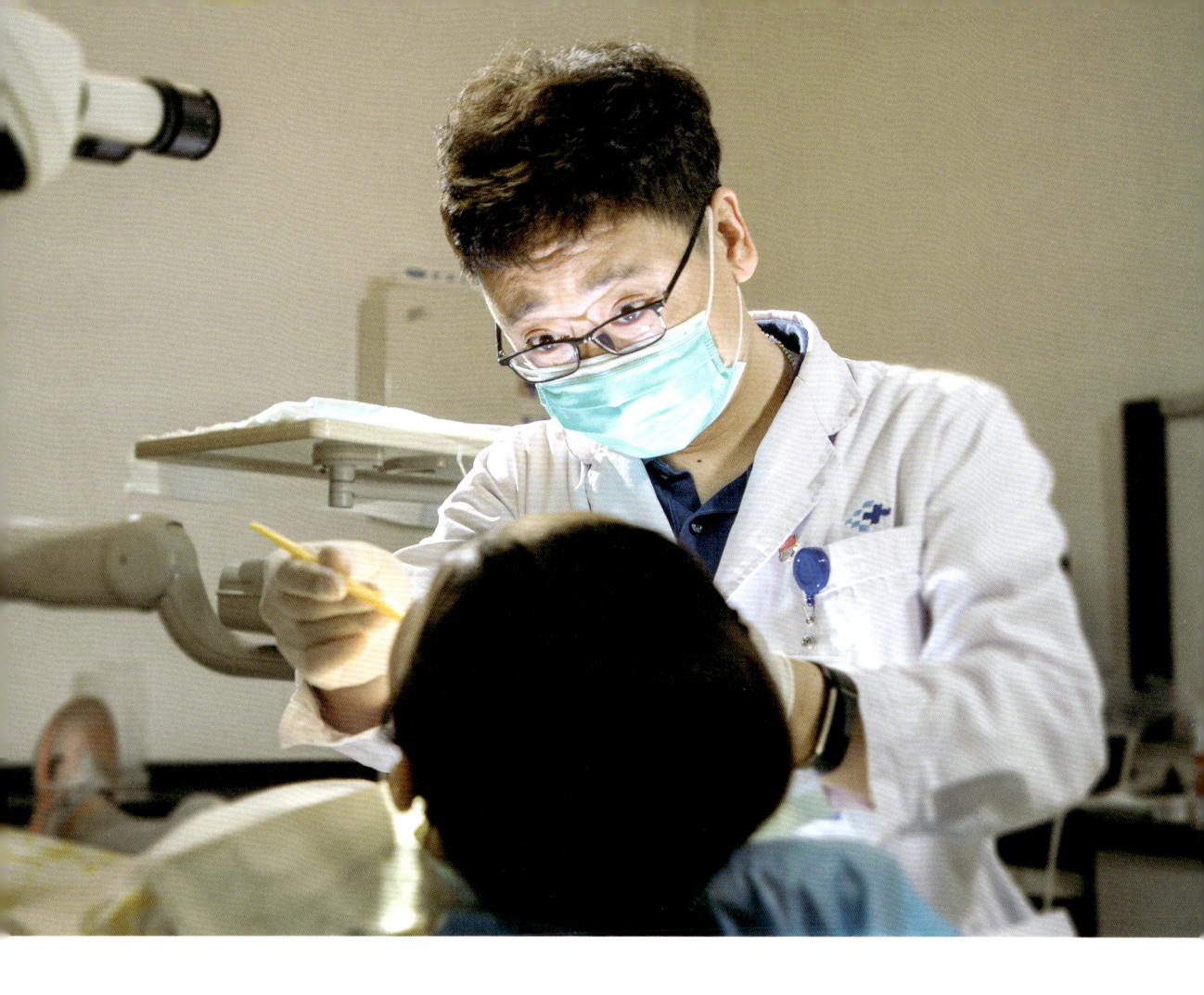

桑给巴尔的"康祖"

就要离开桑岛了,在有限的时间里,我总想着能带些特别的纪念品回去。

看着石头城里的各种小纪念品,得知大多是中国制造,也就有些意兴阑珊。然而有样东西却让我时刻惦记着,那就是东非男子穿的白色长袍子"康祖"(kanzu),每逢当地节日和喜庆的日子,当地人都会换上此类服装。我感觉这很特别,便想买套"康祖"穿着试试,但考虑到文化的差异,一直没有落实。在询问过当地医生后,得知这类服装的穿戴并没有过多禁忌,于是,我和东晓哥便决定"试下水"。在当地医生朋友的帮助下,我们找到了位于桑岛工业开发区的一家服装加工工厂,这家工厂专门做此类衣服。听经理一介绍,才发现这里还是一家高级私人定制工厂。挑布料、选颜色、定款式、量尺寸,好一顿忙活。了解以后才知道,简单的长袍子制作起来也并不简单,细节上也有很多变化,比如光衣服上的花边纹饰就有近百种,而且都是手工制作,我们这也算享受了"康祖"了。下好订单一周后,我们再次来到工厂,试穿、修改,3天后,我们的"康祖"总算到手了。也不知道回国后有没有机会穿出去走走,但可以肯定的是,看见这件"康祖",在桑给巴尔的这段美好回忆就会浮现眼前!

李 浩

Li Hao

【人物小传】

李浩，1978年11月20日出生，江苏东海人，南京市口腔医院口腔颌面外科副主任医师、江苏省第27期援桑给巴尔医疗队口腔颌面外科医生。2017年6月—2018年6月，在桑给巴尔中国医疗队微笑中心工作。

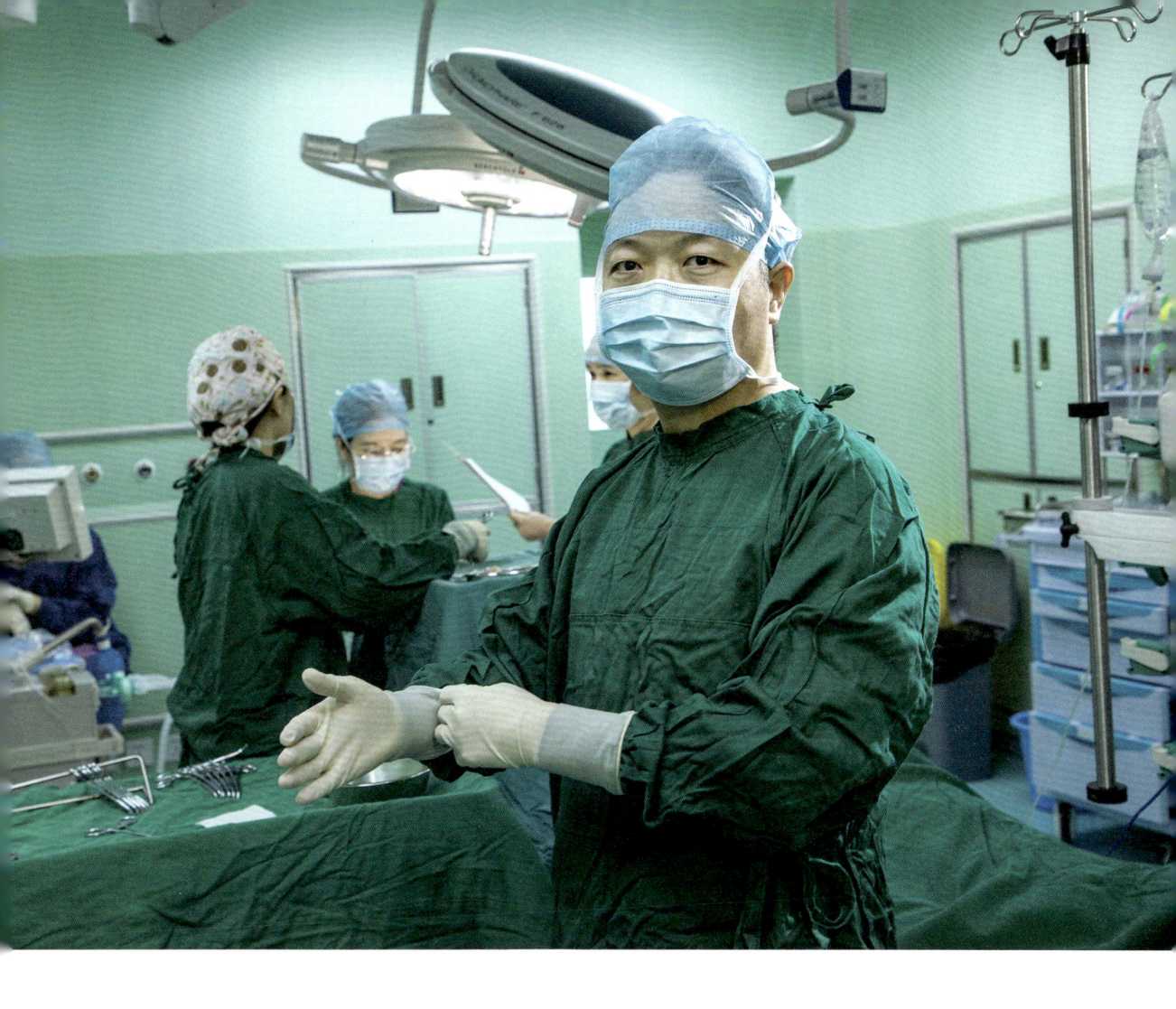

让孩子尽情欢笑

　　桑给巴尔婴幼儿先天性疾病的发生率非常高，唇、腭裂是仅次于先天性心脏病的先天性缺陷疾病之一，在桑给巴尔屡见不鲜。中国医疗队微笑中心在桑给巴尔纳兹摩加医院的建立，为我们颌面外科医生提供了非常先进的唇腭裂手术器械与材料，给了我们更多的信心和勇气去挑战和创新。一天，我的助手带来一个只有 8 个月大先天性左侧完全性唇裂的患儿，问我可以手术吗？我说可以啊！入院后，我仔细检查了患儿，决定采用华西梯式旋转下降法修复唇裂，这个方法是华西医院发明的，相比传统的唇裂修复组织切除少，矫正鼻小柱歪斜更好，人中嵴相似，上唇更美观。手术只用了 90 分钟便顺利结束。使用华西梯式旋转下降法修复唇裂，在桑给巴尔尚属首次。手术后，手术室的护士与麻醉医生争相拍照，大家都说："太漂亮了！"为患者带来微笑，是我们颌面外科医生最大的心愿！

郑 浩
Zheng Hao

【人物小传】

郑浩,1982年4月28日出生,湖北黄冈人,徐州中心医院口腔颌面外科副主任医师、江苏省第28期援桑给巴尔医疗队口腔外科医师。2018年6月—2019年6月,在桑给巴尔中国医疗队微笑中心工作。

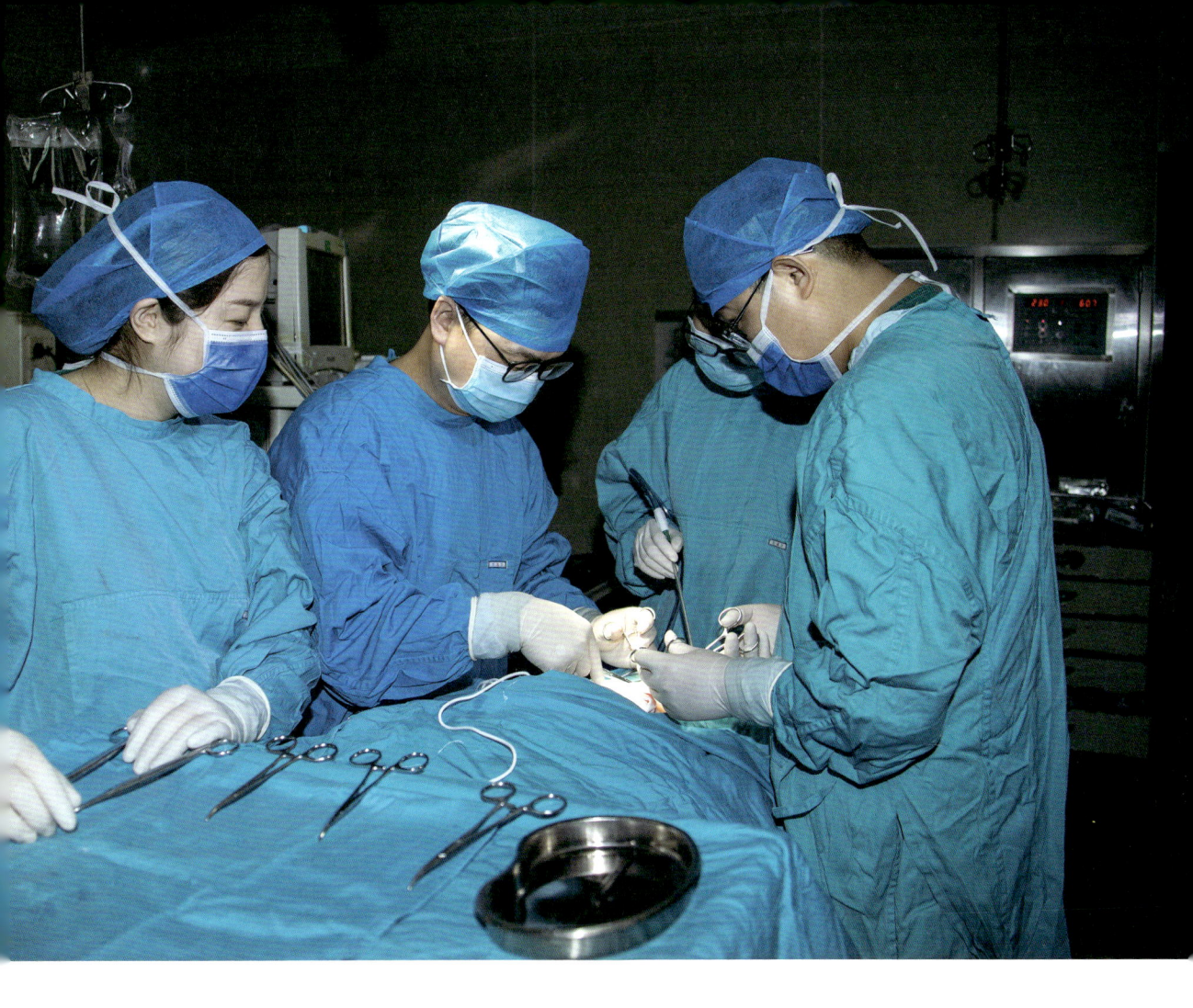

还你一副漂亮的面容

  这天，时间刚过晚上8点，一阵急促的电话铃声响起。"郑医生，有个小朋友的面部全被掀开了，我需要你的帮助！"9岁的非洲小姑娘乌咪遭遇了一场严重的车祸，车祸导致小乌咪整个面部从额头到上嘴唇，从皮肤到深层组织全部撕裂，整个面部像炸开了花，真的是面目全非。我看到病床上小女孩的整个头都被纱布团团包绕，厚厚的纱布已经被小乌咪的血湿透了，就知道情况不容乐观。我立即嘱咐助手伊迪，迅速安排全麻手术。尽早给孩子的面部血管止血才能挽救她的生命，尽快把肌肉复位并缝合，才能让孩子的脸保得住。4个半小时的手术，我选用小针和最细线，一点一点地清理、冲洗、缝合面部的每一块肌肉，从眼眶、鼻腔到上腭、上唇，依次实施修复重建手术，终于让小乌咪恢复了正常的容颜。手术结束时，一直跟在我身边参观学习的医生纷纷举起了大拇指：中国医生技术真棒！

  这就是我手上的功夫，被队友们戏称为"还你漂亮拳宗师"。

  "助健康之完美"已如一曲旋律，在我手下缓缓流淌，演奏成美丽之曲……

张继生
Zhang Jisheng

【人物小传】

张继生，1969年11月26日出生，江苏兴化人，江苏省人民医院口腔科主任医师、江苏省第29期援桑给巴尔医疗队口腔颌面外科医生。2019年6月—2020年9月，在桑给巴尔中国医疗队微笑中心工作。

"丁香之岛"的丁香

桑给巴尔是坦桑尼亚共和国的组成部分，这里盛产丁香，在2600多平方公里的土地上种植了500多万棵丁香树。其中面积约有980平方公里的奔巴岛上，生长着360万株丁香树。桑给巴尔丁香属于桃金娘科常绿乔木，因其花蕾细长如钉，气味芳香故而得名。丁香结蕾呈聚伞状花序，成熟后为鲜红或金黄色，含芳香挥发油，香气沁人心脾。丁香花开的季节，岛上的空气中就弥漫着浓浓的花香，因此桑给巴尔岛被称为世界上最香的岛，是名副其实的"丁香之岛"。丁香每年2月和8月可采摘两次，目前采摘丁香的方法仍沿用古老的梯子或徒手爬树采摘，这导致丁香收获季节期间，岛上高处跌落伤最多，尤以奔巴岛为甚，这也是我们援桑医疗队骨科医生被派驻在奔巴岛的原因。桑给巴尔的丁香不仅主要为香料植物，同时也是主要的药用植物。丁香是一种珍贵的药材，其性温、味辛，具有健胃降逆、祛风止痛的功能，临床上可以用来治疗呃逆、腹部胀痛、牙痛以及风湿性疼痛等。在中式烹饪中，丁香、八角、小茴香、桂皮、花椒合称"五香"。丁香赋予了桑给巴尔"世界丁香花园""香料之岛"等美誉，我们援桑医疗队员在这里的无私奉献给这里增加了另一种芳香，愿这里的医疗条件也早日如这片海岛般美丽，这也是我们一批又一批援桑给巴尔医疗队员努力与坚持的方向！

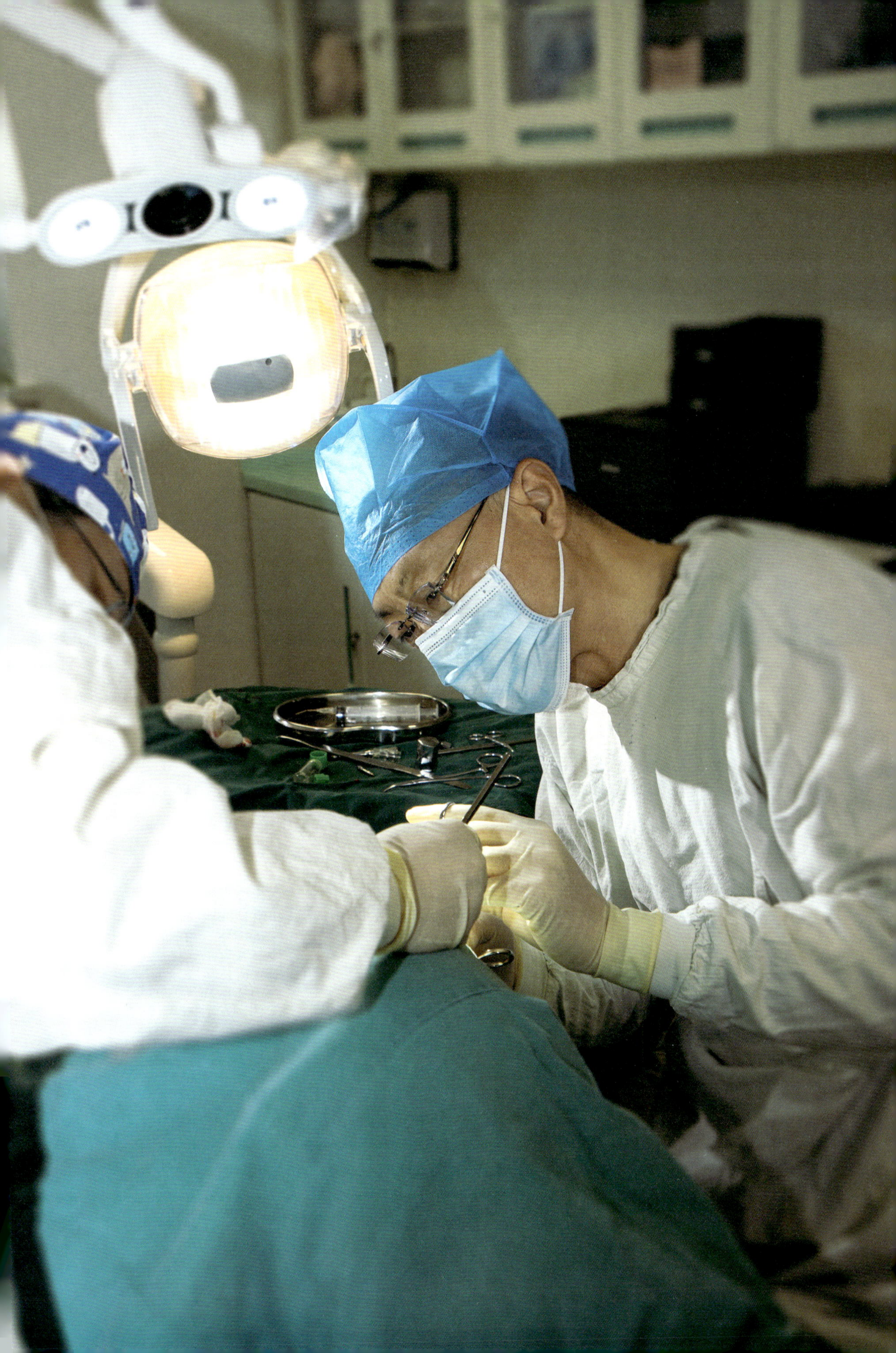

第六章

守望相助

桑给巴尔中国医疗队消化内镜中心

> 播种春天，静待花开。
> 花开，便是收获；绽放，便是力量。

桑给巴尔中国医疗队消化内镜中心在中国卫生部和桑给巴尔卫生部的共同关注下，于2013年12月5日在桑给巴尔纳兹摩加医院揭牌。多年来，中心共接待了5300多例不同患者，为他们在内镜下做了临床检查、诊断和治疗。消化内镜开展，填补了桑给巴尔消化内科的多项空白。桑给巴尔是世界上最贫困的地区之一，医疗卫生水平极不发达。此前，桑给巴尔需要做内镜患者，必须乘船或飞机去达累斯萨拉姆，这段路程的交通费用不是普通老百姓能负担得起的。因此，医疗中心的建立极大地方便了当地的患者。8年来，医疗队消化内镜中心开展了一系列消化道疾病诊断，带动了医院的学科建设和发展。

▲ 桑给巴尔纳兹摩加医院门诊

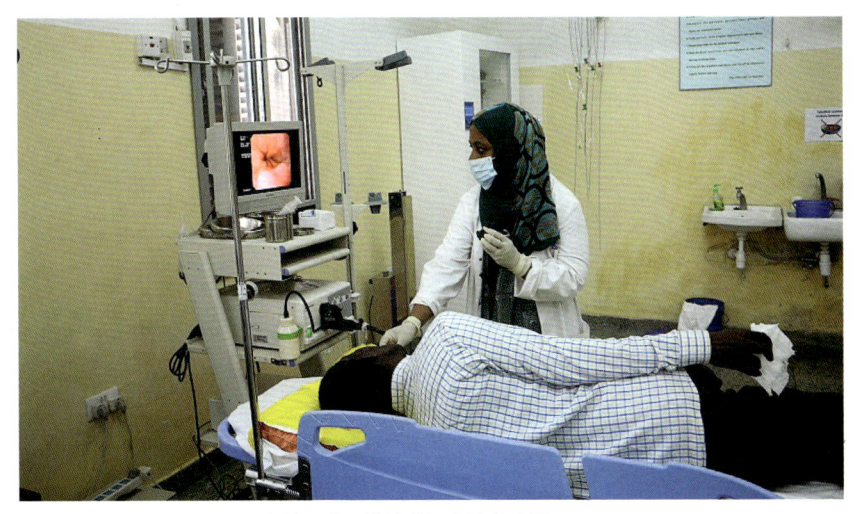

▲ 在中国医疗队指导下，当地医生已能独立操作消化内镜

孙克文
Sun Kewen

【人物小传】

孙克文，1972年5月5日出生，江苏常州人，中共党员，常州市第一人民医院消化内科主任医师、江苏省第25期援桑给巴尔医疗队消化内科医生。2013年6月—2015年6月，在桑给巴尔中国医疗队消化内镜中心工作。

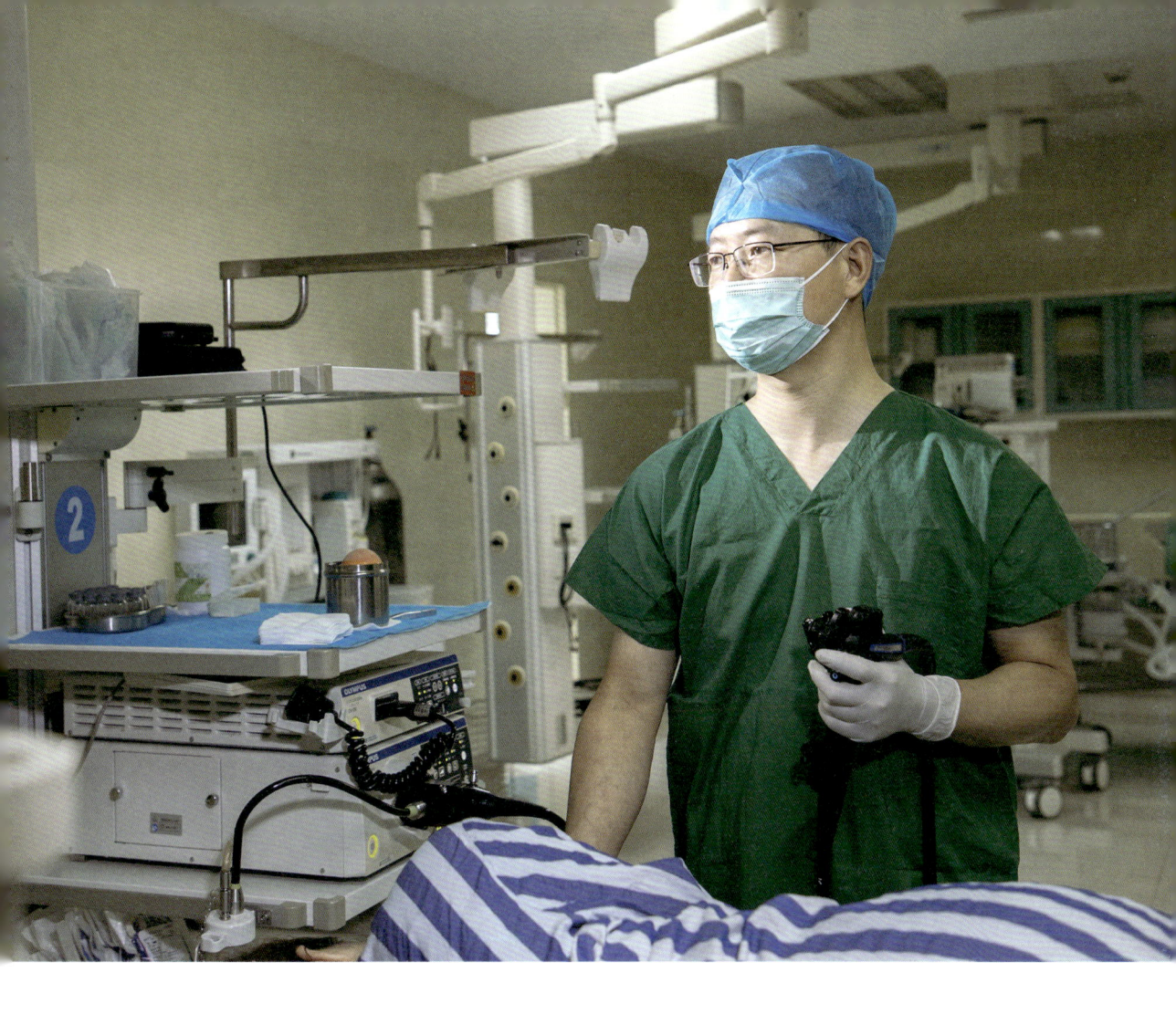

身兼数职的内镜医生

  为期两年的援桑给巴尔医疗任务即将结束,作为第 25 期医疗队消化科医生,我和队友们一起创建了中国医疗队消化内镜中心,治疗了大量的消化道疾病患者,提高了受援国医院消化专科的诊治水平。这一路走来,我真的好骄傲。我骄傲,我从一位普通医生转变成一个身兼数职的"全能者"。记得消化中心的物质设备抵达桑给巴尔港口时,没有人去海关清关,我就天天加班,学习海关申报程序,整理报关表格,当了一回"报关员";通关后,我到处联系车辆,从装货和卸货,我又做了一次"押运员";在内镜室的装修期间,我又做了一次"设计师"和"监工";在设备安装、调试期间,我当仁不让地做了一次"设备工程师";中心开业了,我既要做医生、器械护士,还要做老师。从晨会讲课、手把手教助手,到规章制度的建立、报告单模板的英文化、做标志牌,每一件事都要认真筹备,亲力亲为……在非洲办事不容易,每一件事都是一个故事,每个故事都有一份心血、一份汗水。

  桑给巴尔的消化内镜中心已经走上平稳运行的轨道,相信在中国医疗队和桑给巴尔当地医生的不懈进取下,明天会更好!

于 路
Yu Lu

【人物小传】

于路，1976年11月18日出生，江苏无锡人，无锡市人民医院内科主任医师、江苏省第26期援桑给巴尔医疗队消化科医生。2015年6月—2017年6月，在桑给巴尔中国医疗队消化内镜中心工作。

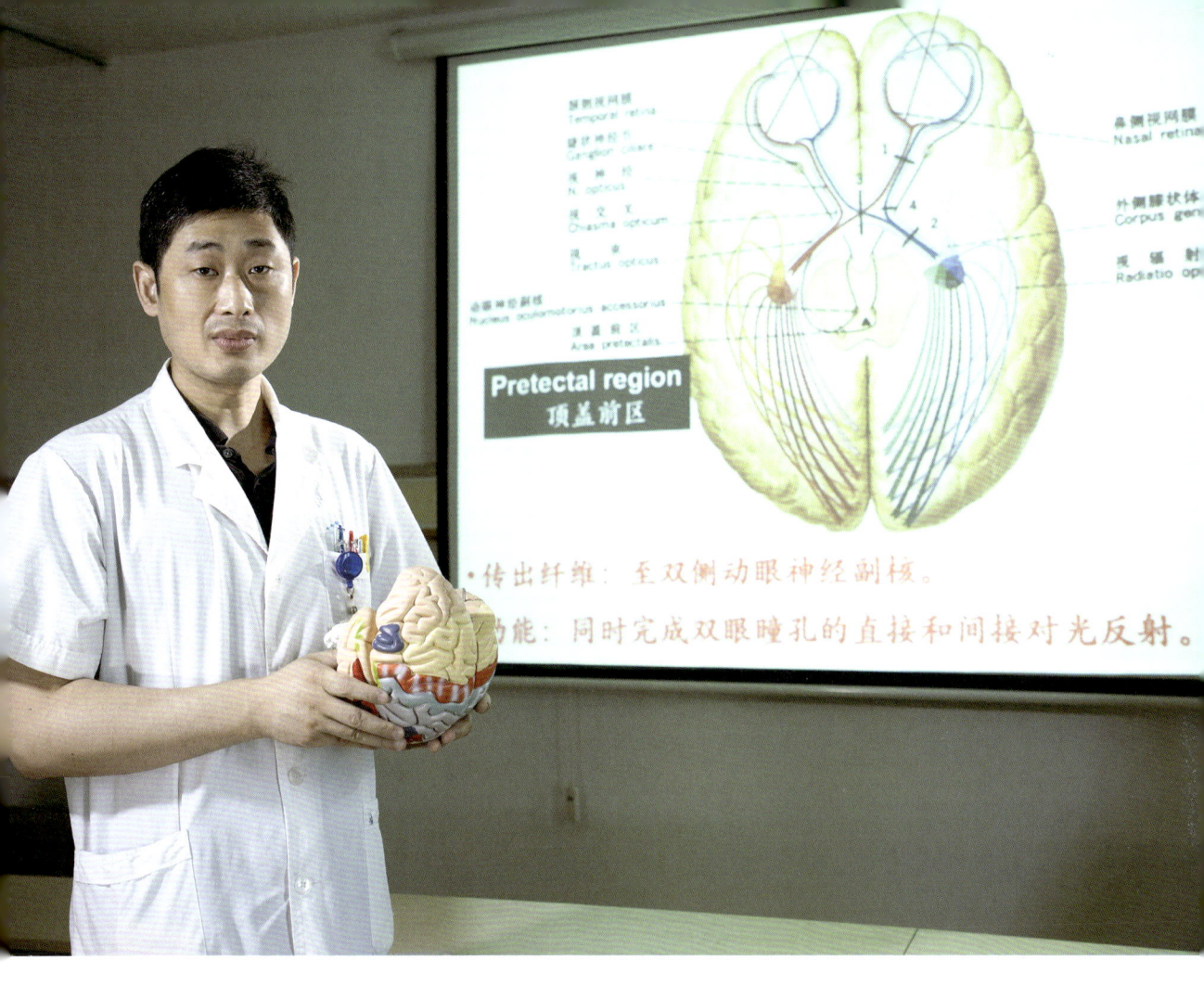

桑岛义诊之贾姆比亚尼村记事

经与当地卫生部安排,我们医疗队第四次下乡义诊的目的地定在桑岛东海岸的贾姆比亚尼村。这个村子远离交通主干道,极度贫穷,整个村庄建立在沙地上,紧邻着喧嚣的印度洋,海风肆虐,日照强烈。义诊地点安排在当地的一所小学教室里。这教室有窗框,但不见窗户,有门框却也不见门,教室里桌椅也都没有了,整个学校坐落在沙滩上。奇怪的是,整个教室虽然无门、无窗,却出奇的闷热,不动就已出汗,我们周围围满了当地妇女,她们都被黑纱、黑布裹得严严实实,看着更热。针灸科医生除了动嘴,还要"动手",为患者做针灸治疗,因此,每当做完治疗,简直就是个"出水芙蓉",真担心他会中暑。在桑给巴尔,严重缺乏放射科医生,很多患者只有片子,没有报告,因此放射科医生很是受欢迎。眼科患者是本次义诊的大户,除了耐心地问诊,向患者解释病情,还要给患者做治疗和预约手术。桑给巴尔的妇女人口远远多于男性,每次义诊时,妇产科医生总是被淹没在黑压压的一片候诊人群中。

送医下乡,通过与老百姓近距离的接触,让桑给巴尔人民切切实实感受到中国和中国医生的风采。

贺奇彬

He Qibin

【人物小传】

贺奇彬，1979年1月1日出生，江苏宜兴人，中共党员，南京市第二医院消化病治疗中心副主任医师、江苏省第27期援桑给巴尔医疗队消化科医生。2017年6月—2018年6月，在桑给巴尔中国医疗队消化内镜中心工作。

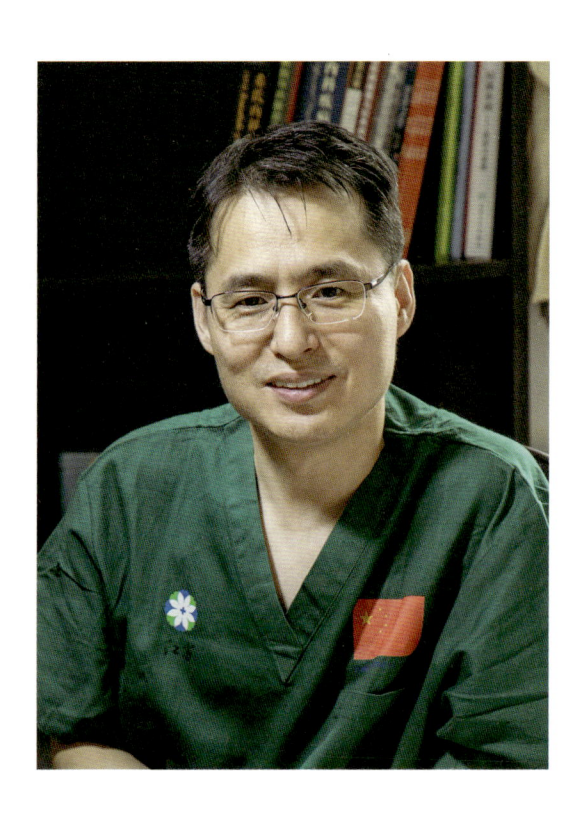

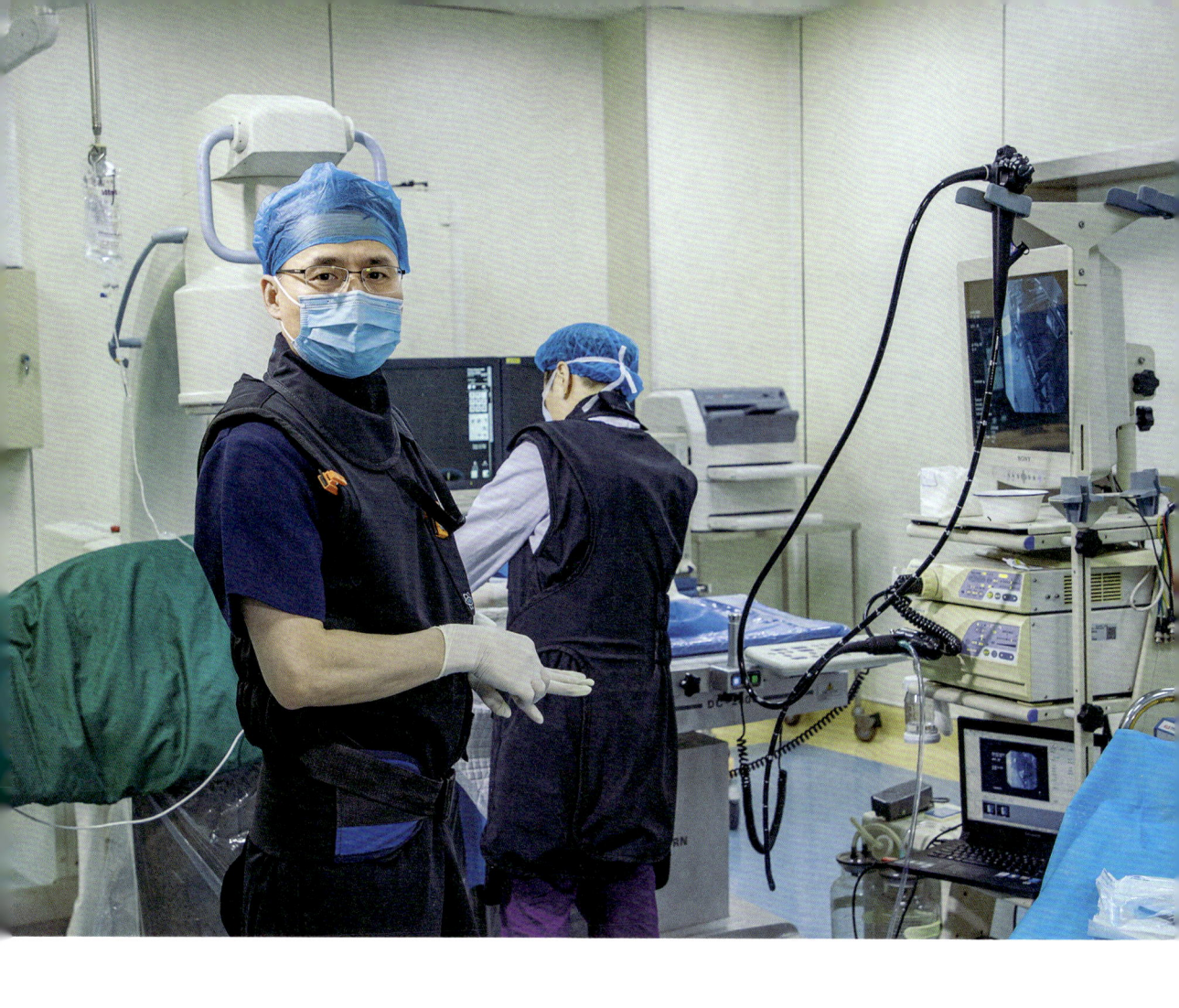

勇闯新路

　　门诊收进一位只有 26 岁的年轻的"老病号"。2014 年，他已被诊断血吸虫肝硬化，后多次因消化道出血而住院抢救。由于专业技术条件限制，几年来，患者只能接受基本药物治疗，但一次又一次的大出血，对生命也是考验。11 月 9 日，他又因呕血、黑便，住进我的病房。接到住院医生的汇报后，我立即到病房察看患者、评估病情。患者年轻，基础疾病是血吸虫肝硬化，肝功能状态尚可，威胁生命的主要是食管静脉曲张破裂导致的大出血，只要能预防再次出血，就能提高患者的生存期。于是，我决定实施内镜下曲张静脉套扎术。在胃镜下，我见到患者食管重度静脉曲张，胃底静脉轻度曲张。我立即给予行胃镜下食管静脉曲张套扎术，手术过程顺利。目前患者病情稳定，择日出院，拟 4 周后再来复查。食管静脉曲张套扎术首次在纳兹摩加医院开展，填补了桑给巴尔在该领域的空白，标志着中国援建的消化内镜中心诊治水平又取得了新进展。

国家使命 | 百位中国援外医疗队员画传

孙西龙
Sun Xilong

【人物小传】

孙西龙，1985 年 1 月 26 日出生，山东日照人，徐州中心医院消化内科副主任医师、江苏省第 28 期援桑给巴尔医疗队消化内科医师。2018 年 6 月—2019 年 6 月，在桑给巴尔中国医疗队消化内镜中心工作。

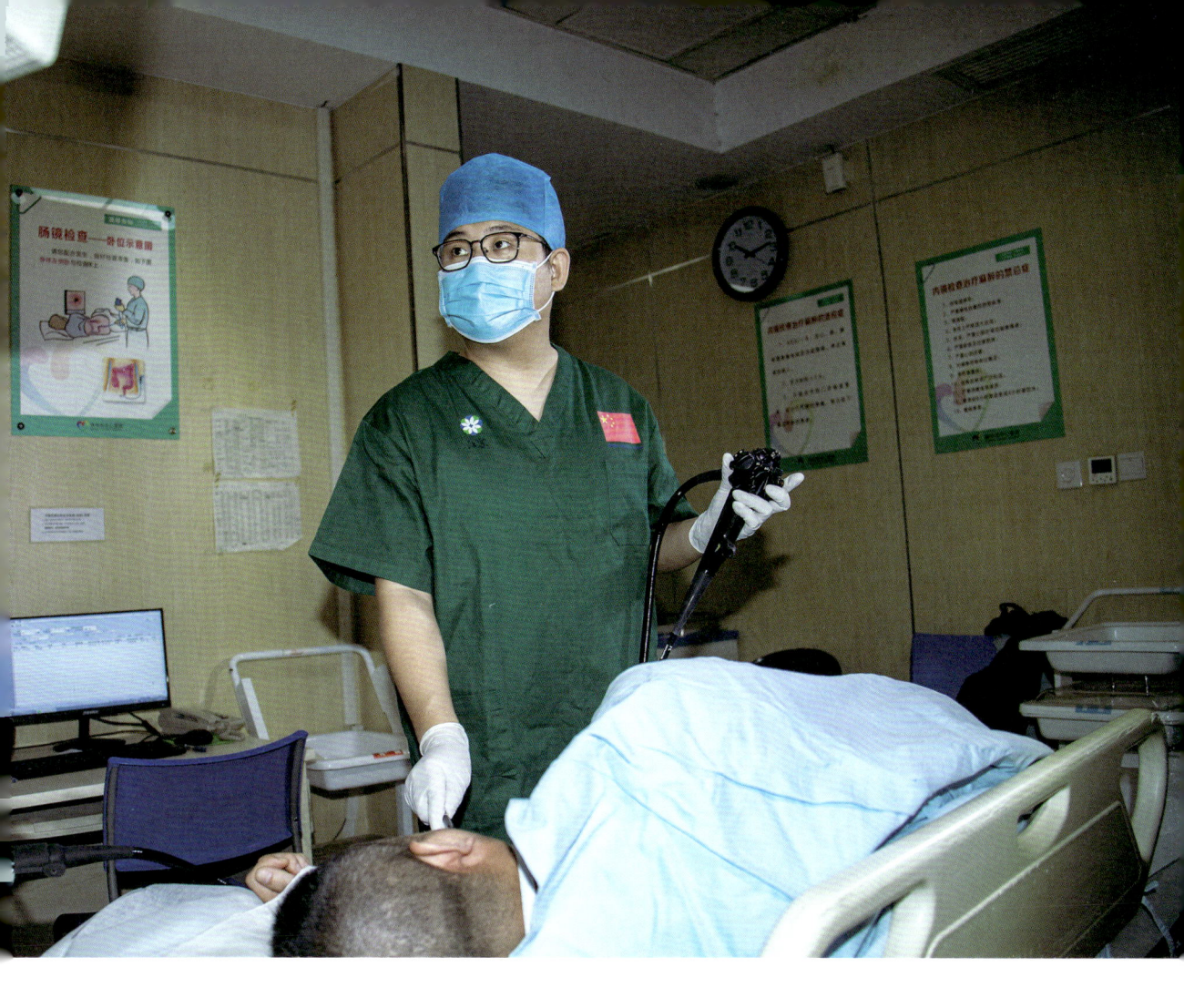

奋力救治卫生部长

一天夜里，已经过了午时，我被一阵电话铃声惊醒。

桑给巴尔卫生部长拉希德先生因呕吐咖啡色血液5小时，来医院就诊。部长先生面色惨白、血压下降，已经有明显休克的症状。我一见情况不好，立即要求助手做急诊胃镜检查准备。病情危重，我首先打通两条静脉，一条管道输血，一条扩容加全身止血药的应用。急诊胃镜下，我见有溃疡灶位于胃窦部，中间可见一裸露的小血管在连续渗血，我马上予以去甲肾上腺素和云南白药表面喷洒，过了一会，出血点被成功止住，不再出血。

消化道溃疡伴出血，出血量大，出血速度快，如果不及时止血，可危及患者生命。因我们治疗及时，措施得当，部长先生的生命被挽救回来了。

两周后，拉希德部长来医院复查胃镜，当他得知溃疡已完全愈合，他紧紧握住我的手，不停地感谢。我说："这是中国医生应该做的！"

张伟锋
Zhang Weifeng

【人物小传】

张伟锋,1979年9月1日出生,江苏丹阳人,中共党员,江苏省人民医院消化内科副主任医师、江苏省第29期援桑给巴尔医疗队消化内科医师。2019年6月—2020年9月,在桑给巴尔中国医疗队消化内镜中心工作。

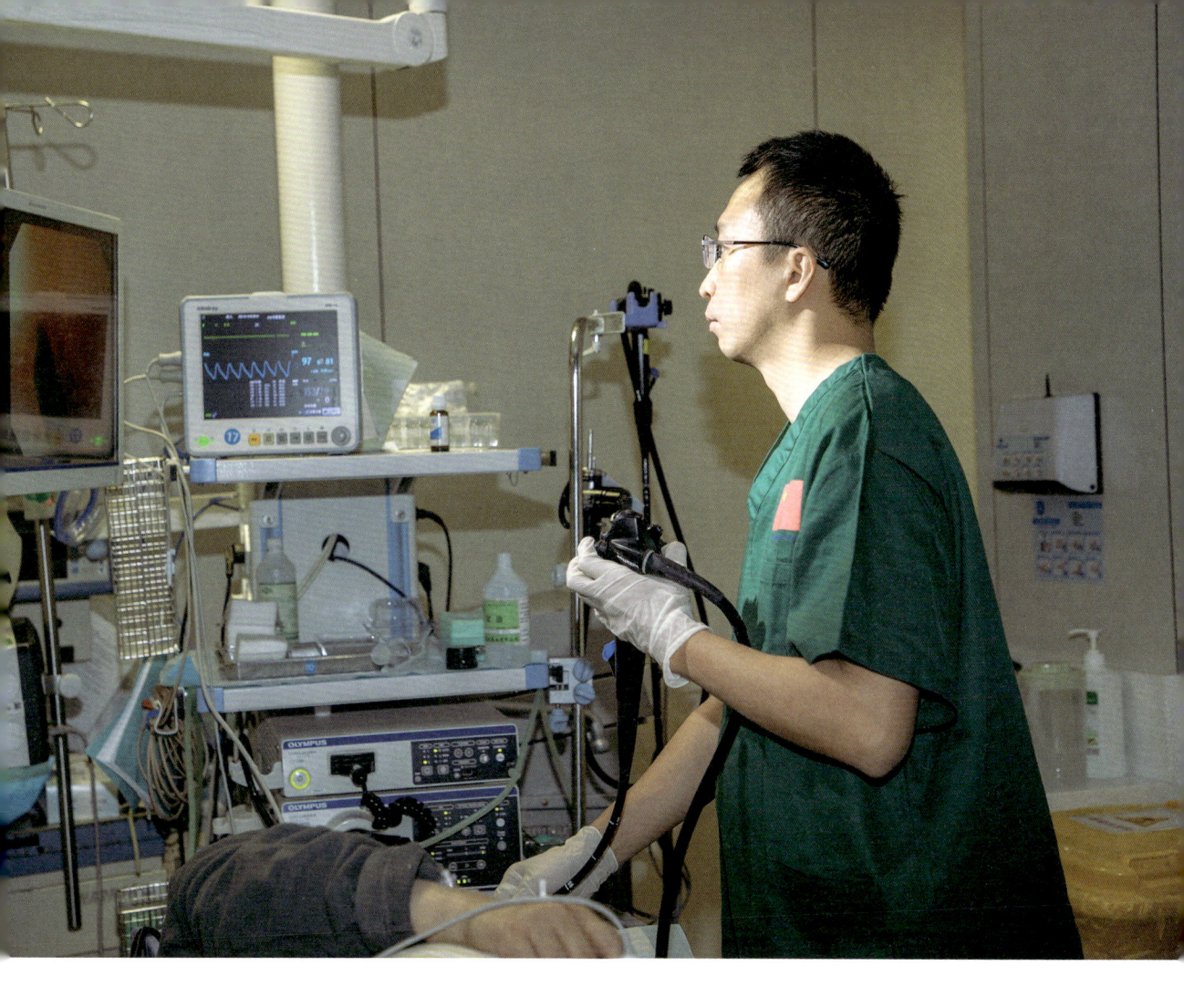

简单的快乐

如今大多数国家已进入现代文明生活。可非洲东部一些国家，如埃塞俄比亚、肯尼亚、坦桑尼亚等还很落后，部分地区连基本的温饱都没有解决。在非洲，妇女人均生育8个孩子左右，生活在这里的小朋友连饭都吃不饱，根本没钱买玩具。但爱玩是孩子的天性，小孩子也会充分发挥想象力，制作喜欢的玩具。自制玩具大多数是由一些常见的废弃材料制作而成的：木头、废纸、金属、塑料等等，尽管非常简陋，但他们倍加珍惜，也会玩得不亦乐乎。这些玩具将陪伴这些孩子度过艰辛的童年。我看到周边村落的草地上，一群非洲小朋友光着脚丫，在一个用树枝制作的简易球门前踢足球，玩得很开心；几个小朋友利用棍子、铁丝、绳子等材料制作出心爱的"跑车"，拉着"跑车"到处跑，脸上露出灿烂的笑容。看着这些非洲小孩的自制玩具，我有些心酸，你会觉得快乐其实也很简单。于是，我心里开始期盼我们医疗队的海运物资早些到来，里面装有不少我儿子以前玩过的玩具，希望可以给这些天真无邪的孩子的童年增添一丝快乐。

第七章

生命希望

桑给巴尔中国医疗队奔巴创伤中心

> 用心灵开启生命之光,
> 用爱怜抚慰一切创痛。爱,是良药。

碧海浩瀚，岛屿相隔。奔巴岛就像一颗小小的星辰，散落在无垠的印度洋上。

2013年12月6日，在两国政府领导人的共同关心下，桑给巴尔中国医疗队创伤中心（奔巴）挂牌成立，这是中国政府在桑给巴尔奔巴岛创建的第一个医疗中心。桑给巴尔总统谢英对中国医疗队60年来的无私援助表示感谢。总统先生原先也是一位医生，在谈到他与中国医疗队共事的经历时，有太多太多与中国医生并肩作战的美好回忆，中国医生的精湛技艺、高效工作和敬业精神，让他们发自内心的尊敬，这更是一笔宝贵的精神财富，让他们对桑给巴尔的医疗卫生事业、对中桑兄弟般的友谊充满了信心。多年来，创伤中心积极开展多项新项目，诊治各类骨科患者，目前已完成各类创伤手术1800多例。奔巴岛上的人民亲切地称阿卜杜拉·姆齐医院为"中国医院"。

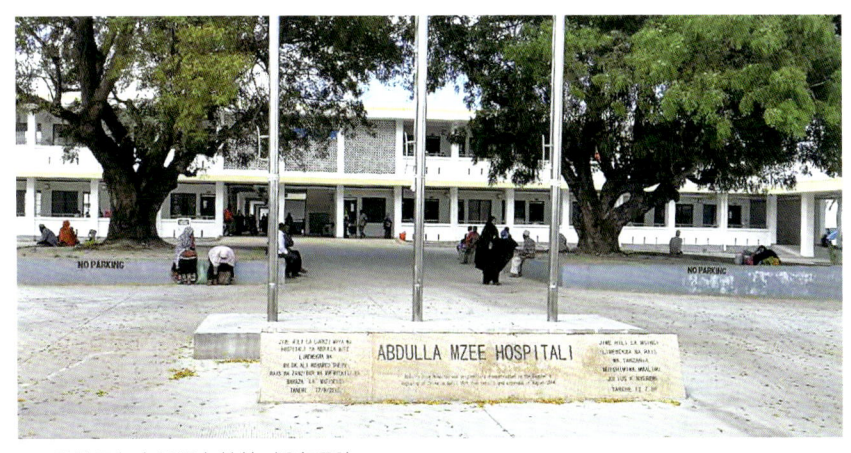

▲ 桑给巴尔奔巴阿卜杜拉·姆齐医院

▲ 桑给巴尔奔巴医院中国医疗队创伤中心揭牌

郁忠杰
Yu Zhongjie

【人物小传】

郁忠杰,1970年7月14日出生,江苏武进人,中共党员,常州市第二人民医院骨科主任医师、江苏省第25期援桑给巴尔医疗队副队长、骨科医师。2013年6月—2015年6月,在桑给巴尔奔巴中国医疗队创伤中心工作。

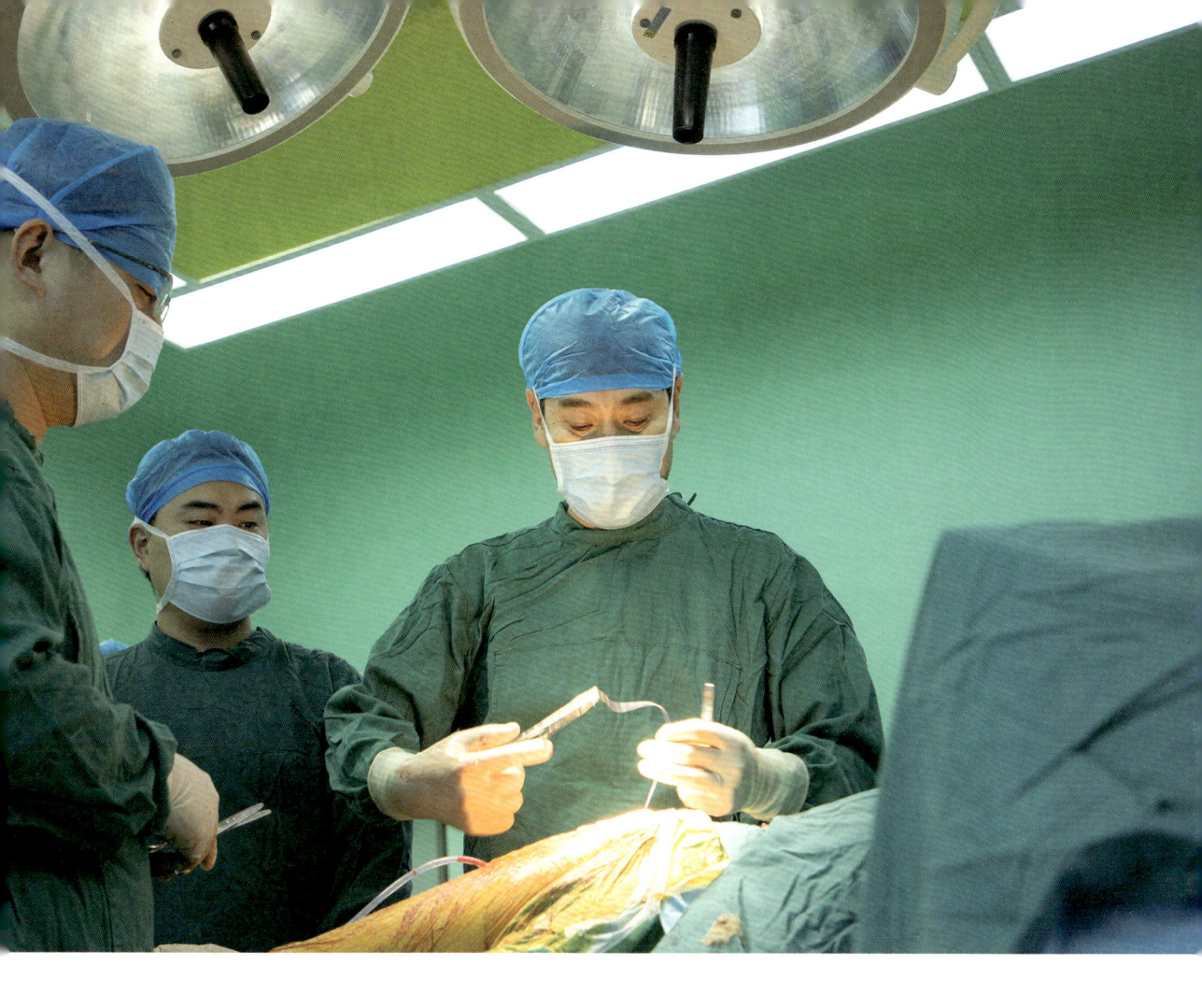

奔巴岛上的"中国医院"

奔巴岛是印度洋西部的珊瑚岛,是坦桑尼亚桑给巴尔的两大主岛之一。这里以盛产丁香闻名,美称"香岛",人口约40万。在奔巴岛上共有三家医院,其中两所分别为恰克恰克医院和韦提医院。在这两所医院里常年有欧盟国家和古巴的医生工作,第三所医院则是于1969年由中国政府援建的姆卡尼阿卜杜拉·姆齐医院,中国医疗队在这里已经工作54个年头了。这所医院里仅有一名真正的当地医生,中国医疗队的8名医生承担着全院内科、普外科、妇产科、骨科、儿科、麻醉科、五官科、放射科等所有诊疗工作,其中骨科、五官科、放射科这三个专业,全岛只有中国医生,只要这三位中国医生在岛上,就要24小时备班,随时处理急诊,随叫随到。

阿卜杜拉·姆齐医院无论是地理位置、交通便利情况,还是工作环境、医疗装备,都无法与其他两家医院相比较。即便这样,医院里仍然人满为患。很多时候病房里没床了,患者宁愿躺在地上,尤其是妇产科,地上经常躺满了产妇。全岛所有疑难、急诊患者最终都会转到这里来。当地居民都称阿卜杜拉·姆齐医院为"中国医院",还说:"中国医生水平最高,我们相信中国医生!50多年了,这里的中国医生从来没有离开过我们。"

杨 晓

Yang Xiao

【人物小传】

杨晓，1976年8月10日出生，江苏无锡人，中共党员，无锡市第二人民医院骨科主任医师、江苏省第26期援桑给巴尔医疗队骨科医生。2015年6月—2017年6月，在桑给巴尔奔巴中国医疗队创伤中心工作。

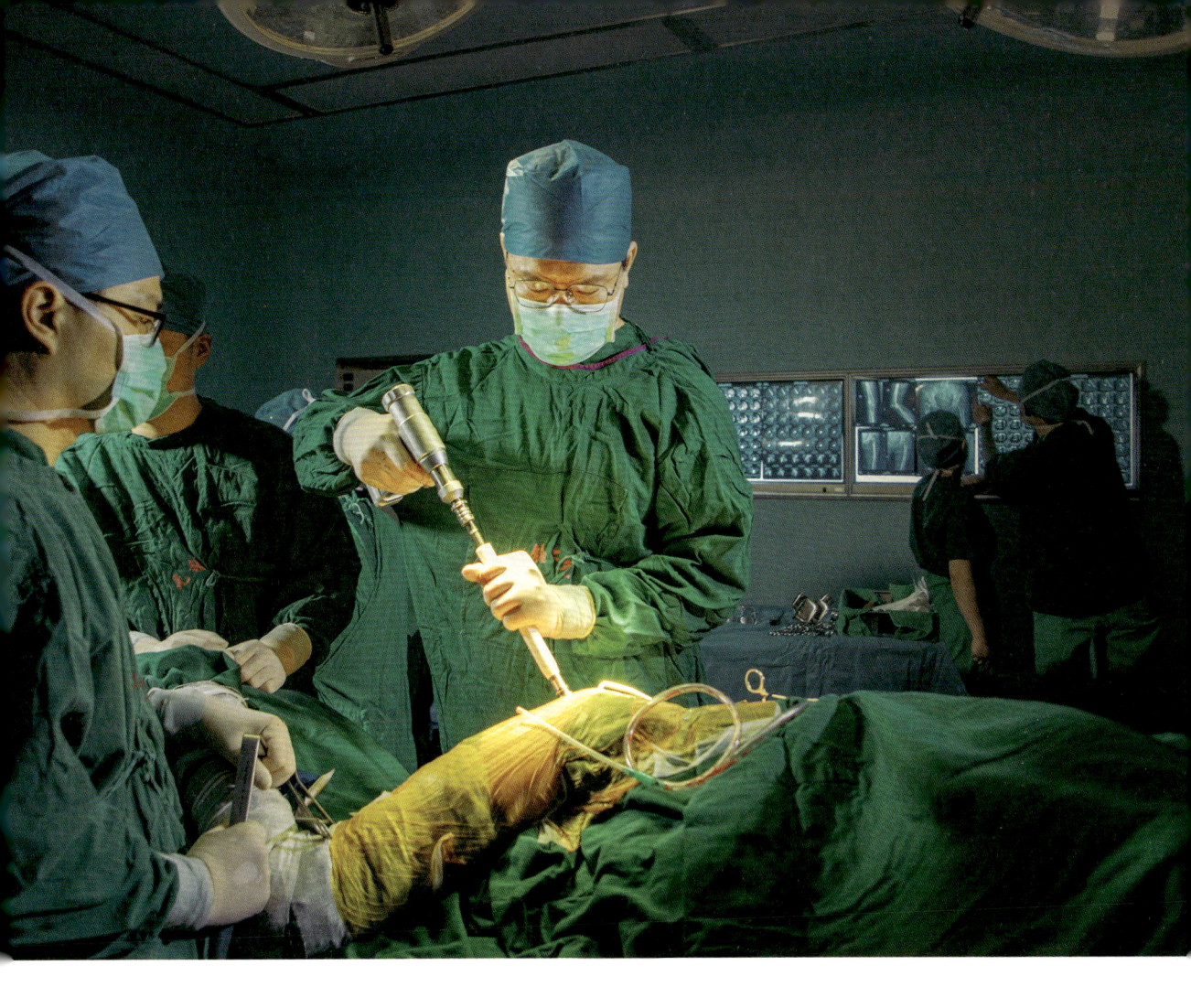

不可能完成的任务

2016年12月24日是我在奔巴岛的第二个平安夜。奔巴青年们的偶像、号称"奔巴最快机车手"的侯赛因最终还是没有逃脱翻车的结局。在恰克恰克医院拍完X光片，侯赛因急诊送到我们医院时已是深夜。他左侧下肢开放性、粉碎性骨折，合并股骨中下端骨折，患者处于失血性休克状态，已奄奄一息。这是一例极其特殊的多段粉碎性骨折，损伤部位有超过20多块碎骨块，骨块粉碎程度之高是临床和文献上罕见的。由于股四头肌破裂，许多碎小骨块嵌入其中，要修补股四头肌，必须取出骨块。医助们都认为要截肢了。当我决定采取修复手术时，3个助手都认为：这是不可能完成的任务。

修复手术如期进行，处理完开放性创口后，接下来就要做闭合复位了，一切都按部就班，顺利搞定。再下来就是重头戏：首先是修补破裂的股四头肌，取出约12枚游离的大小骨块，加上中段的骨折块，大小不等的骨块有25块之多——所有的人都惊呆了。这个危局如何收拾？我依旧沉着冷静，丝毫不慌，补骨钻孔，钢丝固定，复位并以锁定钢板固定……3个多小时后，在一群围观的助手面前，我像变戏法似地完成了解剖复位，碎骨一块也没有少……术后第二天，侯赛因的下肢已有回血，复查X光片，除了钢板感觉还有点短以外，其他堪称完美了。

吴晓曙

Wu Xiaoshu

【人物小传】

吴晓曙，1979年7月20日出生，江苏常州人，中共党员，南京市第一人民医院骨科副主任医师、江苏省第27期援桑给巴尔医疗队骨科医生。2017年6月—2018年6月，在桑给巴尔奔巴中国医疗队创伤中心工作。

与时间赛跑的一次手术

奔巴岛漫长的丁香采摘季还有两个月，但过去的一个多月已把我忙得够呛，骨科急诊患者成倍增加。一名患儿才10岁，采丁香时从树上摔了下来，辗转4个多小时，被从几十公里外的乡村送到阿卜杜拉·姆齐医院时，天已经黑了。从他的X光片来看，其骨折端像一把利刃，刺向了左上肢肱动脉的位置，我心中顿感不妙。肱动脉损伤的后果最为严重，即使不完全断裂，但只要超过6小时不修复，也会产生严重后果：轻则失去功能，重则截肢。随后的检查证实了我的判断，患者的桡动脉搏动摸不到。患者从受伤开始到拍完X片，已经过去四五个小时了，肌肉组织耐缺氧能力差，一定要在6个小时内恢复血流，一场与时间的赛跑开始了。

在我打开切口的瞬间，大量的凝血块涌了出来，肱动脉已被骨折端完全切断了，而且有2厘米长的血管因损伤太严重，已无法使用。距离开放止血带也只剩下20分钟的时间，我当机立断，先保住患儿的手再说！我把肘关节屈曲60度，让动脉能够搭得上，

第七章 | **生命希望**

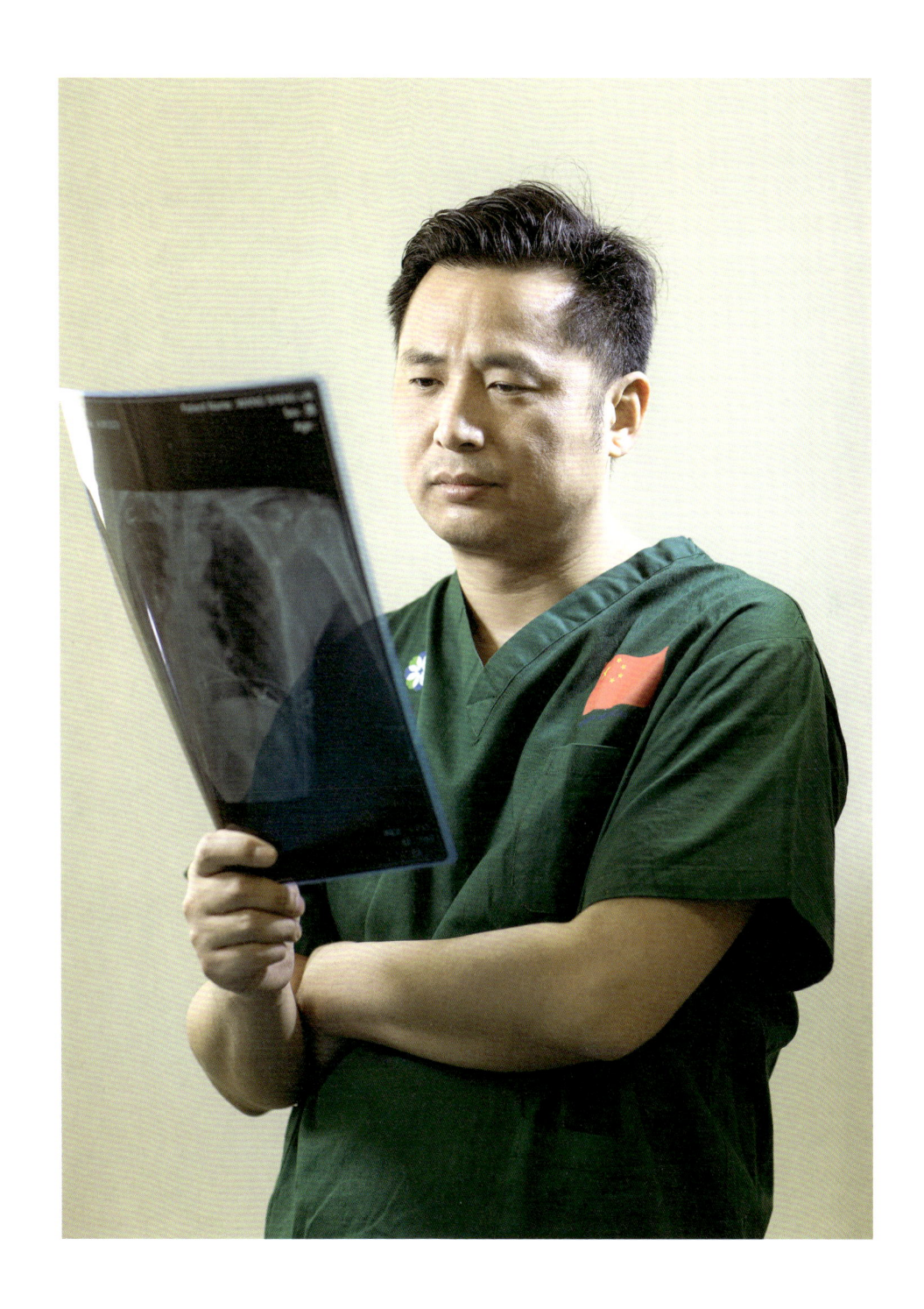

没有显微镜只能在肉眼下一针针地把血管断端缝了起来——血管接上了，止血带开放时间也到了，我慢慢松开了止血带，距离小孩受伤，正好6小时。完成皮肤的缝合和石膏固定。就这样孩子的胳膊保住了，我终于长舒了一口气，这时才感觉后背已被汗水浸透。在设施简陋的非洲，进行这样一台与时间赛跑的手术真不容易！

李云鹏
Li Yunpeng

【人物小传】

李云鹏,1970年7月11日出生,江苏徐州人,中共党员,徐州市第一人民医院骨科主任医生、江苏省第28期援桑给巴尔医疗队骨科医师。2018年6月—2019年6月,在桑给巴尔奔巴中国医疗队创伤中心工作。

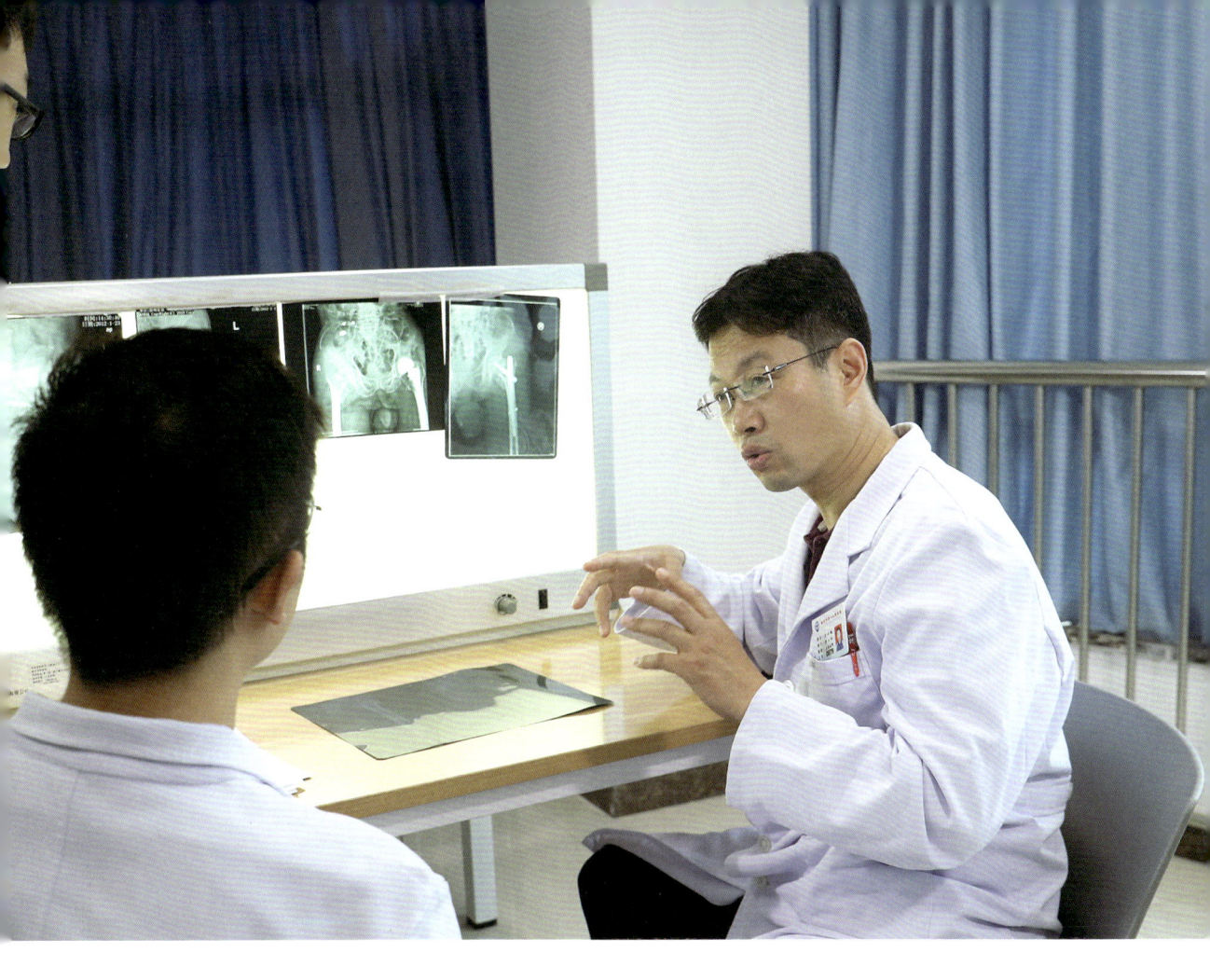

中国医生让非洲小伙子美梦成真

阿卜杜拉今年23岁，家住在印度洋的一座小岛上。这座小岛是奔巴岛的一个卫星岛。岛不大，岛上居民以捕鱼为生，生活条件较为艰苦。

3年前，阿卜杜拉发现左侧胸背部有个骨肿瘤。肿瘤如鸡蛋大小，除了隐隐作痛之外，3年来，阿卜杜拉不能仰卧休息，平时只能侧着或趴着睡觉。他从未睡过一个好觉，做过一个好梦。怀揣着希望，阿卜杜拉和家人来到了坦桑尼亚最大城市达累斯达姆的一家医院。当地医生了解病情后，告诉阿卜杜拉，他们做不了这个手术。因为肿瘤靠近肺和心脏，邻近脊柱，风险太大了，建议阿卜杜拉到印度或者埃及接受手术治疗。阿卜杜拉和家人从未离开过自己的小岛，考虑到医疗费用的问题，看病手术的事只好作罢。

一晃3年过去了，他的肿瘤已经渐渐长大，如鹅蛋般大小了。一次偶然的机会，阿卜杜拉听邻居说，奔巴岛中国医疗队建立了创伤中心，治好了许多患者。于是，他来到了奔巴岛，找到了中国医生，中国医生热情接待了阿卜杜拉，研究了他的病情，制定了详细的手术方案，并尽快为他做了手术，顺利地切除了良性的骨肿瘤。术后当晚，阿卜杜拉头一次睡了3年以来的第一个好觉，第一次做了美梦。目前，阿卜杜拉术后恢复得非常好。他非常开心，连声说："谢谢中国，谢谢中国医生！"

袁同洲

Yuan Tongzhou

【人物小传】

袁同洲，1975年8月6日出生，江苏南京人，中共党员，南京医科大学第二附属医院骨科主任医师、江苏省第29期援桑给巴尔医疗队副队长、骨科医师。2019年6月—2020年月，在桑给巴尔奔巴中国医疗队创伤中心工作。

不求微名传史册，但凭微露泽友邦

爱的沟通，没有洲界局限。

心的交流，没有种族阻障。

只要情系人类，

共同、共通、共有、共融，

就能凝成永恒的力量。

大道终究无极，大爱永远无疆。

地域有别，家国异样，

你是大使，你是天使。

兼收并蓄，和而不同，

包容互惠，创新开放，

这才是大国医务人员应有的担当。

走出国门，我已无我，

成就大我，艰苦磨难。

煎熬思念，皆如渺渺云烟。

长亭古道，绿柳阳关，

不求微名传史册，但凭微露泽友邦。

让中华儿女青春神采飞扬，

让大国魅力形象扎根异乡。

第七章 | 生命希望

第八章

爱 暖 苍 生

圭亚那中国医疗队林登微创外科中心

> 温暖的泪,流过面颊。
> 于岁月长河中坠落的泪滴,石破天惊。

德默拉拉河，滚滚流淌，潮起潮落。她以澎湃激情、汹涌浪花，传颂着中国医疗队的感人故事。

2014年9月28日，中国医疗队微创外科中心（林登）在圭亚那林登正式成立。这是中国医疗队在圭亚那创立的第二个微创外科中心，是在圭亚那创新援外的又一个新起点，成为闪亮的"中国名片"。多年来，微创外科中心在林登医院开展了一系列腹腔镜手术，将先进的微创理念和医疗技术教给当地医生，使一座矿区医院迅疾进入"微创时代"，具有里程碑意义。中国援圭亚那医疗队还向林登医院捐赠一大批医疗物资和精良设备，为当地医院提升医疗技术水平打下坚实基石。圭亚那总统格兰杰先生感激至深，他亲手为中国医疗队员颁发奖章，亲自迎送中国医疗队员；《圭亚那时报》对中国医疗队给予大幅报道、高度评价：林登中国医疗队是圭亚那人民"最可信赖的人"。

▲ 圭亚那林登医院

▲ 圭亚那林登医院中国医疗队微创外科中心揭牌

戴 勇

Dai Yong

【人物小传】

戴勇,1970年12月1日出生,江苏泰州人,中共党员,扬州市人民医院普外科主任医师、江苏省第11期援圭亚那医疗队副队长、普外科医师。2014年6月—2016年6月,在圭亚那林登中国医疗队微创中心工作。

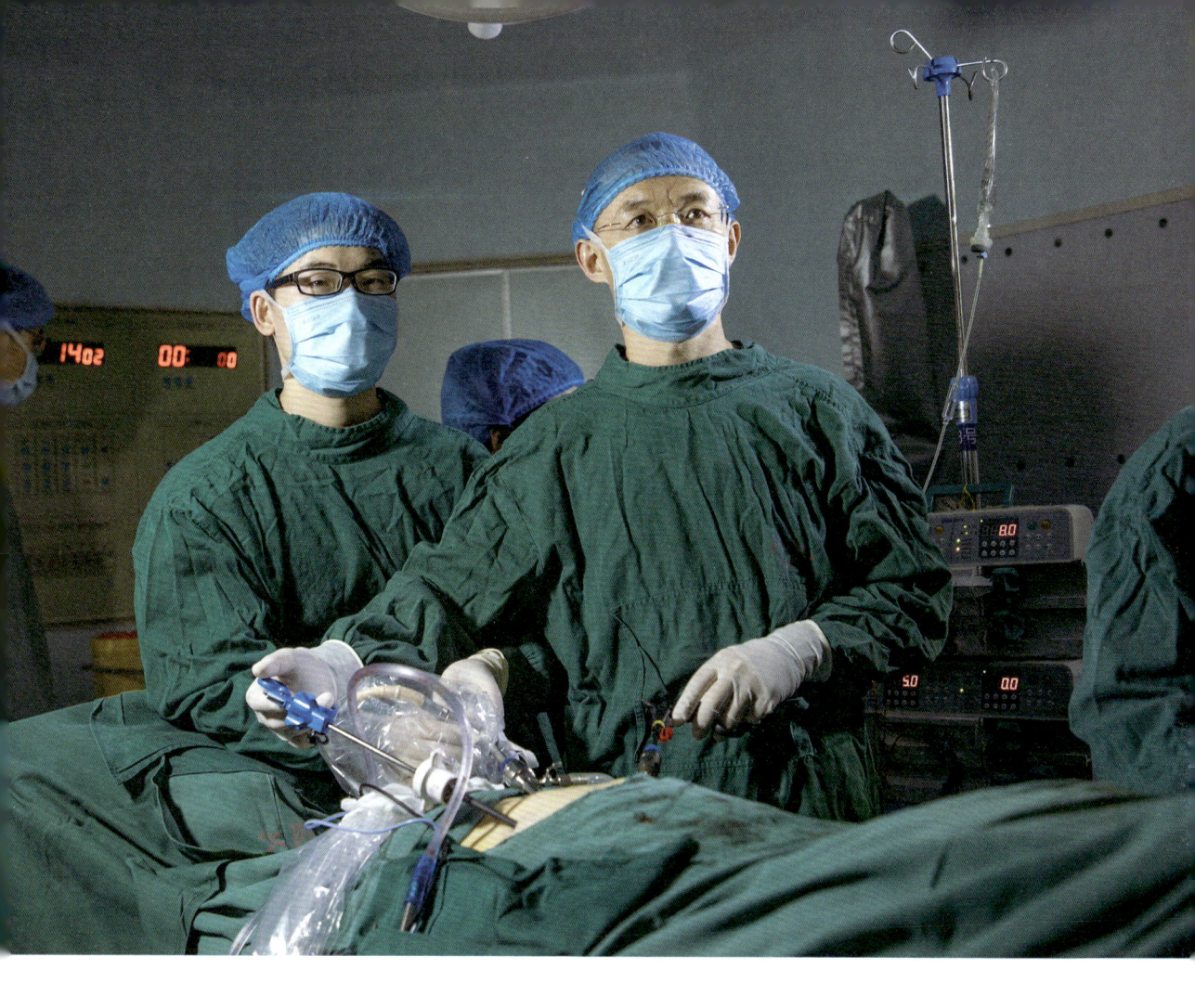

林登的初相逢

到林登医院上班第二天,在手术室熟悉工作环境时,刚好遇见美国医生在做疝气无张力修补和颞部皮下肿块切除术。这时,护士向我介绍说还有一台胆囊切除术是本院医生正在进行,可以过去看看。手术医生是年轻医生穆罕默德,听前队医生介绍说,他原先是内科医生,后改外科的。见他只带一名轮转医生上台,美国医生怎么没有上台呢?我心中难免产生了疑问,而且觉得有些不放心。从已打开的腹腔中,见患者严重肝硬化,肝门位置很深。我立即意识到该手术风险大。这时,穆罕默德医生没有敢贸然手术,而是向我投来求助的眼光,说:"你能帮我吗?"虽然手术风险很大,但这将成为我在林登医院的第一台手术秀,于是,我非常爽快地告诉他"没问题",并立即洗手上台,上台后发现这里的手术器械不称手,要么过小、要么太大,没办法,只能将就。线只有粗的,剪刀是钝的,要来回剪好多次!第一个深部打结,我有意考验穆罕默德医生。结果他撕裂了组织,我知道只能靠自己了。穆罕默德医生力气很大,我不停地说"轻点、轻点",防止损伤了肝脏。我小心谨慎、步步为营,手术终于顺利结束、基本没有出血。手术结束后,患者在麻醉师的精心监护下,很快苏醒。就这样,我轻松拿下第一台手术,这台手术给我更多的是自信!

张 玮
Zhang Wei

【人物小传】

张玮,1964年10月5日出生,江苏泰兴人,扬州市妇幼保健院妇产科主任医师、江苏省第11期援圭亚那医疗队妇产科医师。2014年6月—2016年6月,在圭亚那林登中国医疗队微创中心工作。

母婴平安的消息

凌晨一点,急诊电话又响了——病房一位孕妇的阴道有较多出血。我迅速起床后,赶往产房,值班医生报告说:B超提示孕妇前置胎盘,有400ml出血,考虑胎儿未足月,母婴都有生命危险,我通知立即手术,并让医疗队儿科和麻醉科两位医生迅速到手术室。术中证实确为前置胎盘,立即实施剖宫产手术,可以在短时间内娩出胎儿,结束分娩过程,对母体和胎儿相对安全,这也是治疗前置胎盘最直接的方法之一。好在手术中出血并不多,手术经过顺利,但新生儿系早产儿,没有呼吸,经儿科和麻醉科两位医生抢救,婴儿终于哭出声了。为防止再次出现窒息,儿科医生一直在病房持续监护和治疗2个小时。直到3:30产妇才完全苏醒,被送回病房。虽然此时我们三人都很累,但对我们来说,看到母婴平安就是我们最大的安慰。

左洪生
Zuo Hongsheng

【人物小传】

左洪生，1963年7月12日出生，江苏淮安人，中共党员，淮安市第二人民医院普外科主任医生、江苏省第12期援圭亚那医疗队副队长、普外科医生。2016年6月—2017年6月，在圭亚那林登中国医疗队微创中心工作。

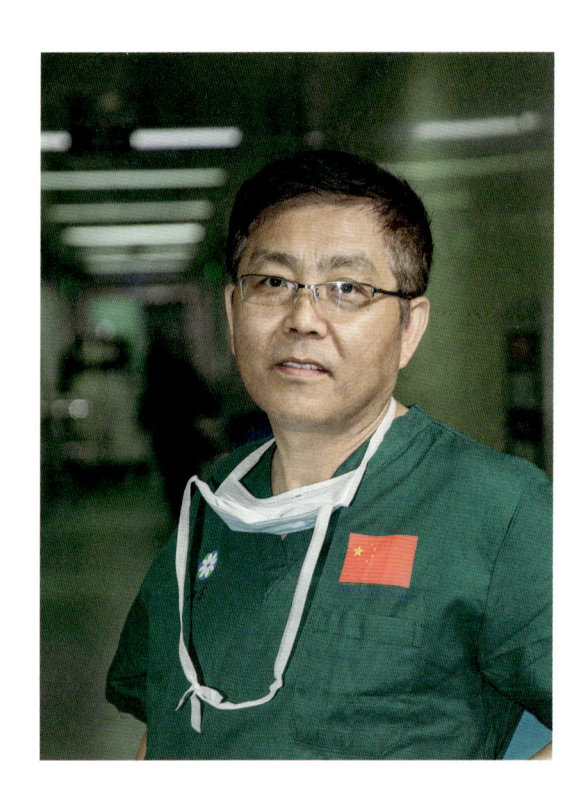

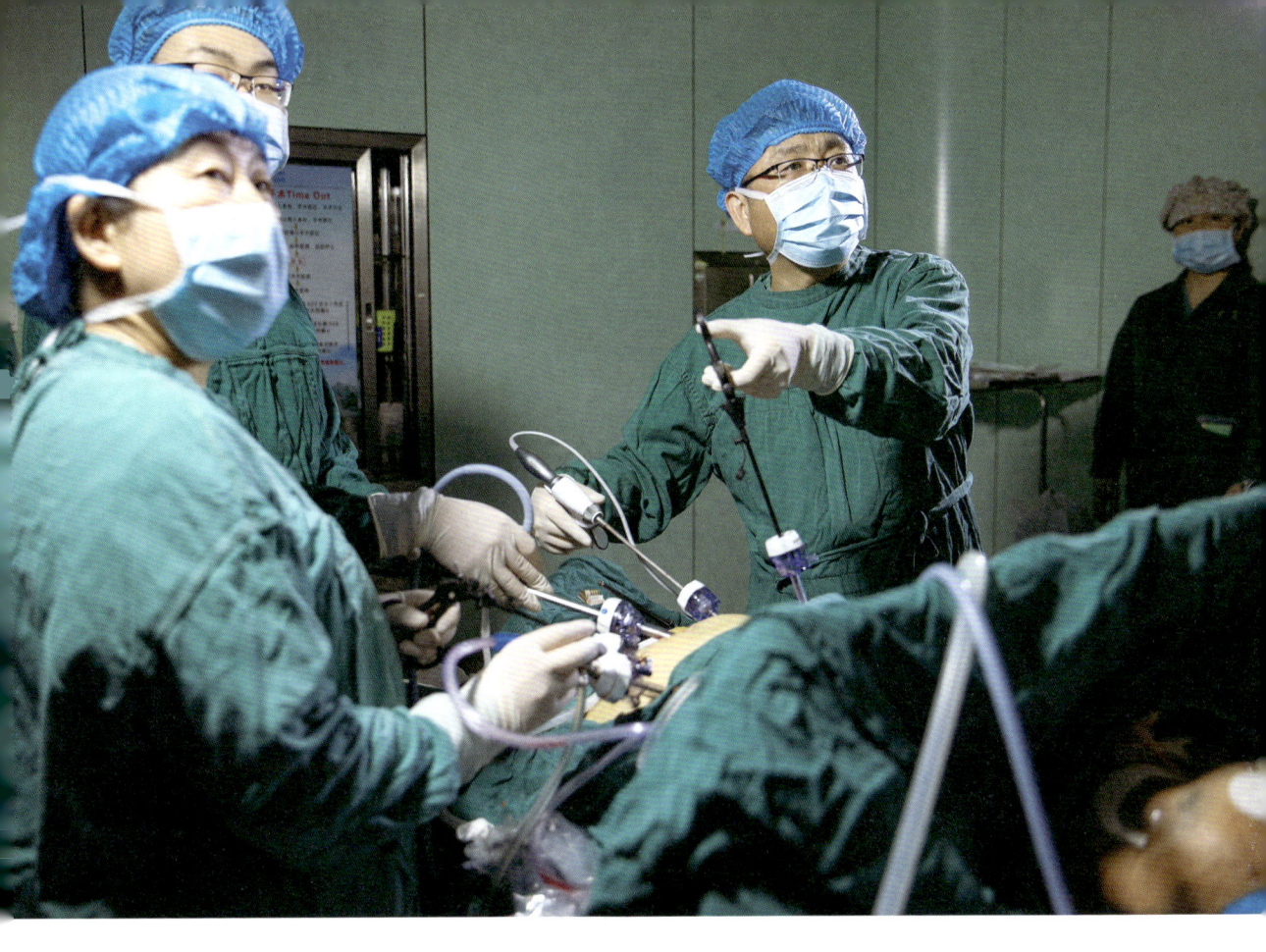

救命总动员

一个周六晚上，我们刚坐下准备吃饭，突然接到值班医生的电话：产科急诊！

妇产科医生立刻赶到医院。一位怀孕 37 周的第五胎产妇急腹痛伴阴道流血。经检查发现是早产，且胎心音不好，需马上进行剖宫产手术。每到周末，当地医生都便休假了，中国医生 24 小时值班。接到求救电话，医疗队全体总动员，外科医生、麻醉医生、儿科医生也都放下手中碗筷，匆匆赶到医院手术室。

时间就是生命，这是一场挽救生命的赛跑。

妇产科医生取出胎儿，去除胎盘。新生儿出生后没有哭声，儿科医生立刻进行紧急复苏，最终总算听到新生儿的哭声了。

产妇因血压持续下降，于是，外科医生上台协助妇科医生检查出血来源，发现产妇子宫峡部左侧撕裂，出现不断地活动性出血，并向下外延伸到子宫主韧带。当机立断，立即缝合并结扎左侧子宫与卵巢动脉，出血终于停止了。

这时刚好 9 点整，儿科传来好消息，经过处理，新生儿的 APGAR 窒息评分达到了 10 分（满分）。两个半小时的抢救，终于使大家松了口气，我们在台上的三人会心地笑了，这毕竟是两条生命。这是我们医疗队的又一次通力合作。我们林登点共 5 名队员，外科、妇产科、儿科、麻醉，还有厨师，我们通常是全队总动员。一番抢救后，大家都感到饿了，这时你会发现，队里贴心的厨师刚好为大家准备好了具有家乡风味的晚餐，正等着大家来补充能量呢！

孙美玲

Sun Meiling

【人物小传】

孙美玲，1977年10月25日出生，江苏宿迁人，中共党员，淮安市第二人民医院妇产科副主任医生、江苏省第12期援圭亚那医疗队妇产科医生。2016年6月—2017年6月，在圭亚那林登中国医疗队微创中心工作。

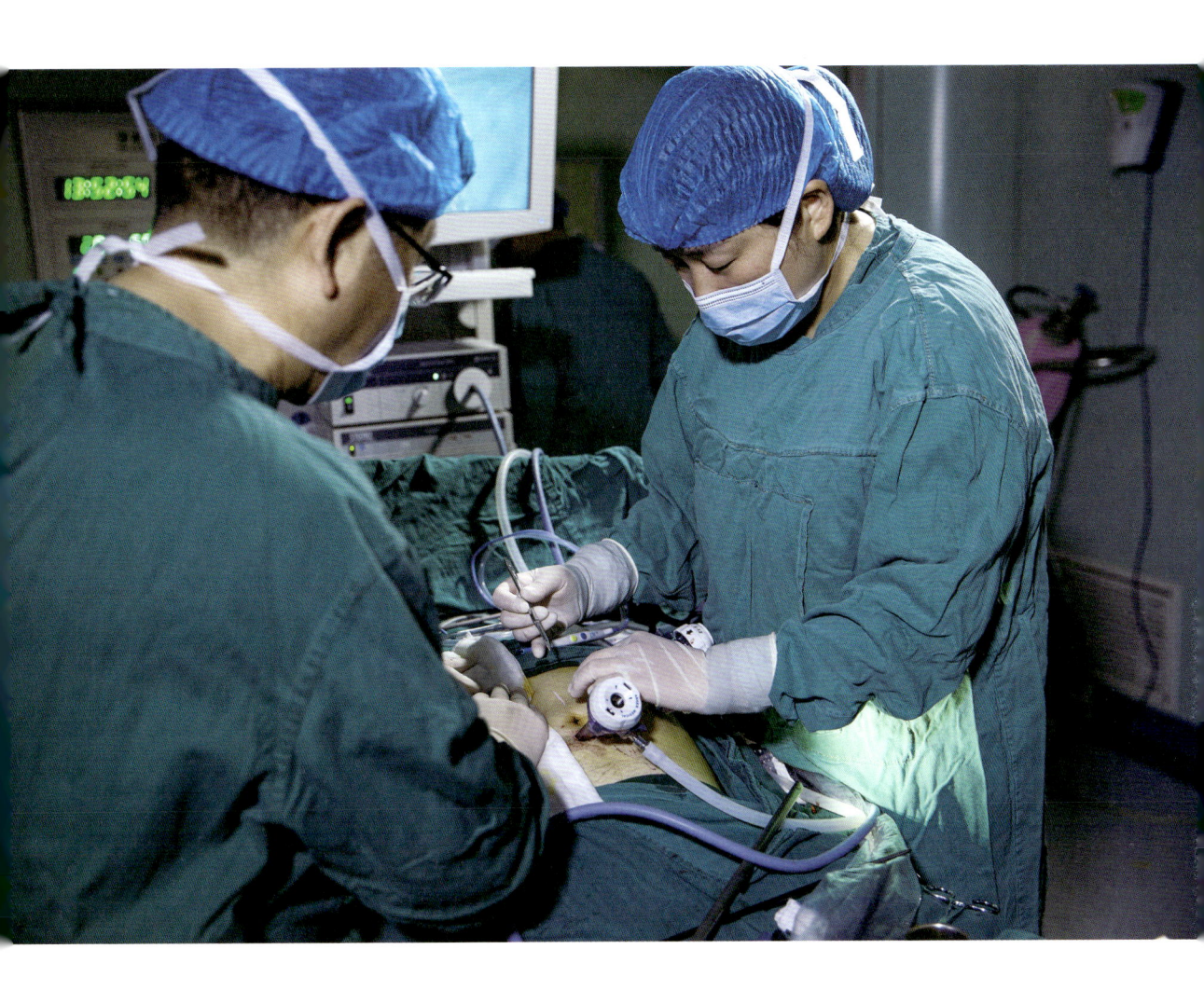

少女母亲朱迪

朱迪是个 16 岁的学生，也是一位怀孕 25 周的准妈妈了。一月个前，因为胎膜早破，她找到了我。这么早就胎膜破裂，让我非常棘手。在圭亚那，若胎心良好，不危及母亲生命，医生无权进行药物引产。看来只得保胎了，而我的最大困难是这里的医疗条件太差，只能为患者查个血常规，其他什么生化检查都没有，我只能根据经验，给她大剂量的抗生素预防感染，让她平躺在床上，希望羊水能够少流出一点。如果母婴一旦发生感染，加之羊水过少，胎儿畸形、早产儿、子痫等一系列并发症都会出现。此时，我真是"压力山大"，更为理解"巧妇难为无米之炊"的含义。但是，准妈妈朱迪就不一样了，她整天快乐开心，一见到我，就有说不完的话，从听到宝宝的心跳声，到她学校的同学，再到中国是什么样、中国人吃什么……从不过问她自己的病情。

一个月来，我每天都要亲自检查她的宫腔情况、胎儿情况，为她不断调整抗生素和保胎药。今天，朱迪终于发动了宫缩，顺利分娩了一个 2.8 斤的早产儿。

国家使命 | 百位中国援外医疗队员画传

余仔军

Yu Zijun

【人物小传】

余仔军，1978年10月6日出生，湖北孝感人，连云港市第二人民医院普外科副主任医师、江苏省第13期援圭亚那医疗队副队长、普外科医生。2017年6月—2018年6月，在圭亚那林登中国医疗队微创中心工作。

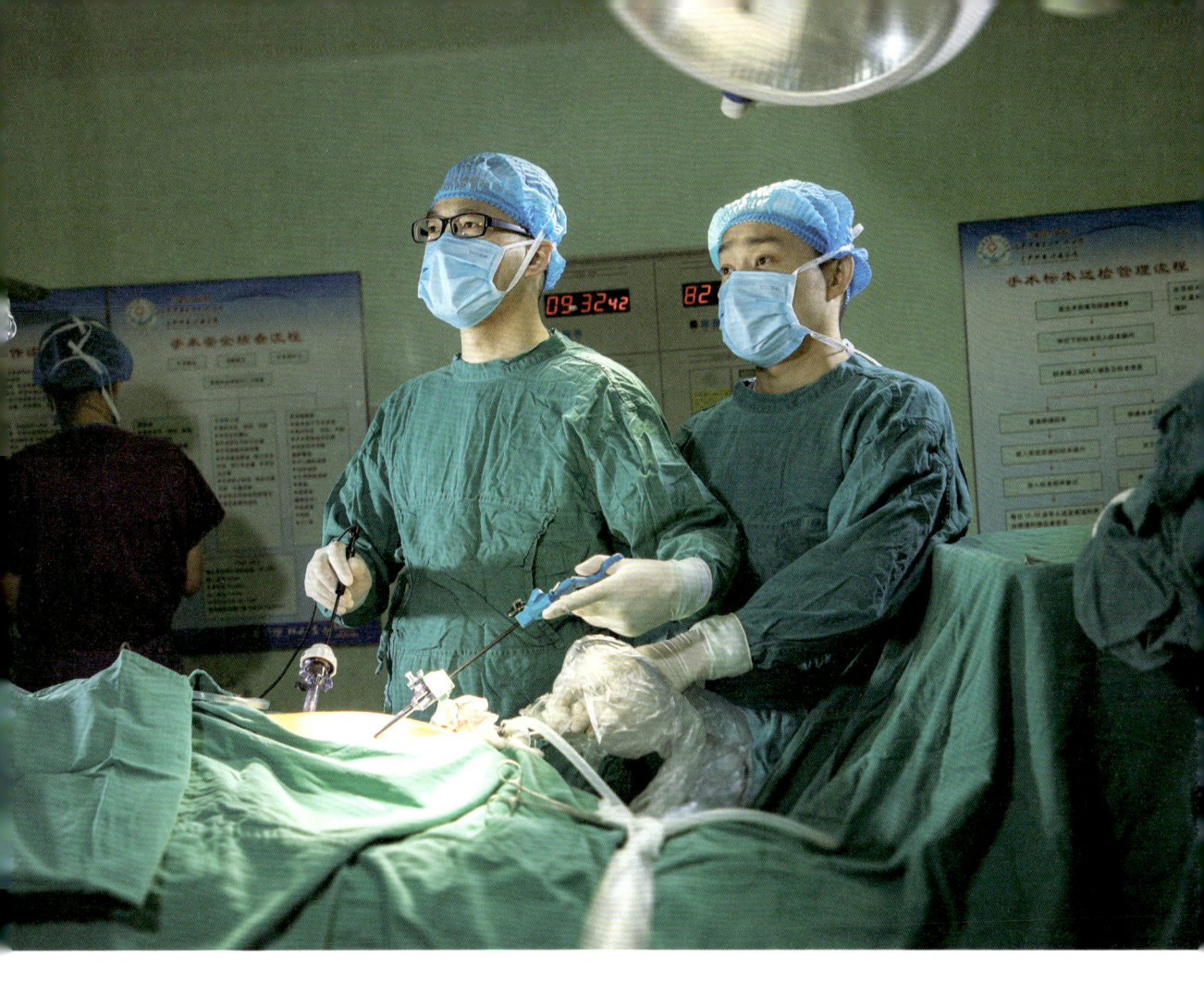

载入林登医院史册的一天

　　53岁的科林·柏斯托先生在半年前出现了"间断大便带血"情况，经乔治敦医院做肠镜检查报告显示：距肛门边12cm—18cm处有不规则肿块，几乎占据肠腔一周；病理提示：腺癌。经腹部CT检查，显示其直肠上段及直乙交界处占位，考虑患者可能是恶性肿瘤，好在未发现腹腔远处转移灶。我建议患者去首都医院手术治疗，但患者与家属坚决要在林登医院治疗，并要求由我亲自为他手术。

　　直肠癌根治术对我来说只是一个很普通的手术，但对林登医院来说，由于医院条件简陋，缺少必要的诊断设备和药物，没有超声刀、吻合器、闭合器等常规手术设备，所以一直没有开展"直肠癌根治术"。面对患者的信任，出于我的责任、中国医生的荣誉，我感到，填补林登医院空白的机会来了。术前我详细地制定了手术方案，并来到手术室，从设备的运行、手术器械、氧气、备血等准备情况，我一一查看。

　　2018年1月26日，是载入林登医院史册的一天。科林·柏斯托先生是林登医院历史上第一例直肠癌根治手术患者。手术期间，整个手术室围满了观者，院长瑞斯塔先生也来到手术室等待消息。术中探查没有见到明显转移灶，但肿块较大、较长，已经进入骨盆入口，由于术前准备充分，我顺利地完成了直肠癌根治术。瑞斯塔院长听说手术过程很顺利，紧紧抓住我的手，激动之情溢于言表。

耿守明
Geng Shouming

【人物小传】

耿守明，1974年10月10日出生，江苏连云港人，连云港市第二人民医院妇产科副主任医师、江苏省第13期援圭亚那医疗队妇产科医生。2017年6月—2018年6月，在圭亚那林登中国医疗队微创中心工作。

一语通天下

我上班之前最大的担忧是我的英语沟通不畅。

7月2日正式上班，当天早上交班查房时，住院医师汇报病史，因为语速和口音问题，我基本听不懂，他放慢语速跟我解释，我还不是很明白，最后只说出单个的专业词汇，例如 evacuation（剥离）、biopsy（活检）、hysterectomy（子宫切除）等，我马上明白了，于是，如释重负。幸亏出国前我恶补了一些医学英语，掌握不少专业词汇。反倒是很多简单的生活用语我很难听明白，有时需对方写下来，我才恍然大悟——不过这主要是因为口音问题。有时候，与我同级别的古巴医生还会动不动就说西班牙语。我告诉他：你不要和我说西班牙语，然后他不好意思地说"对不起"，可他过一会儿

第八章 爱暖苍生

又会冒出西班牙语。因此上班的前两天我比较郁闷，好在当地医生护士非常友好，总会不遗余力地解释，并放慢语速，连说带比画，经过一周的磨合后，我感到进步很快，目前交流基本没问题，开展工作也得心应手了。这边的医生护士也很聪明，我对于有些单词不太确定，但他们都能明白我的意思，然后还会告诉我英文的正确发音。现在，我很喜欢和他们聊天，他们对学习中文也很感兴趣，我已经和多个医助约定互相学习语言，期待不久的将来，我能说一口流利的英语。

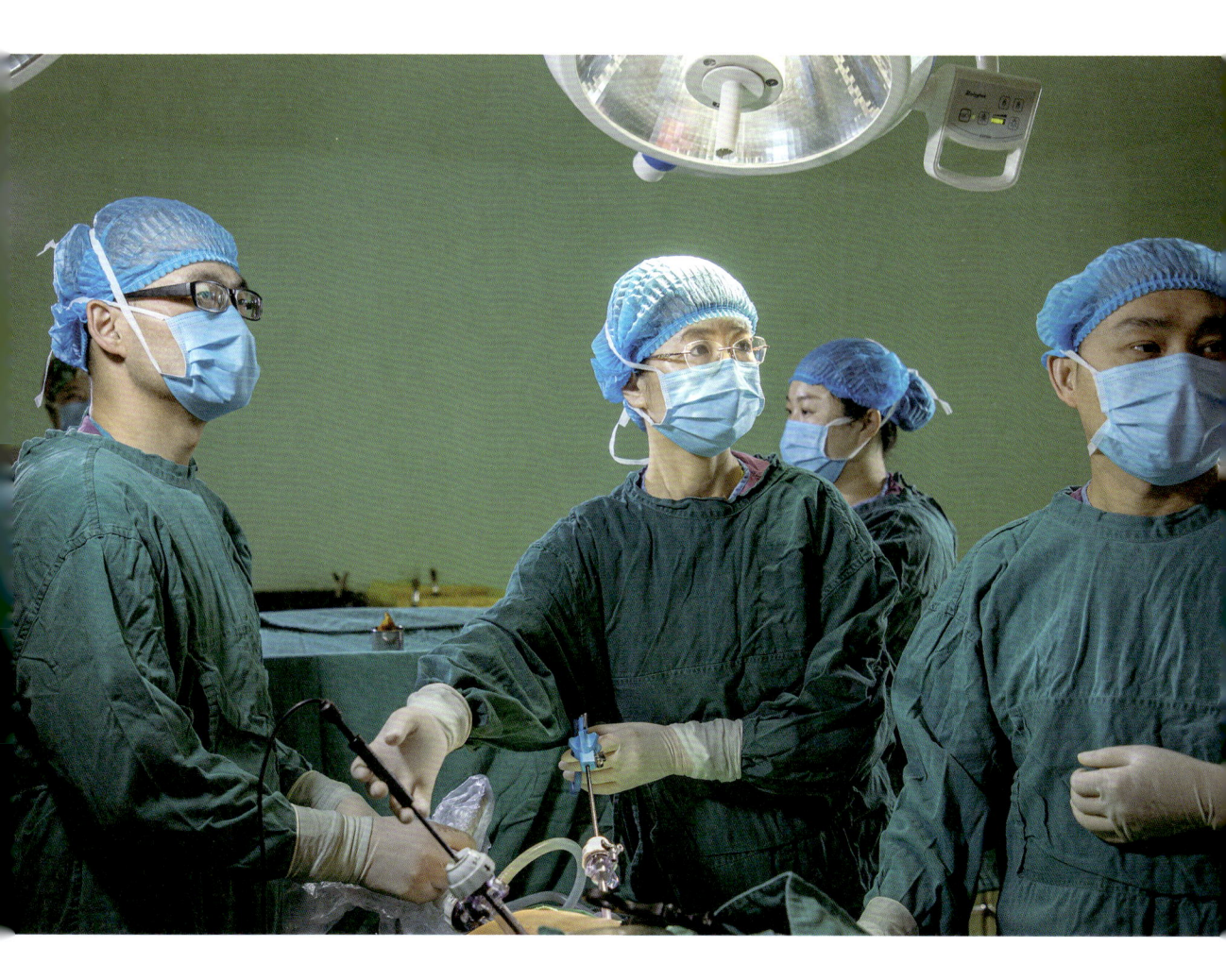

崔恒锋

Cui Hengfeng

【人物小传】

崔恒峰,1981年3月21日出生,江苏东台人,中共党员,盐城市第三人民医院普外科副主任医师、江苏省第14期援圭亚那医疗队普外科医师。2018年6月—2019年6月,在圭亚那林登中国医疗队微创中心工作。

培训,是为了更好地前行

2018年1月7日,我们援圭亚那医疗队来到南京浦口培训基地。到了基地,只见两幢崭新的培训楼矗立在江苏健康卫生学院大门旁。进了大楼,打开宿舍房门,发现一人一间标准间,条件很好,于是我忐忑的心里有一丝安慰。

严寒、陌生的环境、离开家的思恋没能阻止我们完成学习任务。这次培训的内容极为丰富,不仅有公共外语和医学专业英语的课程,同时还开设了党建、团队建设、宗教与传统文化、人际沟通与社交礼仪、一带一路战略、传染病防控、财务制度、摄影、太极拳、声乐等近20门综合素质的课程。

每两周，我们都要进行团队建设活动，每次活动由不同小组策划、安排、总结，以便我们提前适应国外活动策划的流程。公共英语贴近海外生存实际，更加重视口语和听力训练。各位援外老队员释疑解惑，让我们进一步了解援助国当地的情况，使我们从细节上、思想上进一步做好了充分准备；新老队员的对接，使我们得以更好、更快地融入当地工作、生活。

还有不到两周的时间就要出发了。出国后，我们将面临完全陌生的环境——不同肤色、不同的文化、不同的工作方式。如何调整心态？如何排遣寂寞？如何在工作中不断地发现问题并改善问题？如何协调我们与国外医生、患者关系？此外，如何处理与中资企业的关系、协调医生与厨师的关系，对我来说将是非常大的考验，这些都是我在今后的工作及生活中需要加倍努力及奋斗的目标！

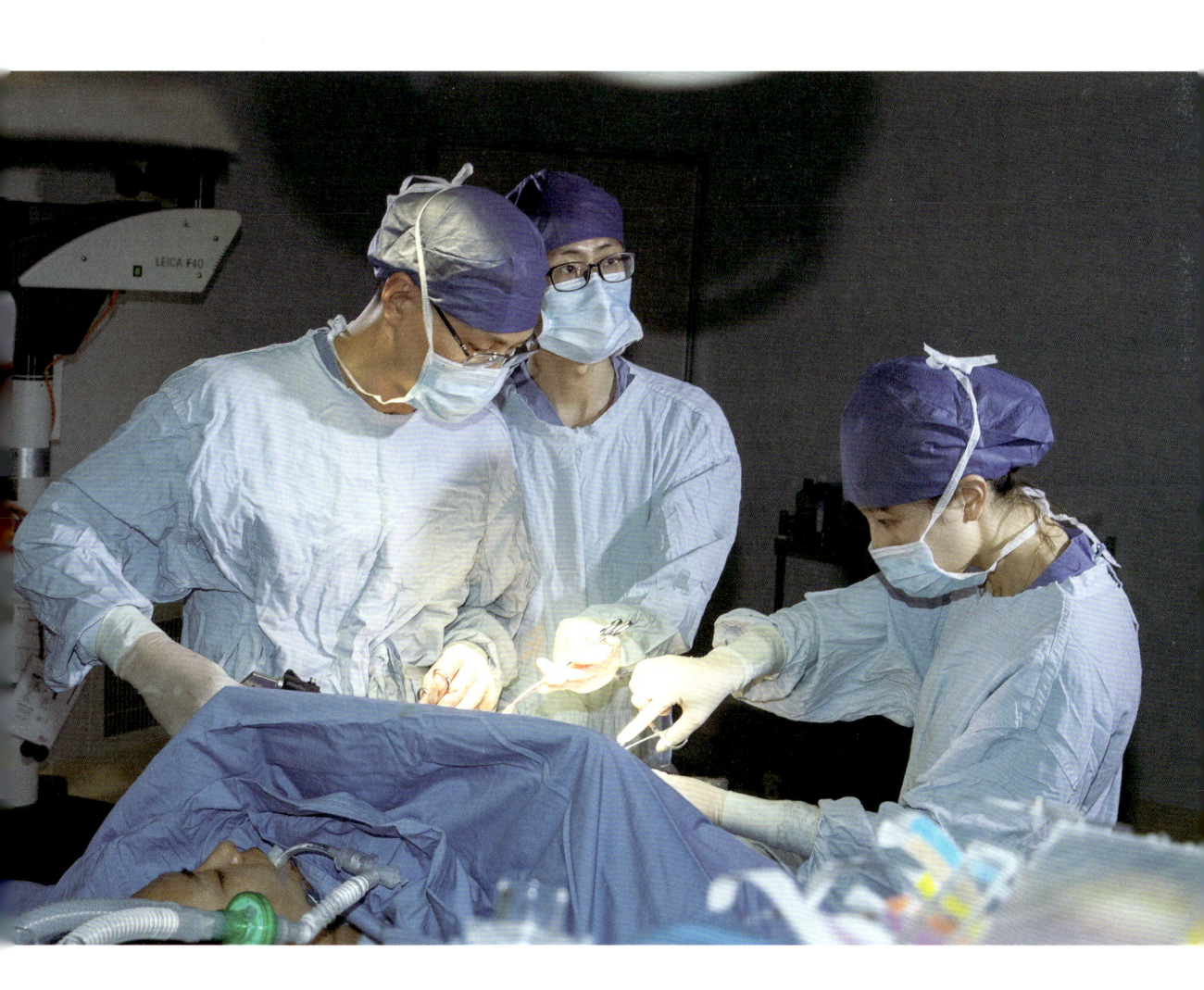

王 锋
Wang Feng

【人物小传】

王锋，1977年1月15日出生，江苏盐城人，中共党员，盐城市第三院妇产科主任医师、江苏省第14期援圭亚那医疗队副队长、妇产科医师。2018年6月—2019年6月，在圭亚那林登中国医疗队微创中心工作。

"哄着它缝"

科里的高年资医生全都休假了，只剩下我一个高年资医生。我已经连续两周每天24小时值班了，昨天夜里2：40左右，急诊又给我打来电话，医院收了一名剖宫产术后阴道大量出血的患者，患者已经出现早期休克症状。于是，我紧急到位，快速止血才是"王道"。打开患者腹腔，我发现到处是水肿、粘连合并感染。首先，我游离出双侧子宫动脉，结扎子宫动脉，尽快止血。但助手非常不得力，我在游离子宫动脉时，助手差点切断输尿管。其实我手术前就想到这个手术有难度，原想让我的队友外科医生来帮我，但我实在是不忍心，因为外科医生昨天凌晨3点有一台急诊手术，到6点才下手术台，白天还在正常上班，应该让他休息了。可无奈，现在只有请他来救台了。他来了以后，我明显轻松很多。可能是连续夜班的疲劳，在反复不停缝合、分离、切割又脆又松的子宫肌层组织时，重复动作使我显得有点急躁了，队友在旁边安慰我："不急，慢慢来，不能太用力，得哄着它缝。"终于，经历了近3个多小时的"哄着它缝"手术结束了，患者子宫保住了。这时已经是上午7：00。虽然非常疲惫，但是这"哄着它缝"四个字用得多好啊，就是这个"哄"字，让我的心静下来了。"谢谢你们，我的好战友！"

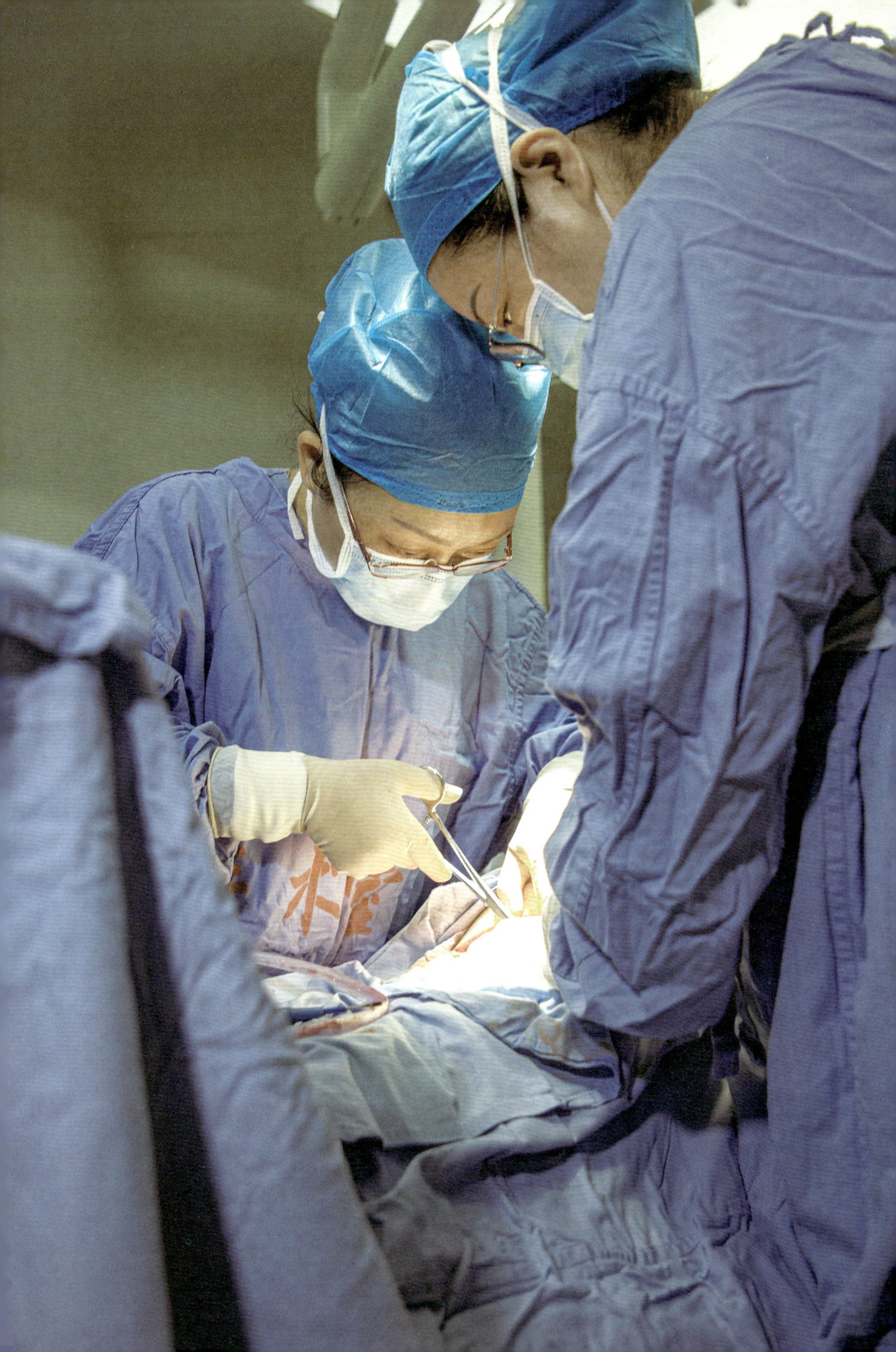

钱 涛

Qian Tao

【人物小传】

钱涛，1979年9月8日出生，江苏大丰人，中共党员，江苏省中西医结合医院普外科副主任医师、江苏省第15期援圭亚那援外医疗队普外科医生。2019年6月—2020年8月，在圭亚那林登中国医疗队微创中心工作。

中秋团圆夜，我在万里之外抢救生命

圭亚那时间2019年09月12日晚上8点，已是北京时间2019年09月13日上午8点，这一天是中国的传统节日——中秋节，是万家团圆的日子。这是我在国外过的第一个中秋节，这时我正在和万里之外的父母、妻儿视频通话。突然，医院急诊电话，说一个急诊外伤患者头部出血不止，已经出现早期休克症状，需要紧急抢救。我火速赶到医院。看到急诊抢救室挤满了工作人员，地上以及推车上到处是鲜血，狄美特医生正在用纱布压着患者的前额，但是鲜血仍然不停地从纱布下面涌出，患者面色苍白，血压96/60mmHg。我立即让护士准备血管钳，临时夹住断裂动脉两端，患者烦躁乱动，加上推车不能固定，我只能跟着推车一边移动，一边缝合，等到缝合止血完，我已是满头大汗、全身湿透。见患者全身还有多处受伤，我又给患者做了全身检查，发现不仅有额部外伤、额骨骨折，还有双上肢外伤，患者有右侧熊猫眼征，不能排除颅骨其他部位骨折及颅内出血，必须立即做头颅CT，以进一步检查确诊。全圭亚那也只有首都乔治敦医院才有CT，林登距离乔治敦有近2个小时车程，为避免患者在转诊途中出血而出现意外，我再次检查所有缝合的伤口并加压包扎止血，作为首诊医生，我在完成所有转诊手续之后，目送救护车离去。等到我回到驻地时已经零点了，天空中的月亮也越发明亮了。

朱 利

Zhu Li

【人物小传】

朱利，1973年12月25日出生，江苏泗洪人，江苏省中西医结合医院妇产科主任医师、江苏省第15期援圭亚那援外医疗队妇产科医生。2019年6月—2020年8月，在圭亚那林登中国医疗队微创中心工作。

你们的笑脸牵动我们的心

今天是我们林登医疗队 5 名队员一个开心的日子，因为经过前期一系列的准备，今天又要和幼儿园的小宝贝们见面啦！5 个月前，我们刚到林登的时候，第 14 期的队友们就带领我们为当地小朋友体检了一次。孩子们开心的笑脸就像盛开的花儿一样，在我们的心里绽放。早上 8 点半，我们就到达现场进行义诊前的准备工作，9 点，义诊准时开始。林登医院的负责人及幼儿园园长亲临现场。孩子们在园长及老师们的带领下，有序进入体检大厅。他们脸上天真灿烂的笑容感染了我们每一位队员，让我们忘记了平时工作的繁忙及辛苦，尽情享受着与孩子们相处的快乐时光！本次义诊原定 40 名孩子，实到 36 人，查出了一名可疑先天性心脏病的患儿，儿科医生已经就其后续的检查治疗给出了指导性建议。另外还查出了 5 名上呼吸道感染支气管肺炎的患儿，也已给予相应的药物治疗。除此之外，还有一些发育及营养落后的孩子，都已一一进行了饮食营养指导。我们还为幼儿园捐赠了玩具及部分常用药物。由于药物说明都是中文，细心的儿科医生把每种药物的服用方法和剂量等都用英文标注后，又详细地向园长做了解释说明。

第九章

挺 立 脊 梁

圭亚那中国医疗队脊柱外科创伤中心

屹立大西洋，仰望苍天，雨林滴下珍珠：
拯救一人，就是拯救世界。

2015年10月29日，圭亚那中国医疗队创伤中心（脊柱外科）正式成立。自2007年起，江苏省先后在圭亚那乔治敦国家公立医院建立了中国医疗队眼科中心、微创外科中心（乔治敦/林登）、创伤中心等四个医学中心。2014年之前，圭亚那几乎没有开展脊柱外科手术。大量的脊柱病患者，如腰椎间盘突出症、腰椎滑脱症、颈椎病、腰椎骨折、颈椎骨折等患者，都要转诊到第三国家治疗。中国医疗队创伤中心的成立，不仅开创了圭亚那脊柱外科的先河，解除了当地患者的病痛，同时吸引了邻国和周边地区的患者。圭亚那卫生部、乔治敦医院领导给予创伤中心高度肯定。《圭亚那时报》等多家资深媒体都做了详尽的报道。圭亚那两任卫生部长在不同场合对创伤中心予以表扬和肯定，中国医疗队创伤中心在圭亚那产生了极大的影响，被人们誉为"大西洋畔的中国天使"。

▲ 中国医疗队一次次创造医学奇迹，在当地传为佳话，圭亚那媒体给予大幅报道。

▲ 圭亚那中国医疗队脊柱外科创伤中心揭牌

国家使命 | 百位中国援外医疗队员画传

王永祥
Wang Yongxiang

【人物小传】

王永祥，1971年1月23日出生，江苏兴化人，中共党员，扬州苏北人民医院副院长、骨科主任医生，江苏省第11期援圭亚那医疗队长、骨科医生。2014年6月—2016年6月，在圭亚那乔治敦中国医疗队脊柱外科创伤中心工作，期间在圭亚那创建中国医疗队脊柱外科创伤中心，是圭亚那脊柱外科手术的第一人。2017年被评为"全国最美援外医生"。

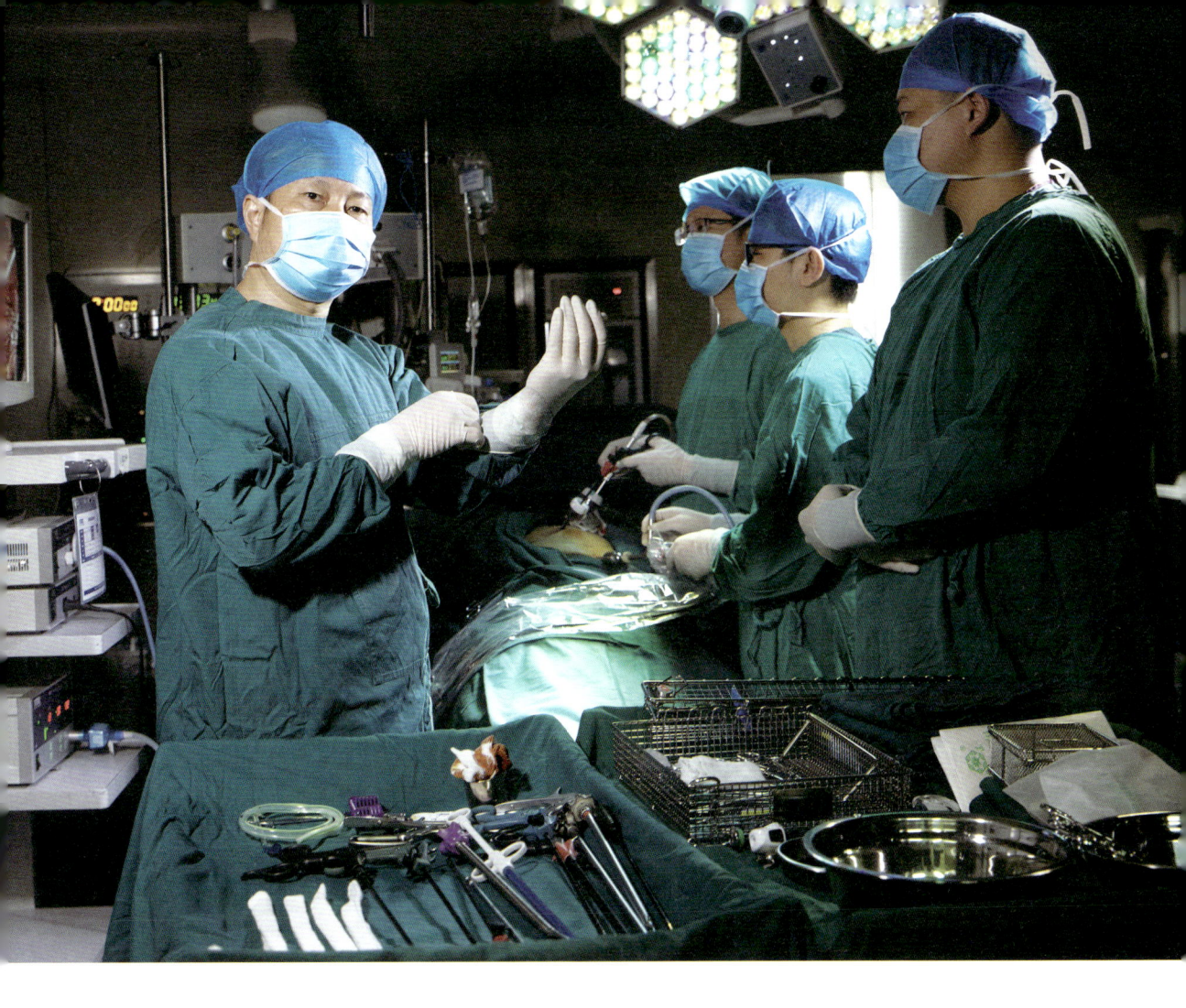

五星红旗，我为你骄傲

　　2014年9月3日是中国援圭亚那医疗队每位队员都应记住的日子。经中华人民共和国驻圭亚那大使馆批准，中国援圭亚那医疗队驻地首次升起了鲜艳的五星红旗！

　　我站在平台上，注目着蓝天白云下迎风飘扬的五星红旗，思绪万千，久久不能平静。五星红旗，你让全世界中国人扬眉吐气！回想医疗队从浦东机场起飞到圭亚那，已2个月有余。在这期间，我们经历了无数的感动，但最让我感动的还是走出国门后作为中国人的骄傲！胸前中国医疗队的标志成了我们挥之不去的荣耀，无论走到哪，医院、超市、路边，经常能听到陌生的圭亚那人打招呼："中国，我的朋友！"队车上的国旗标志成了我们在圭亚那的通行证，医疗队的车到哪几乎都是通行无阻的，以至于中资企业的工作人员都非常羡慕我们："坐你们医疗队的车最安全！"在医院里，"中国医生"更是一块招牌……虽然与祖国远隔万里，但我们一点不孤单；我们感谢一期又一期援外医疗队打下的良好基础，感谢祖国亲人给我们的支持和关心！我们更感动作为中国人的骄傲！

季 峰

Ji Feng

【人物小传】

季峰，1979年4月10日出生，江苏淮安人，中共党员，淮安市第一人民医院骨科副主任医生、江苏省第12期援圭亚那医疗队骨科医生。2016年6月—2017年6月，在圭亚那乔治敦中国医疗队脊柱外科创伤中心工作。

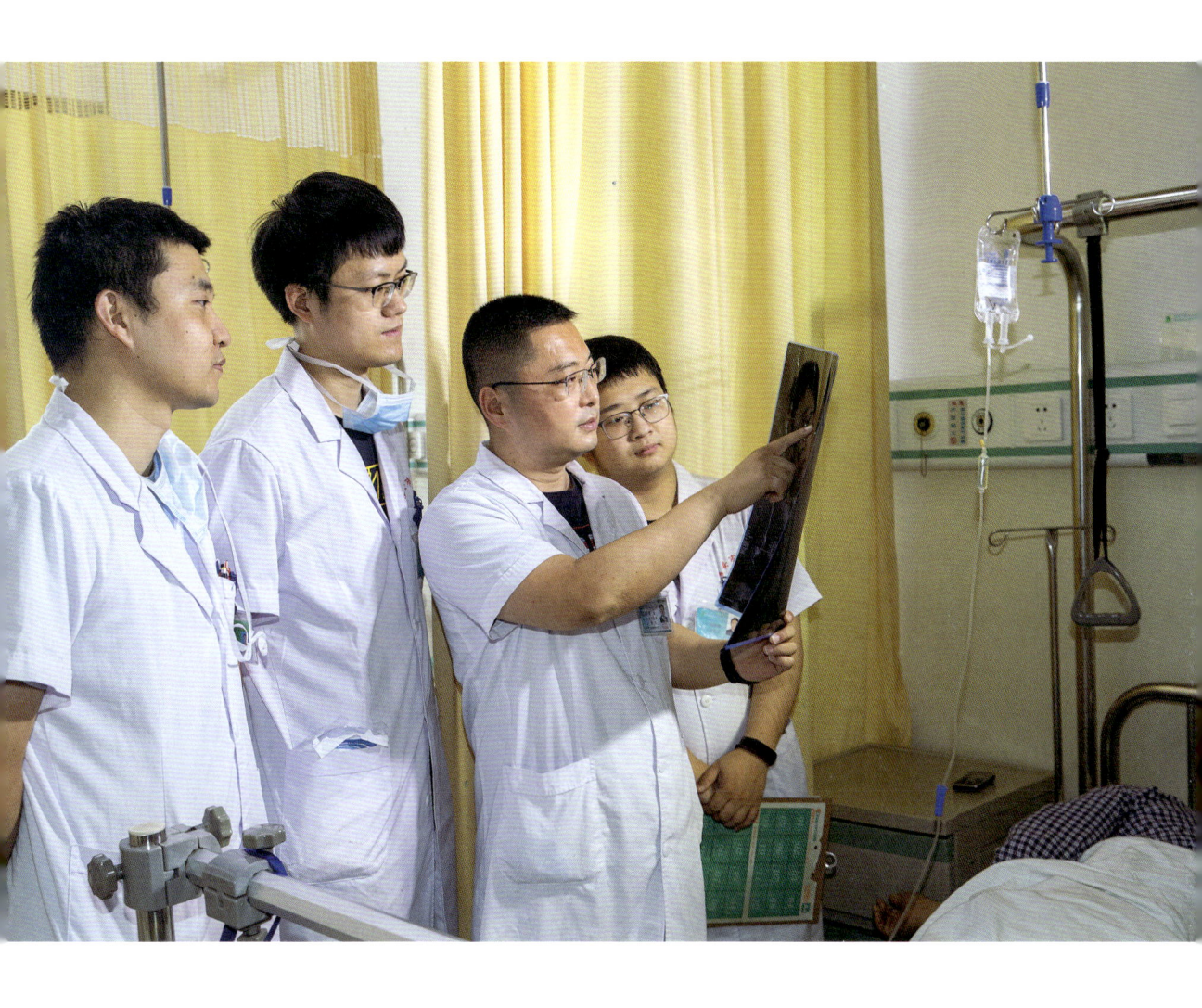

碧海万里同此心

2017年7月8日，我们医疗队妇产科医生束晓明突发疾病，牵动了国内、海外两地关切的心，许许多多的人加入到救护的行列中。束晓明因"卵巢囊肿束扭转、休克而急诊住院"的消息，震惊了国内各级部门，江苏省卫生厅领导高度重视，连夜组织全省、市妇产科专家远程会诊，拟定治疗方案，空运相关药品；第一时间安排家属赴圭亚那。术后第二天，束大姐感觉恢复良好，平安返回驻地休养。束大姐患病期间，主方政府、院方医护人员给予了极大的关注和帮助，医院院长沙姆洛先生全程组织抢救，第一时间安排去私人医院急诊做了CT检查，准备了全院最高级的单人病房，要求医院妇产科主任和古巴妇产科专家同台手术，指定医院手术室护士长亲自巡回，指派经验丰富的护士洗手上台……束大姐患病期间，还得到使馆和当地中资机构、华人华侨的关心和帮助。目睹整个过程的援外医疗队员们的心里暖暖的，久久难以平静，深受感动。

吴 健

Wu Jian

【人物小传】

吴健，1974年10月31日出生，江苏连云港人，中共党员，江苏连云港市第一人民医院骨科主任医师、江苏省第13期援圭亚那医疗队骨科医生。2017年6月—2018年6月，在圭亚那乔治敦中国医疗队脊柱外科创伤中心工作。

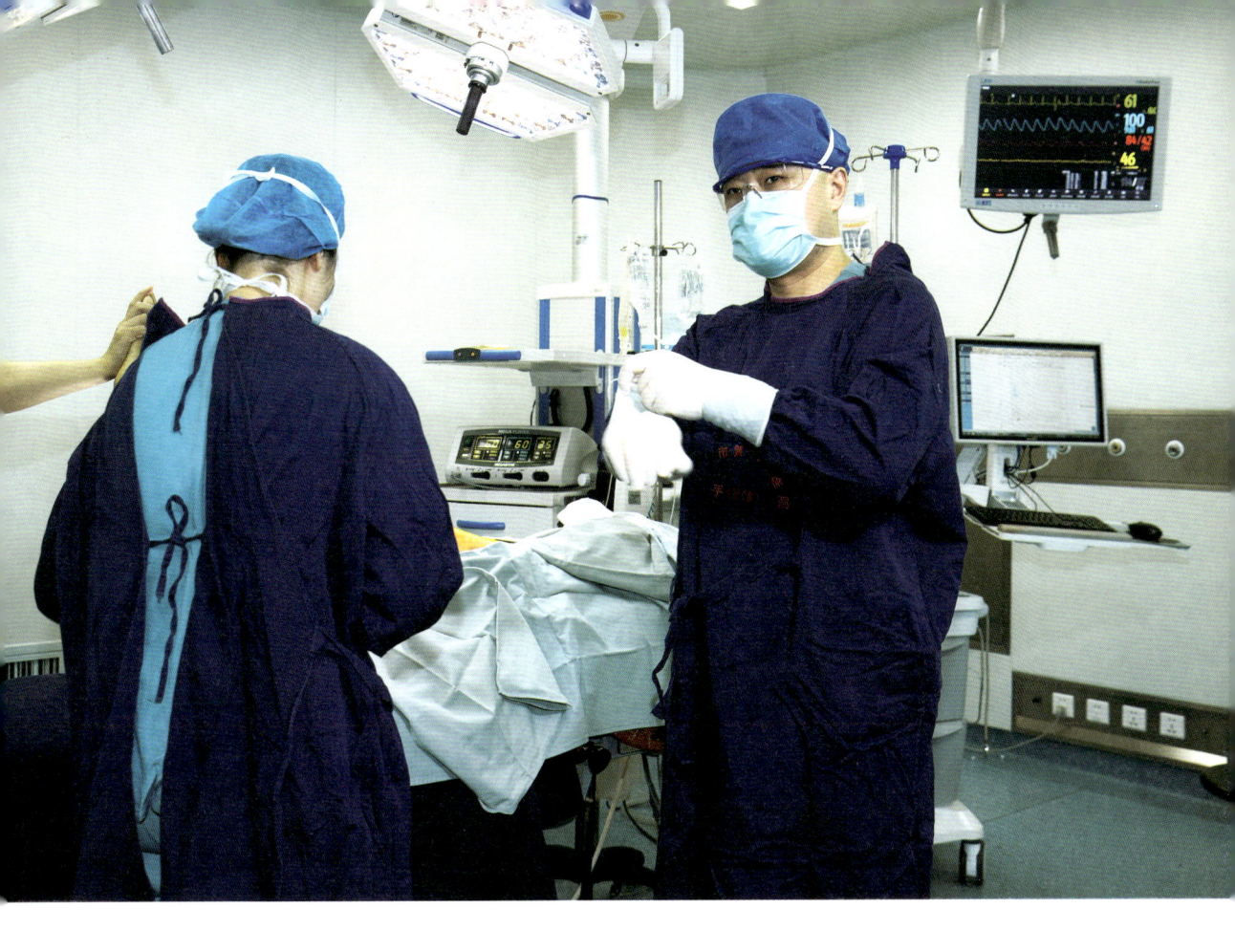

一位特殊的"患者"

今天是个特殊的日子，我们搬进驻地后迎来了第一个清晨。可能是刚到一个新环境的原因，清晨5点钟，天刚刚蒙蒙亮，我便醒过来了，此时的我已然毫无睡意，于是索性起床，四处去看看这要度过一年却还很陌生的驻地。出门一看，地上全湿了，夜里下雨，我竟然毫不知晓，不过雨后的空气非常清新凉爽。

站在二楼的平台上，我正在欣赏周围的风景，突然听到走道里传来"喵喵"的声音，循声而去，看到一只猫咪趴在楼梯上。早就听老队员说有几只小猫经常会光临驻地找吃的，他们还专门给猫咪准备了猫粮。感觉猫咪叫的声音怪怪的，我悄悄走过去准备看个究竟。走近一看，才发现猫咪的两边肩膀竟有两处新鲜的伤口，虽然没有新鲜的出血，但是应该也受伤不久，也许是夜里跟其他小猫打架受伤了吧。

我赶紧回房间，取来了消毒棉球和纱布，准备给猫咪的伤口清创。可小猫看到我过去，机警地跑开了，根本无法靠近。情急之下，我赶紧找来了猫粮，一边喂给它吃，一边完成了伤口的处理。猫咪也许是知道我在帮助它，消毒处理伤口的时候，竟然非常乖巧，它离开的时候，还不断回头对我"喵喵"地叫着，像是在对我说"谢谢"。这是我到乔治敦后独立诊治的第一位小"患者"，希望它能快点痊愈，经常到我们驻地来做客。

邹国友

Zou Guoyou

【人物小传】

邹国友，1974年5月18日出生，江西抚州人，盐城市第一人民医院骨科主任医生、江苏省第14期援圭亚那医疗队骨科医生。2018年6月—2019年6月，在圭亚那乔治敦中国医疗队脊柱外科创伤中心工作。

细节决定成败

出国前在培训期间，全国最美援外医师荣誉获得者张跃明主任来培训基地，分享他当年在国外工作的5条经验：一、消除偏见；二、坚持以技服人和以德服人；三、学好语言；四、深入了解当地的文化背景；五、注重细节。回想一年来自己能圆满完成任务，与张主任的提醒真是分不开的。中圭两国经济发展不同，圭亚那贫穷、落后，两国在治疗理念上也存在差异。中国医生的临床技能令当地医生佩服——尤其是我们外科医生在手术中的技巧更是让他们折服，但我们并不因此而高傲，而是真诚地、毫无保留地把自己知道的教予当地医生，表现出中国医生的儒雅与大气。我们心中所想的是尊重同事、负责患者。关于语言这一点，真要感谢张主任说的"必须认清英语不是我们的母语，说得再好，在他们面前也不可能好到哪里去"，这一点使我在语言方面自信多了。医疗队队员是民间使者，是"讲好中国故事"的践行者，不认真了解和学习当地的文化，不仅在当地无法沟通，还会孤独和封闭自己。张主任所说的"注重细节"让我深有体会。来到圭亚那后，我在许多细节上都能发现这里的人对医生的尊重的程度很高。我感到作为一名医生，太让人羡慕了！周围的氛围，无形中给了我许多约束和自律。张主任的讲授不仅成就了我，也是今后医疗队员出国前很好的教材。

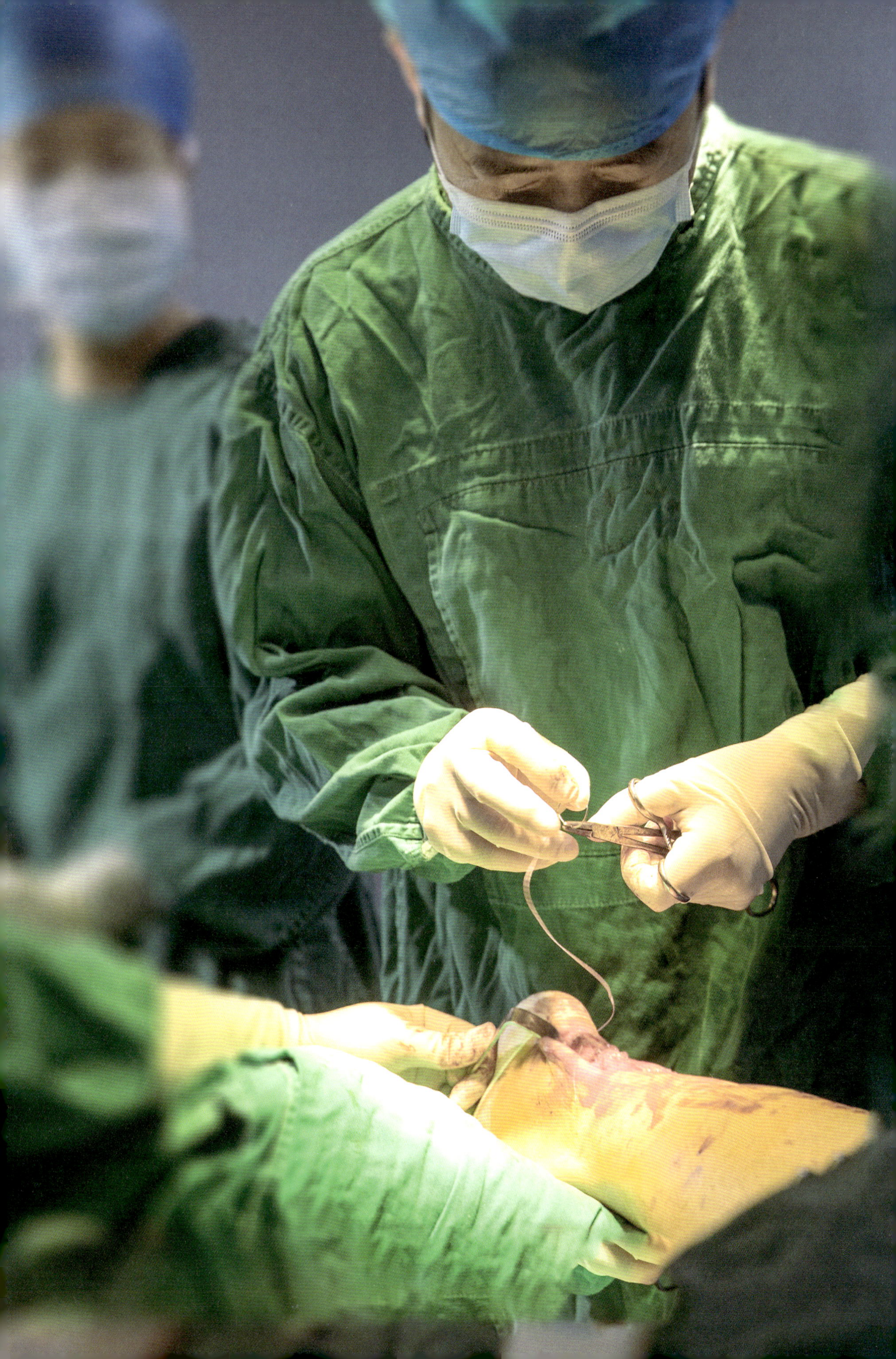

李 强
Li Qiang

【人物小传】

李强，1970年9月29日出生，江苏徐州人，中共党员，徐州医科大学附属医院骨科主任医生、江苏省第15期援圭亚那援外医疗队骨科医生。2019年6月—2020年8月，在圭亚那乔治敦中国医疗队脊柱外科创伤中心工作。

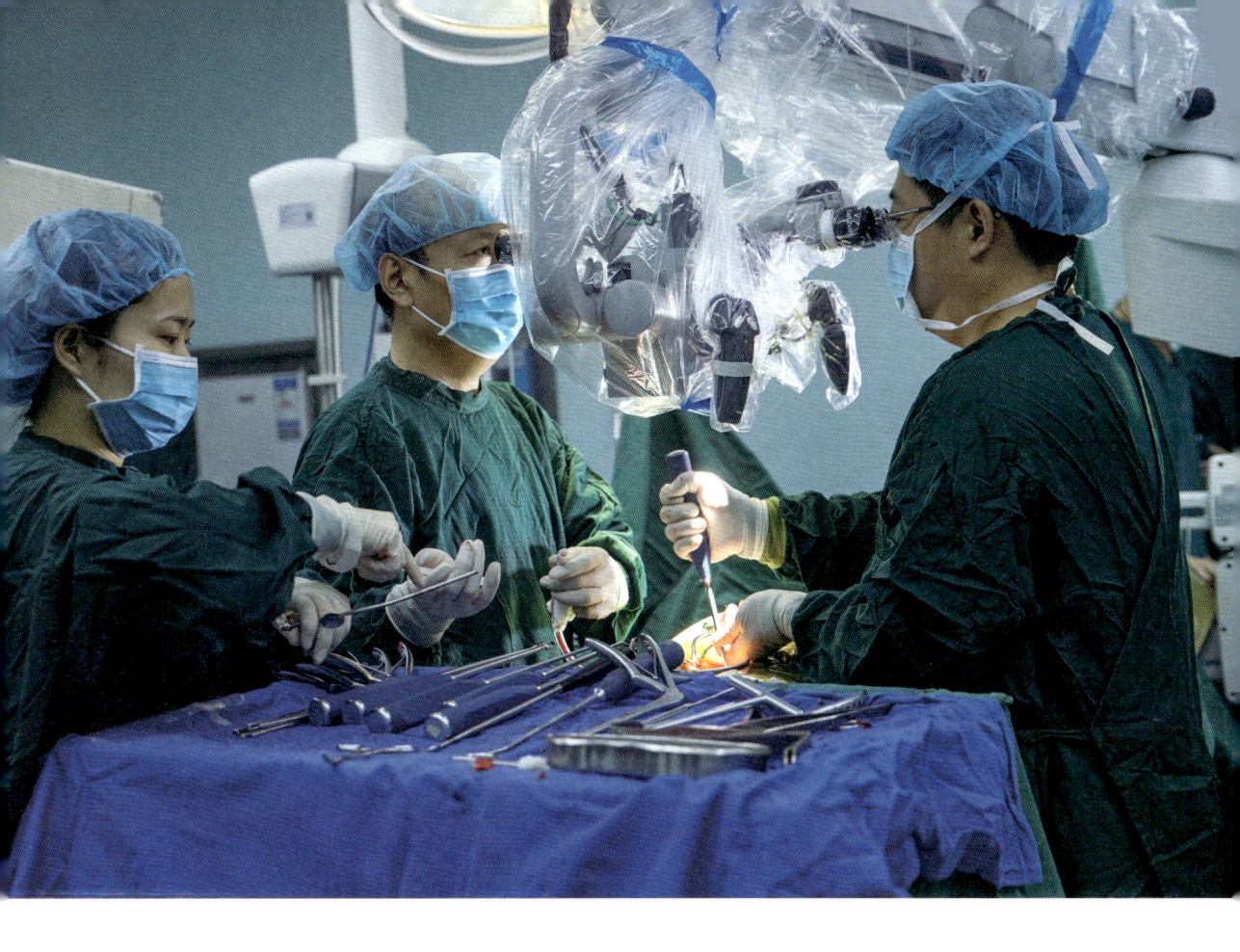

过硬的技术赢得尊重

上班的第一天，我就克服工作环境不熟悉、手术器械短缺、语言沟通不顺畅等困难，为一位85岁的老太太顺利完成了人工髋关节置换术，行云流水般熟练的术中操作，折服了当地医生。患者老太太本已经卧床多日，在进行完手术的第二天，她就能下床活动了，奇迹般的手术效果，震惊了周围所有人。

初战告捷后，我演示了一台腰椎双节段后路全椎板减压＋椎弓根螺钉系统内固定＋横突间植骨术，这种手术在国内也算是比较复杂的大手术了。

我还带他们做了一台髋关节翻修手术，做了多节段胸腰椎骨折的后路减压复位植骨椎弓根螺钉系统内固定术。

脊柱外科创伤中心成立已经有几年了，在我这一任还能有不断的创新，不仅仅是因为我临床经验丰富，更多的是源于我手上扎实的功夫。但在这里做手术其实是困难重重的，例如我们使用的手术工具是中国制造，但椎弓根螺钉却是美国造的，根本就不配套，持钉器根本就持不住钉，钉子摇头晃脑的，没有一定的技巧功夫，是不可能把它拧入钉道且不松动的。

多亏了我这双手，每天我都会收到周围同事、护士、患者的赞许。

第十章

大国担当

构建人类命运共同体

> 大爱无疆，爱心永恒，
> 它的重量是大国的重量。

人类只有一个地球，世界是一个地球村，人类是命运共同体。"坚持推动构建人类命运共同体"是习近平新时代中国特色社会主义思想的重要组成部分，是新时代中国外交的一面旗帜。这一呵护人类和平与幸福的全球价值观，正在获得越来越多世界各国的高度认同，这一倡议已被写入联合国文件，产生日益广泛而深远的国际影响。

"一日援外，终生传情。生死相依，休戚与共。"这已成为援外医疗队员们的共同心声。万里之遥，异国他乡，坚守和奉献是援外医疗队员的必备品质。在海外，每个医疗队员就是一座国门，代表整个中国。他们以严谨、敬业、富有爱心的中国医生形象，服务受援国人民，助力受援国卫生事业发展，不辱"白衣外交官"这一光荣称号，努力使自己成为搭建援外友谊桥梁的一块基石，以实际行动诠释"不畏艰苦、甘于奉献、救死扶伤、大爱无疆"的中国医疗队精神，诠释构建人类命运共同体的大国担当。

▲ 2019年7月，坦桑尼亚桑给巴尔副总统伊迪看望在奔巴医院工作的中国医疗队员。

▲ 中国医疗队为提高当地医院医疗水平，惠及百姓，开办多期专业培训班，对当地医护人员进行技术指导。

周　涵
Zhou Han

【人物小传】

周涵，男，1979年1月23日出生，甘肃平凉人，中共党员，江苏省人民医院耳鼻咽喉科副主任医师、江苏省第29期援桑给巴尔医疗队耳鼻咽喉科医师，2019年6月至2020年9月，在桑给巴尔中国医疗队工作。

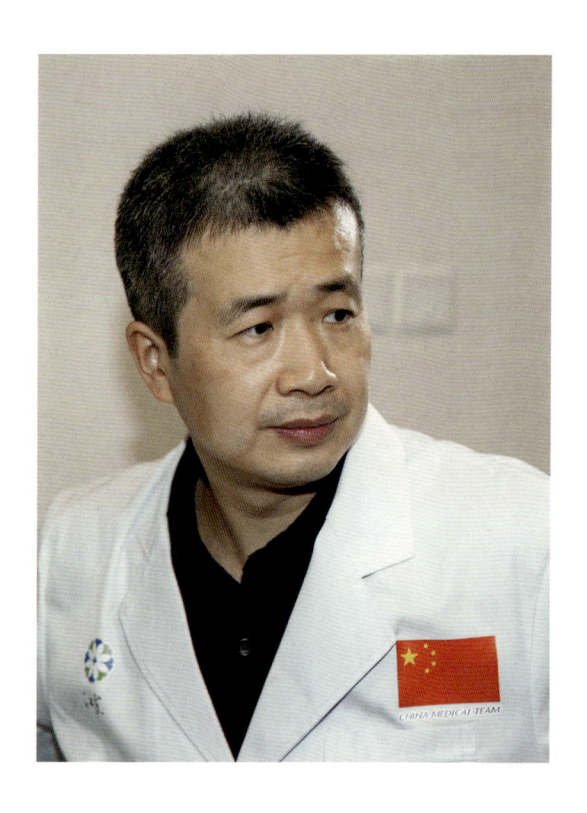

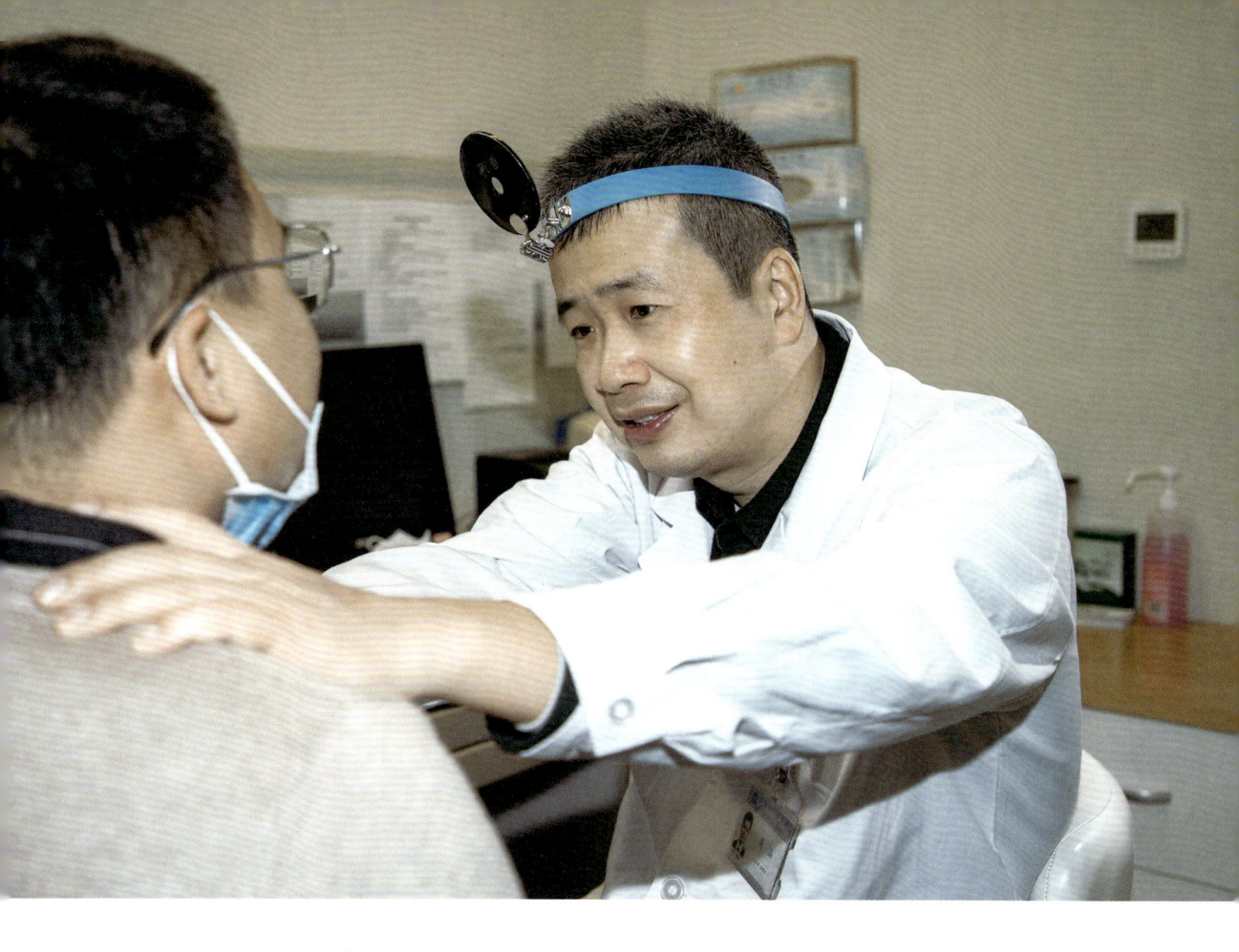

党旗飘扬在印度洋畔

回首远在桑给巴尔援外医疗的日子，我的心中总有一面鲜红的党旗在飘扬。

那是 2020 年 7 月 1 日前夕，为喜迎建党 99 周年，第 29 期中国援桑给巴尔医疗队临时党支部桑岛点的党员，特意在驻地 4 楼布置了一间党员活动室。支部所有成员一齐动手，精心布置，使这里成为医疗队桑岛点温馨的"党员之家"。"党员之家"里悬挂着一面鲜艳的党旗，面对飘扬在印度洋畔的党旗，激动之情洋溢在每个人的脸上。在这里，我们每个人从内心生发出一种满满的自豪感：桑岛上，党旗下，身在异国他乡，谨记党员身份，不辱国家使命，承担国际义务，是每一名共产党员的崇高责任。

医疗队临时党支部开展"重温入党誓词"主题党日活动。活动中，全体成员重温入党誓词。

面对鲜红的党旗，我们每个人的脸上都呈现出庄严的神色，杨小冬书记作为领誓人，带领支部成员一起高举右手，再次庄严宣誓："我志愿加入中国共产党……随时准备为党和人民牺牲一切，永不叛党。"铿锵有力的誓词强烈震撼着在场的每一位党员和入党积极分子。我们来到万里之遥的非洲，践行崇高的国际主义义务，救死扶伤，呵护当地人民，这正是东方大国责任担当的深刻体现。此刻，面对党旗，我的心中涌出一股暖流……

顾海军
Gu Haijun

【人物小传】

顾海军，男，1975年5月14日出生，江苏滨海人，中共党员，江苏省人民医院麻醉科副主任医师、江苏省第29期援桑给巴尔医疗队麻醉科医师。2019年6月至2020年9月，在桑给巴尔中国医疗队工作。

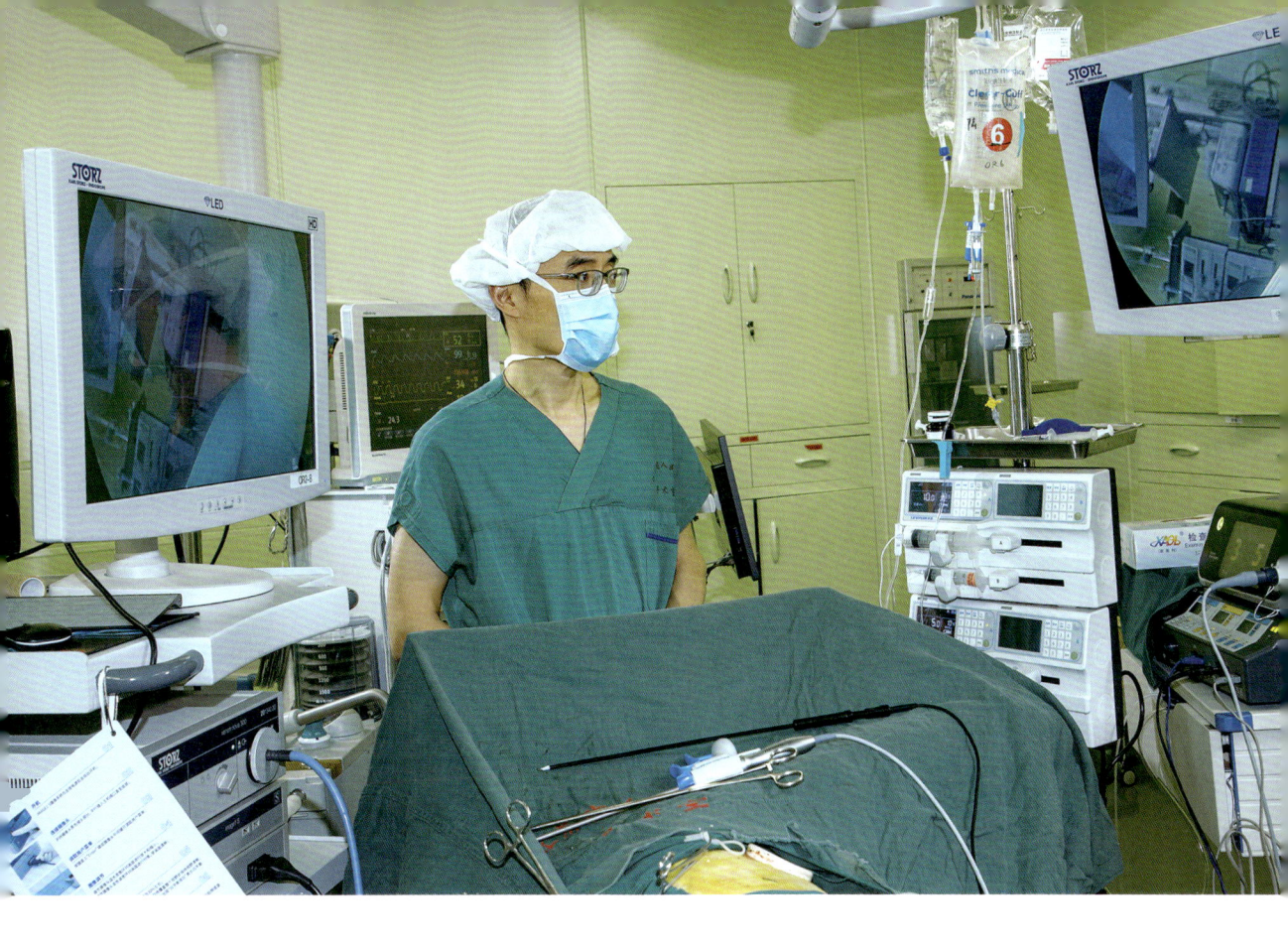

迎击新挑战

一天，我接到麻醉科主任哈米斯的电话，让我为两台小儿腹腔镜下疝气修补术做全身麻醉，这对于当地医院麻醉科医生来说是"大姑娘坐轿子———头一回"。虽然他们平时也做小儿麻醉，但都是一些简单的开放修补术，而全麻下小儿腹腔镜手术，这里的诸多麻醉科医生还没见过。对我来说，这也确实是一个比较大的挑战。全麻小儿腹腔镜下疝气修补术在这个医院是第一次开展，仅有的一套腔镜手术器械在小儿身上也不知是否适用。此外，这里没有必备的各种麻醉药物及血管活性药物……所以一切都不能掉以轻心。为此，我制定了麻醉方案，以及一旦患儿出现呼吸抑制、气道痉挛、梗阻等危急情况的抢救预案。

手术台上，我虽充满信心，但设备运行不到位，还是给了我很大压力。我们使用一台老旧的血氧仪来为患儿测量脉率、血氧饱和度、灌注指数，可是它时灵时不灵，我最担心它在关键时刻撂挑子。于是，我瞪大眼睛，严格关注机器上各项指标的变化，配合主刀医生稳定患儿心率、平均动脉压，其他的指标没有机器观测，就只能靠我的经验了。术中患儿血氧饱和度一度下降至90%，凭借经验，我通过托患儿的下颌、调整患儿的体位，顺利使其血氧饱和度迅速恢复并维持正常。好在整个手术过程比较顺利。术后，我一直守在患儿身边，等到他拔管。当听到他哇哇大哭的声音时，我终于松了一口气———患儿哇哇的大哭声，在我听来就是一首悦耳的乐曲。

王　燕

Wang Yan

【人物小传】

王燕，女，1976年2月14日出生，江苏如皋人，中共党员，南京医科大学第二附属医院妇产科主任医师、江苏省第29期援桑给巴尔医疗队妇产科医师。2019年6月至2020年9月，在桑给巴尔中国医疗队工作。

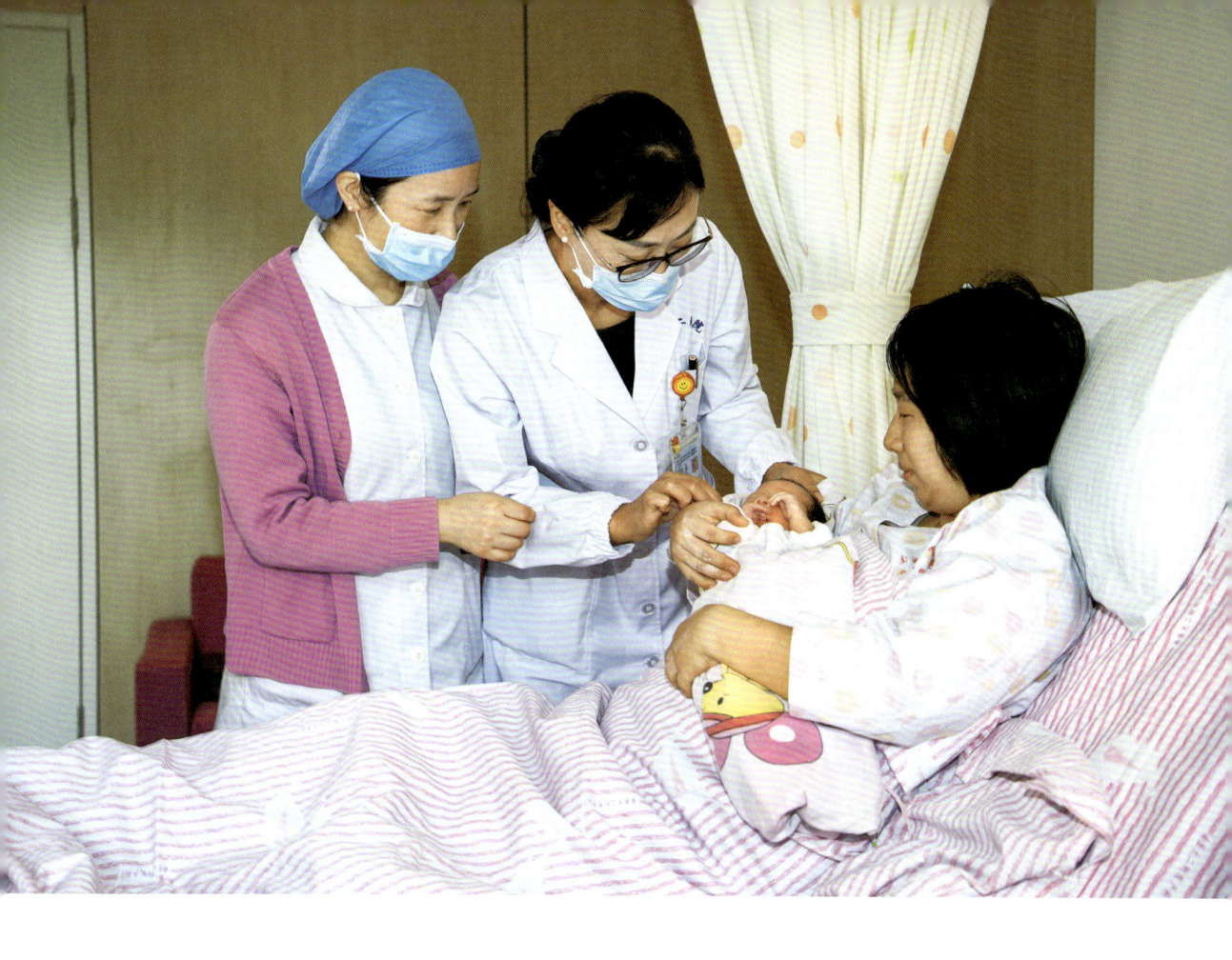

母子平安我心安

　　一大早，我刚准备吃早饭，就接到值班医生的电话："王医生，赶快来产房！"我快步跑到产房，原来是一名剖宫产术后3个月再次妊娠的完全性前置胎盘孕妇出现阴道大出血，当时患者的血压已经测不出来了。当地麻醉师和医生手足无措，非常紧张。考虑到孕妇及胎儿均有生命危险，我一边让值班医生和助手迅速做好手术准备，一边打电话给队友求援。手术中的困难接踵而来：先是发现患者的子宫下段与膀胱致密粘连——于是我避开血管，分离粘连组织，迅速取出胎儿。可是我又发现新生儿没有呼吸，皮肤苍白。为胎儿断脐后，我将其交给儿科丁玲主任继续抢救。而此时，患者的胎盘部分剥离，鲜血从宫腔如泉水般涌出。我发现患者子宫前壁下段有3处出血汹涌，止血很困难，岛上血源又很紧张。我一时犯了难。这时值班医生对我说："切子宫吧！"虽然切子宫不失为一种无奈下迅速止血的方法，但孕妇才24岁，只有一个小孩，我决定努力一下，争取为她保留子宫，让她能再次当妈妈。通过局部使用缩宫素、压迫、填塞并小心谨慎地缝扎多处出血部位，终于止住了患者汹涌如潮的出血。此时，我才感觉到自己的汗水不住地沿着脖子往下流……听到丁玲主任对我说"孩子终于哭出声了！"我这才舒了一口气。

祁 鸣
Qi Ming

【人物小传】

祁鸣，男，1981年7月9日出生，江苏南京人，中共党员，江苏省人民医院放射科主任医师、江苏省第29期援桑给巴尔医疗队放射科医师。2019年6月至2020年9月，在桑给巴尔中国医疗队工作。

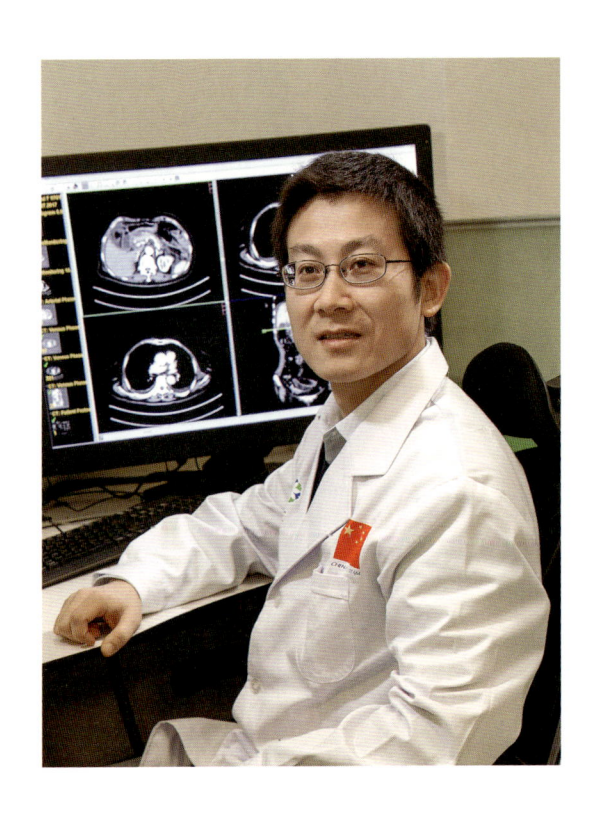

我的初心与担当

我刚到纳兹摩加医院影像科时，科主任萨利姆真挚地说："希望您能和我们交流学习，帮助我们提高影像诊疗技术。"我欣然答应。

纳兹摩加医院拥有全岛唯一的一台西门子磁共振仪器，而中国医师则是这台磁共振仪器的"负责人"。当地诊断医生仅3名，外加一名来自古巴的轮转医生，他们基本没有接触过磁共振仪。

当地肿瘤患者较多，因经济条件限制，很多患者就诊时已是晚期病患。由于机器成像质量差，当地医生阅片水平不高，还出现了部分患者漏诊的情况。针对实际困难，我主动参与到影像报告审核和质量控制中。应科主任萨利姆的请求，我承担审核所有CT和MRI报告的工作，兼顾外院远程影像会诊。

撰写全英文报告对我来说是一个很大的挑战，光是各个系统的解剖单词就让我苦不堪言。在咬牙坚持了几天后，我逐渐感受到了自己的成长，同时当地医生渴望学习的眼神也让我着实感动。同事斯塔夫说："你是一位不带水杯上班的中国医师。"言下之意——我连喝水的时间都没有。

一年多来，我和桑岛的同事们真诚合作，优化了影像检查流程，提高了扫描质量及诊断水平，开展了一些新的影像技术，我和他们的情感越来越深。我深深感到：真心爱桑给巴尔人民，全力帮助他们发展医疗事业，这正是我的初心所在。

朱伟坚
Zhu Weijian

【人物小传】

朱伟坚，男，1982年6月23日出生，江苏常州人，中共党员，江苏省人民医院针灸科副主任医师、江苏省第29期援桑给巴尔医疗队针灸科医师。2019年6月至2020年9月，在桑给巴尔中国医疗队工作。

银针闪烁中国情

桑给巴尔岛是东非印度洋上的一座岛屿，与非洲大陆一海相隔，这里医疗条件差，药品奇缺，医疗器械简陋陈旧，一个床位睡4名患者，有时手术突然停止，竟然是因为纱布没有了。

在如此简陋环境里，我竭尽全力、想方设法地帮助前来就诊的桑岛患者。中国针灸让当地人民感到神奇——一根小小的银针就能治病，这让他们惊叹不已。例如，他们看到扭伤的病人在通过三五次针灸治疗，就奇迹般地自如起身，自行走出诊室；看到被腰痛病折磨多年的老人，经过针灸治疗缓解了多年的病痛；看到针灸治疗中风偏瘫非常有效时，他们都会说"中医真厉害，真了不起！"

桑给巴尔地区小儿脑瘫发病率很高，几乎每周都有新患儿前来治疗，不少脑瘫患儿已经2岁了，有的快5岁了，很多家长发现得太迟，耽误了孩子的治疗。有个2岁多的脑瘫患儿叫麻吉，他自出生起就无法站立，被母亲抱着来到医院。我针对患儿的病情，通过头针、体针进行治疗。头针兴奋大脑周围神经，改善患儿原本已经降低的肌张力。

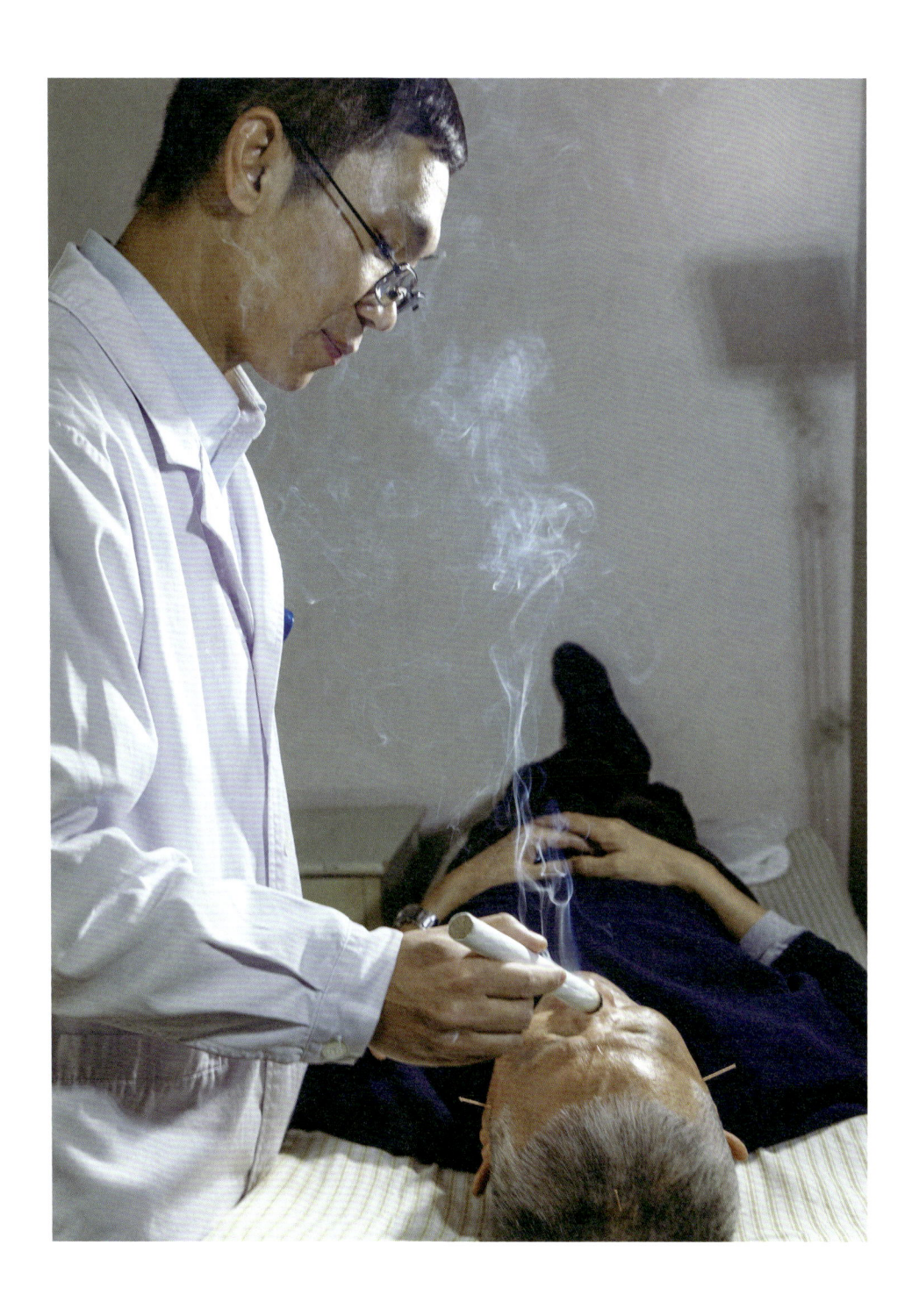

用针刺患儿头部运动区、感觉区、语言区、平衡区等穴位，帮助患儿改善运动、感觉、智力、语言等功能。经过3个多月的不懈努力，小麻吉终于能够站立起来，走出有生以来的第一步、第二步、第三步……他稚嫩地喊了一声"妈妈"……他的妈妈激动不已，泪流满面地说："是中国医生让我的孩子有了第二次生命啊！"

朱舒舒
Zhu Shushu

【人物小传】

朱舒舒，女，1981年11月5日出生，江苏南通人，中共党员，南京医科大学第二附属医院心内科副主任医师、江苏省第29期援桑给巴尔医疗队心内科医师。2019年6月至2020年9月，在桑给巴尔中国医疗队工作。

沧海映五星

中国援外医疗队是"铁打的营盘、流水的兵"，总有前赴后继的中坚力量充实着这块民间友谊的阵地，为中桑友谊的历久弥新添砖加瓦。2020年9月21日，我们在经历了443个黑夜和白昼以后，终于在奔巴机场见到了9位经历30多个小时航程的新队友们。在远离中国的万里海岛，见到同事、亲人，实在让我们感动。

奔巴岛地处东非一隅，物资匮乏、交通不便、高温潮湿。经过长途跋涉，再加上奔巴的山路十八弯，各位新队员抵达医疗队驻地时已经疲惫不堪。然而，驻地的电力不足，发电机也再次"趴窝"了，热水器也再次"罢工"，给各位新队员来了个下马威，让大家体验了一把海岛上汗如雨下的感觉。经过紧急联系和维修，当奔巴医疗队小院重新点亮灯光时，已到了晚餐时刻。品尝着大厨们的劳动成果，我们与新队员分享着这一年多来的援非经历，大家聊得欢乐而尽兴，颇有相见恨晚之感。

第二天清晨，新老队员进行了国旗交接仪式。当一面崭新的五星红旗在新、老两队队长的手中冉冉升起时，一轮鲜红的朝阳跃出湛蓝色的海面——与此同时，一丝离别的惆怅不期而至。新老两队队委、支委再次围坐在一起，老队队长通报了奔巴岛医院医疗基本情况和医疗队的工作经验，谆谆嘱咐、倾囊相授。分别时，我回想起在奔巴岛上奋斗的每分每秒，其中点滴回忆都是那样甜蜜和珍贵。当这份无悔付出的初心得到当地政府和人民的赞誉时，我们不禁热泪盈眶。在这个贫瘠的小岛上成为一名纯粹的生命守护者，我们很自豪！

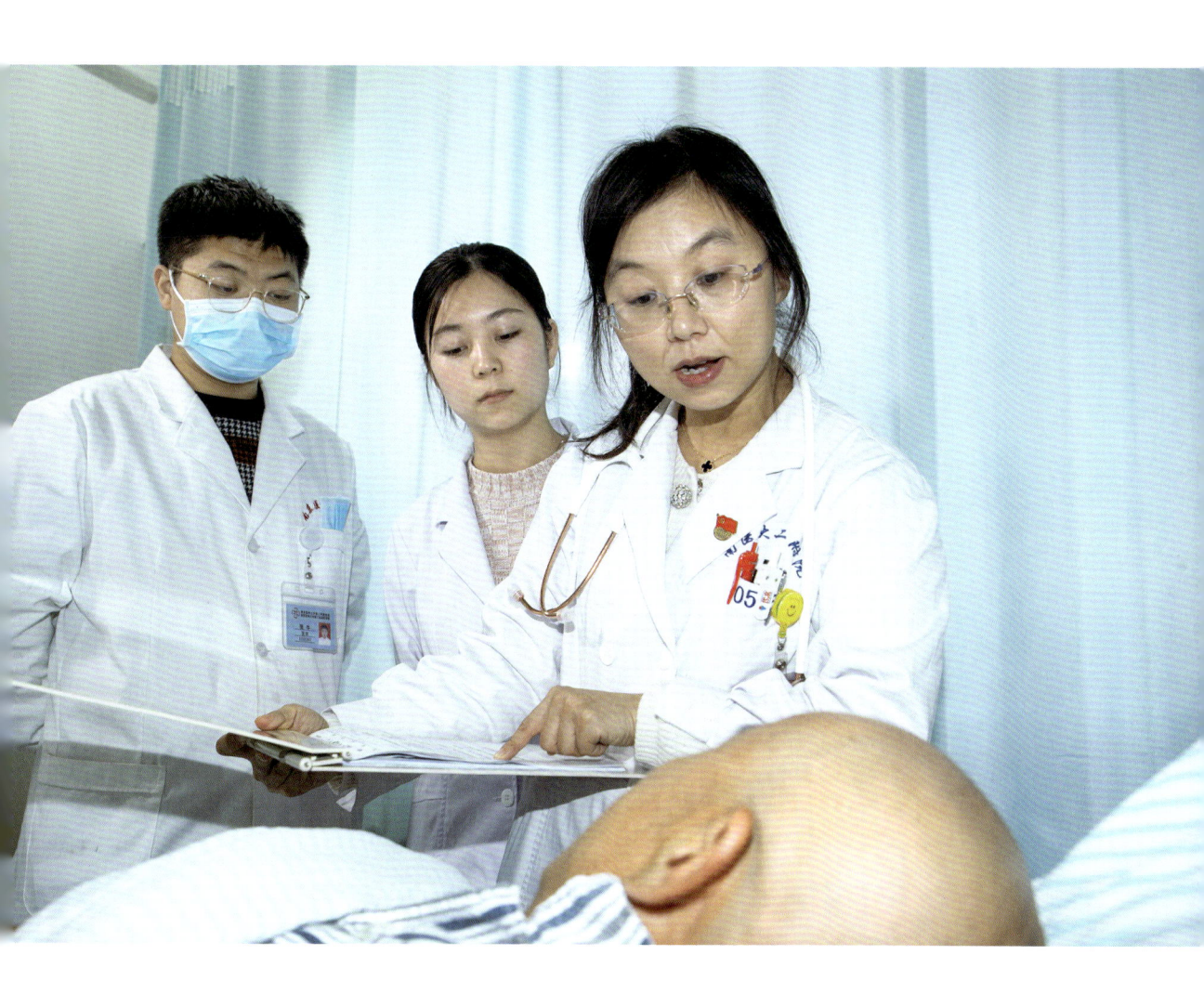

张 勇

Zhang Yong

【人物小传】

张勇，男，1968年8月14日出生，江苏铜山人，南京医科大学第二附属医院耳鼻咽喉科副主任医师、江苏省第29期援桑给巴尔医疗队耳鼻咽喉科医师。2019年6月至2020年9月，在桑给巴尔中国医疗队工作。

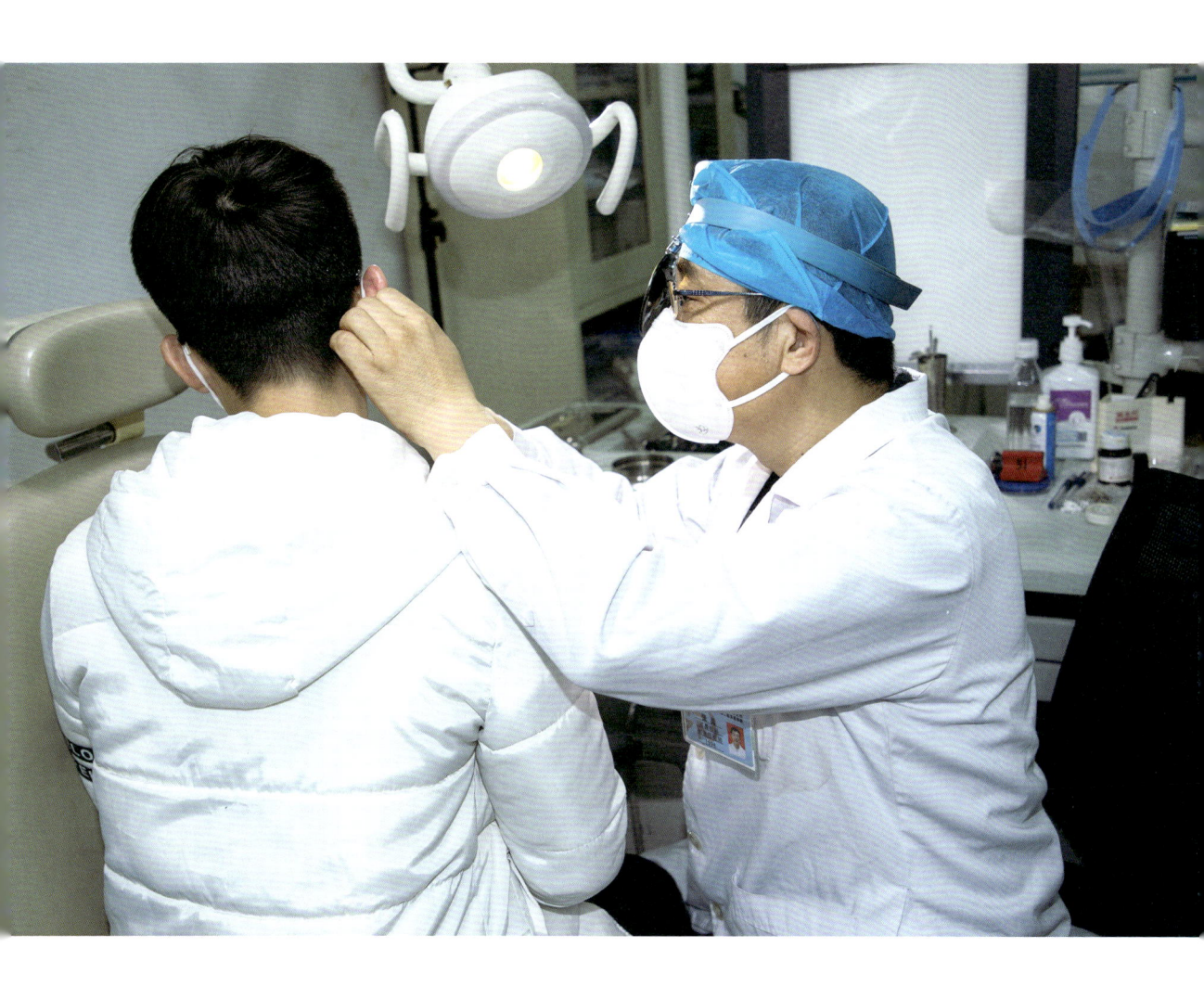

完美的交接班

2019年7月7日,我们和第28期援桑给巴尔奔巴点医疗队的交接班开始了,各项交接工作均平稳顺利。由于交接班完美,在接下来的第一周中,我们的工作有序地展开,几乎没有遇到什么困难。第一天去上班,我仿佛觉得自己已在这里工作了很久一样。第28期的兄弟姐妹队友,不厌其烦的详细交代、只言片语的提醒,让我获益多多。有时他们突然想到某件比较重要但我暂时还没有问到的事情,都会赶紧找到我告知。临床问题由耳鼻咽喉科宋健主任向我做详细介绍。宋主任把本科室目前的人员组成、人员性格、临床特点,以及门急诊常见疾病种类、开展的手术项目、本科室存在的问题及如何同助手、患者进行语言交流都一一告诉了我。同时,宋主任还留给了我不少本科室的医疗器械和耗材,这些东西在我初到这里第一周的工作中发挥了巨大作用。这就是我所说的:良好的开端始于完美的交接班。

刘 剑
Liu Jian

【人物小传】

刘剑，男，1976年9月5日出生，江苏南京人，南京医科大学第二附属医院放射科副主任医师。江苏省第29期援桑给巴尔医疗队放射科医师，曾于2019年6月至2020年9月，在桑给巴尔中国医疗队工作。

罕见的怪病

2019年7月26日下午4点，奔巴卫生署署长沙迪亚和阿普杜拉·姆兹医院院长哈吉紧急召见袁同洲队长，向其介绍了一种在奔巴岛北部蔓延了十年的"怪病"。得此"怪病"的很多儿童皮肤溃烂，且病例逐年增加，今年已有7人死亡，疑似一种传染病，当地居民和医生非常恐慌，希望中国医疗队紧急医疗援助。

看到患儿病情的影像，医疗队被震惊了：那些烂脸烂肉的恐怖画面让人不忍细看。这是一种传染病吗？传染性很强吗？要怎样防护？救治工作迫在眉睫，医疗队紧急动员，袁队长分配任务，丁玲、朱舒舒、张弛联系当地医生，了解询问病史、查资料，并请国内专家会诊。一番讨论后，大家一致认为这是一种遗传性免疫缺陷病。接下来，我、王燕、张勇、张擎负责准备药品、消毒品、防护用品等。一切准备就绪，大家就马不停蹄地在滂沱大雨中出发了。

汽车在雨中疾驰两个小时，我们一行人终于抵达奔巴岛北端的医院，经询问病史、仔细体检，通过远程视频与国内甘卫华教授、徐丽贤主任进行会诊，我们将这种病确诊为"着色性干皮病"。这是一种染色体隐性遗传性皮肤病，非常罕见，发病率约为1：25万，不具备传染性，多是近亲结婚的结果，成家族性发病，可引起皮肤癌，且会扩散至全身，最终导致死亡。

医疗队告知当地医生和居民，要禁止近亲结婚，做好基因筛查；一旦发病，要做好预防，减少皮肤癌形成；发生肿瘤需及早切除，以免扩散至全身。队员们仔细诊断前来就诊的患儿，发给他们药品，还向当地医院捐赠药品，以救助更多的孩子们。

经过一系列救治，当地卫生署署长沙迪亚握着大家的手，真诚地说："感谢中国医疗队帮助我们救治了患有'怪病'的人，居民们不再害怕，也不再恐慌了，孩子终于有救了"。

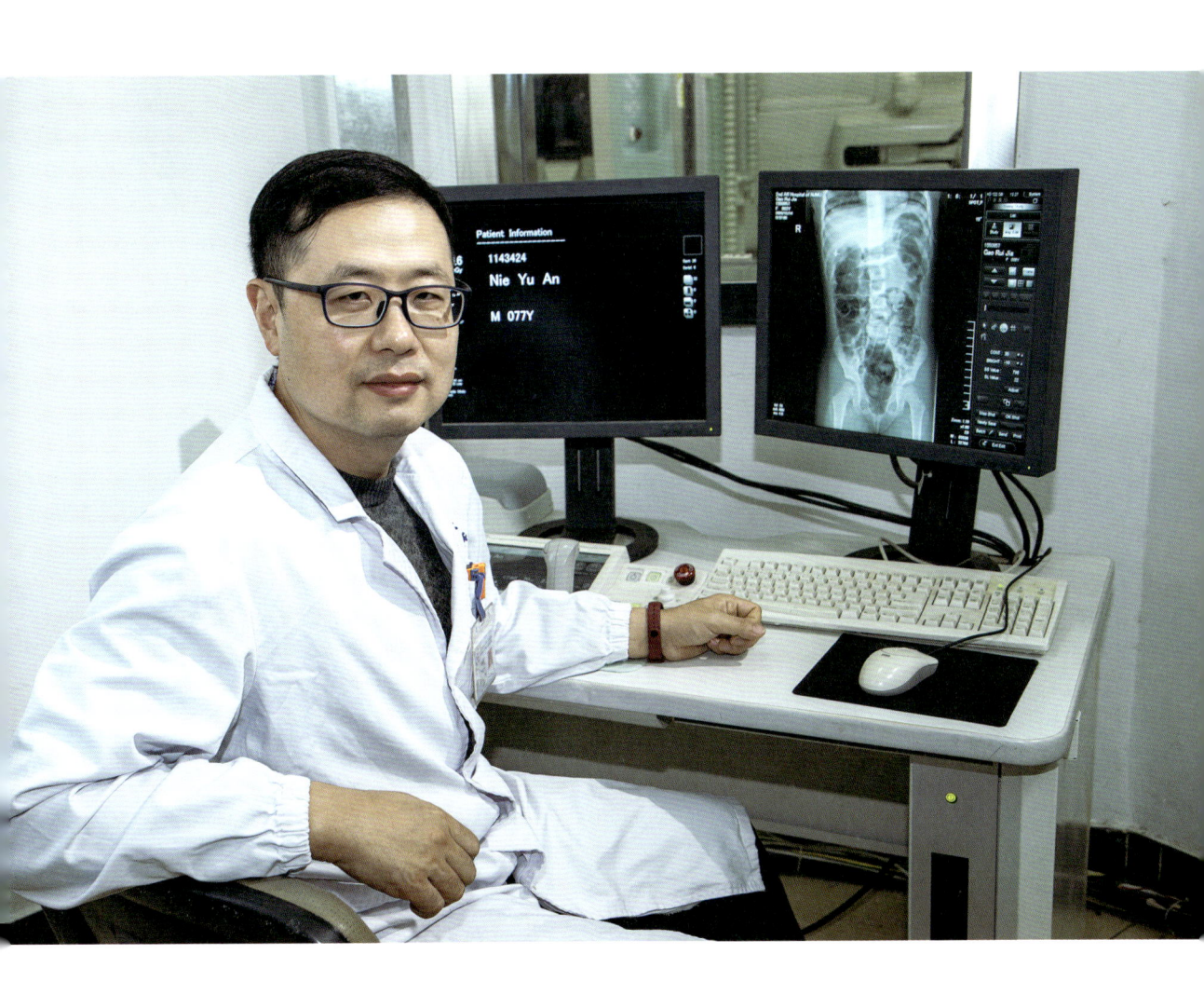

张 擎
Zhang Qing

【人物小传】

张擎,女,1987年11月18日出生,江苏丰县人,中共党员,南京医科大学第二附属医院麻醉科主治医师、江苏省第29期援桑给巴尔医疗队麻醉科医师。2019年6月至2020年9月,在桑给巴尔中国医疗队工作。

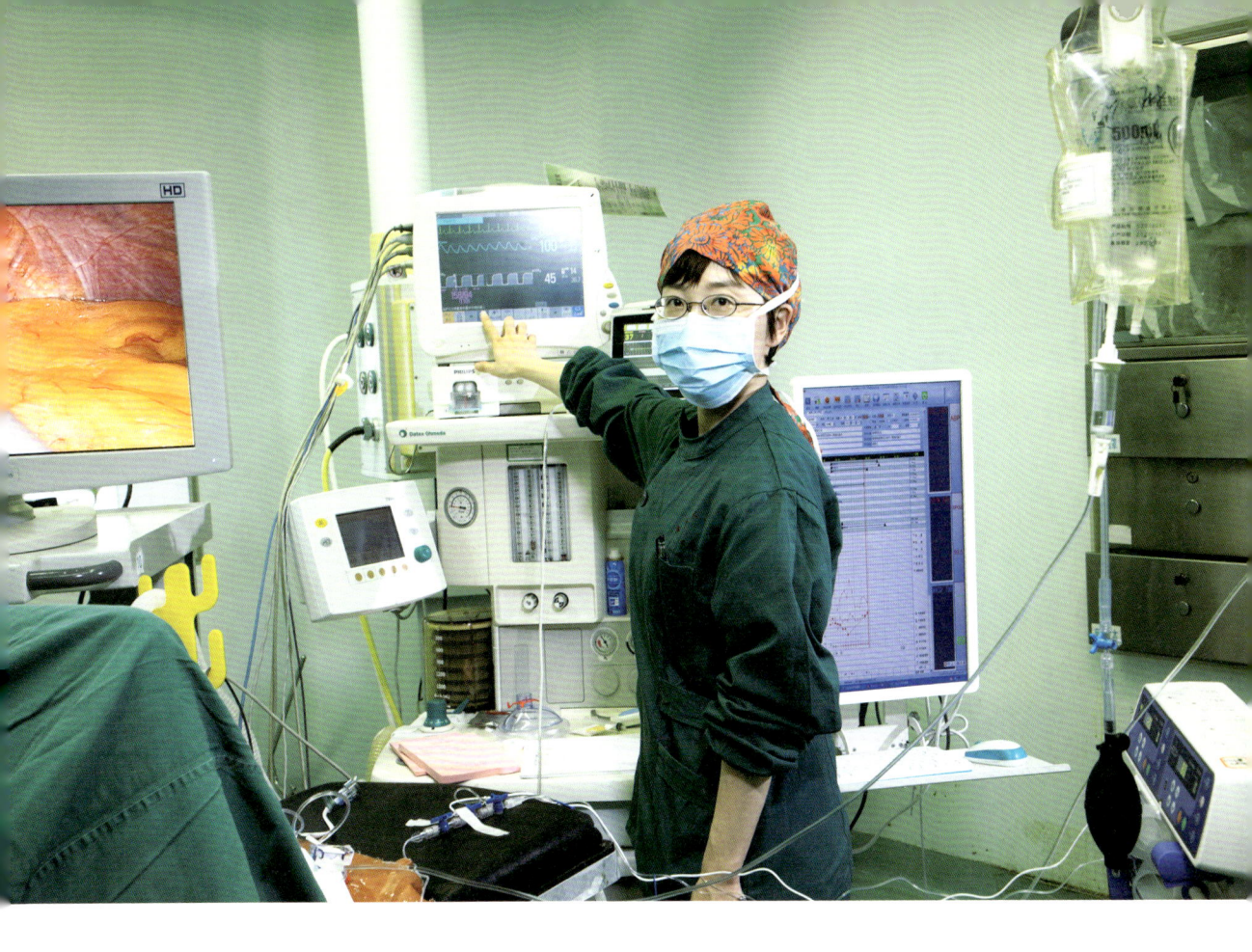

心血浇出友谊花

一天傍晚，一名3岁患儿在医院接受全麻插管下双侧扁桃体切除手术后，迟迟没有苏醒。患儿在气管导管拔除后出现了呼吸窘迫的险状，一名手术室医生赶紧找我帮助救治。我立刻赶到手术室查看患儿情况。经判断，患儿应是上呼吸道梗阻。于是，我决定为患儿戴面罩加压给氧。然而这一操作的效果并未显现，患儿脉氧饱和度仍然持续下降。我再次实施气管内插管，可是在插管时，我发现患儿的声门几乎关闭。即使在国内，对于术后上呼吸道梗阻并发症的处理也是非常棘手的。我握住气管导管，心里一阵紧张，不过依然沉着冷静，顺着一丝缝隙将导管插入患儿的气管。在完成插管后，患儿的瞳孔逐渐恢复正常大小，对光反射也有了，生命体征能维持。由于当地医疗条件有限，除了血红蛋白测定，其他生化检查都做不了，我只能凭借经验为患儿开药。坚持守候12个小时后，患儿的气道压力终于恢复正常，可以自主呼吸了，在拔除气管导管后，患儿保持清醒、呼吸节律、幅度正常——孩子得救了。

2019年10月9日，中央电视台《华人世界》以"中国第29期援桑给巴尔医疗队员张擎用精湛医术紧急处理术后呼吸道并发症，成功挽救患儿生命的事迹"为题，对此次惊险的救治过程进行了报道。

伴行桑岛，问心无愧；选择梦想，砥砺前行。有坚定的信念，勇毅的灵魂，有爱的良心，日子可以过成诗。相信自己，相信战友，我们一定会成功！

丁 玲

Ding Ling

【人物小传】

丁玲，女，1983年5月7日出生，江苏南通人，中共党员，南京医科大学第二附属医院儿科副主任医师。江苏省第29期援桑给巴尔医疗队儿科医师。2019年6月至2020年9月，在桑给巴尔中国医疗队工作。

他乡幸遇中国人

来奔巴之前，我就听说奔巴岛上除了在莫卡尼医疗队的 9 名队员和在恰克恰克的血吸虫防治项目组的 5 名队员外，就没有中国人了。但有一天，3 位华人带着水果、鸭子、手工面条来到奔巴小院——我们都很惊讶。交谈中，我们才知道他们是在奔巴岛定居、加入了坦桑尼亚国籍的中国人。老夫妻俩在恰克恰克镇开了一个面条店，生意还不错。老先生虽然生在奔巴、长在奔巴，但是他是一个华人，且有一个好听的中文名字——何国良，只是他不会讲中文了，只会讲斯瓦希里语；3 人中的阿婆叫叶巧，老先生回国探亲时与她相识相知的，并把她带来了奔巴。阿婆会说粤语和一点普通话，斯瓦希里语是她最常用的语言。他们有 4 个子女，同他们一起来的是他们的小儿子，叫何耀汉——特别有意义的名字。小伙子一直都笑眯眯的，非常有亲和力。他会普通话、粤语、英语、斯瓦西里语，而且每种语言都说得很流畅。他在坦桑尼亚达累斯萨拉姆工作。老夫妻俩的大女儿和大儿子在中国澳门工作，小女儿在新加坡银行工作。对于我们来说，在奔巴岛看到生活在此的华人，就像见到亲人一样，特别开心和舒心。

后 记

心灵的致敬

这百名援外医疗队员的身影，是我每每于梦中清晰相见的影像。

我与援外医疗工作结缘已经39年。39年，我只做一件事，并执拗地进行到底，恐是机缘命定。我曾先后两次作为医疗队员远渡重洋，奔赴海外，从此与援外医疗结下不解之缘。回国后，我继续从事援外医疗管理工作，作为亲历者、伴随者，我见证了江苏援外医疗队风风雨雨的历程。那熟悉的画面——曾经的记忆，总在我的心底涌动，最终成为我思念的波澜，永生难忘。我为拥有这份宝贵的人生经历而感到由衷的高兴与欣慰。

与其说是记录，不如说是铭刻。这一座国际主义丰碑上凝聚着中国援外医疗队员的心血和汗水。1964年8月，江苏省就向桑给巴尔派出援外医疗队，这是我国第一支以省为单位独立派出的援外医疗队，受到了周恩来总理的高度评价。自2008年起，在创新医疗援助的新模式思想指导下，江苏省率先在中国医疗队所在国医院，建立10个"中国医疗中心"，以新观念、新技术填补所在国的多项医学空白，从"授人以鱼"到"授人以渔"，留下了一支"带不走的医疗队"，受到所在国上至总统、下至民众的交口称赞。

2019年11月11日，在加纳召开的援外医疗队工作座谈会上，孙春兰副总理高度评价了江苏援外医疗队的中国医疗中心建设工作，并要求注重加强援外创新项目的支持力度，根据受援国实际情况"精准援外"。这是新时代赋予我们的"国家使命"，本画册中的百名医生只是江苏省60年来数千余名援外医疗队员中的代表，是曾经参与创建和工作在中国医疗队医疗中心的百名队员。这百名医生通过他们的新技术、新知识践行创新援外、精准援外；用他们的新技术、新知识讲好"中国故事"，展示了中国特色社会主义的综合国力，塑造了一个更加可信、可爱、可敬的中国形象；用他们的新技术、新知识与国际社会通力合作，向世界展现了真实、立体的中国。他们的初心与情怀、奉献与付出，深深感染了许多人，更感动了这个纷呈的世界。

  在采访拍摄中，一百位援外医疗队员从不同角度、不同视野讲述了壮丽辉煌的援外医疗事业，留下珍贵记录和影像，特向他（她）们致以诚挚敬意。本画传付梓得到了中国摄影出版社、江苏省卫生健康委员会对外合作交流处的大力支持。衷心感谢南京艺术学院钟建明教授、南京市儿童医院陈大卫老师的悉心指导，衷心感谢南京化工技师学院张克惠老师的鼎力相助！这里，我还要特别感谢所有为本画册拍摄的协助单位、我的援外队友们给予的全力支持！

  此时此刻，沧海波平，千里婵娟。唯愿中国援外医疗事业前程锦绣、大展宏图！唯愿一切爱好和平的人民和顺致祥、幸福美满！

翁　毅

2023 年 6 月 23 日

图书在版编目（CIP）数据

国家使命：百位中国援外医疗队员画传 / 翁毅著. -- 北京：中国摄影出版传媒有限责任公司, 2023.11
ISBN 978-7-5179-1336-8

Ⅰ.①国… Ⅱ.①翁… Ⅲ.①对外援助－医药卫生人员－先进事迹－中国－图集 Ⅳ.① K826.2-64

中国国家版本馆 CIP 数据核字 (2023) 第 215865 号

书　　名：国家使命——百位中国援外医疗队员画传
作　　者：翁　毅
出 品 人：高　扬
策划编辑：王　彪
责任编辑：魏长水
书籍装帧：赵春明
出　　版：中国摄影出版传媒有限责任公司（中国摄影出版社）
　　　　　地　址：北京东城区东四十二条 48 号　邮编：100007
　　　　　发　行：010-65136125　65280977
　　　　　网　址：www.cpph.com
　　　　　邮　箱：info@cpph.com
印　　刷：雅昌文化（集团）有限公司
开　　本：787mm×1092mm　1/16
印　　张：15
版　　次：2024 年 3 月第 1 版
印　　次：2024 年 3 月第 1 次印刷
印　　数：1－1000 册
Ｉ Ｓ Ｂ Ｎ：978-7-5179-1336-8
定　　价：190.00 元

版权所有　侵权必究